中国地质调查成果 CGS 2021-043
海南省海洋地质资源与环境重点实验室成果
海南省地质调查院成果
海南省重要矿产资源潜力评价成果丛书

海南省重要矿产自然重砂资料应用研究

HAINAN SHENG ZHONGYAO KUANGCHAN
ZIRAN ZHONGSHA ZILIAO YINGYONG YANJIU

张固成 何玉生 等著

中国地质大学出版社
ZHONGGUO DIZHI DAXUE CHUBANSHE

内容简介

本书是在搜集、整理海南省1∶20万和1∶5万自然重砂数据的基础上，通过ZSAPS 2.0软件，应用GIS平台，针对铜、铅锌、钨、金、稀土、银、钼、锰、硫铁、萤石、重晶石、独居石、锆钛砂13个预测矿种，圈定自然重砂单矿物（组合）异常和综合异常，确立不同预测类型矿种的自然重砂特征矿物组合，探讨自然重砂异常与矿产的指示关系，建立自然重砂找矿模型，从而类比划分自然重砂找矿预测区，为矿产资源潜力评价及海南省今后找矿工作部署提供自然重砂方面的依据。本书是海南省应用自然重砂资料的经验总结，反映了海南省自然重砂应用的最新成果和最高水平。

图书在版编目（CIP）数据

海南省重要矿产自然重砂资料应用研究/张固成等著. —武汉：中国地质大学出版社，2021.7
（海南省重要矿产资源潜力评价成果丛书）
ISBN 978-7-5625-5056-3

Ⅰ.①海…
Ⅱ.①张…
Ⅲ.①重矿物-矿床资源-资源潜力-资源评价-研究-海南
Ⅳ.①F426.1

中国版本图书馆CIP数据核字(2021)第121281号

海南省重要矿产自然重砂资料应用研究	张固成 何玉生 等著

责任编辑：舒立霞 方焱	选题策划：毕克成 张旭 段勇	责任校对：何澍语

出版发行：中国地质大学出版社（武汉市洪山区鲁磨路388号）　　邮编：430074
电　　话：(027)67883511　　传　　真：(027)67883580　　E-mail：cbb@cug.edu.cn
经　　销：全国新华书店　　　　　　　　　　　　　　　　　　http://cugp.cug.edu.cn
开本：880毫米×1230毫米　1/16　　　　　　　　　　字数：436千字　印张：13.75
版次：2021年7月第1版　　　　　　　　　　　　　　印次：2021年7月第1次印刷
印刷：武汉精一佳印刷有限公司

ISBN 978-7-5625-5056-3　　　　　　　　　　　　　　　　　　　　　定价：168.00元

如有印装质量问题请与印刷厂联系调换

海南省重要矿产资源潜力评价

充分利用截至 2006 年的

海南省地质、矿产、物探、化探、遥感、自然重砂等成果资料。

相关专业技术人员前后历时 8 年

完成重要矿产单矿种、相关专业和总体评价系列成果。

值此成果丛书公开出版之际，

谨向为海南省地质勘查、地学研究等竭诚奉献的广大地质工作者

致以崇高的敬意！

《海南省重要矿产资源潜力评价成果丛书》编委会

主　任：李海忠　海南省地质局局长
副主任：曹　瑜　海南省地质局副局长
主　编：傅杨荣　海南省地质局总工程师
　　　　薛桂澄　海南省地质调查院院长
　　　　杨昌松　海南省地质局处长
编　委：（以姓氏拼音为序）
　　　　蔡水库　陈晓清　陈育文　官　军
　　　　何国伟　何玉生　李孙雄　谢顺胜
　　　　张固成　张志壮　周迎春

《海南省重要矿产自然重砂资料应用研究》

著　者：张固成　何玉生　杨　奕　马荣林
　　　　郭跃品　王　丰　夏　南　傅小丽

序

海南省位于中国最南端,行政区域包括海南岛、西沙群岛、中沙群岛、南沙群岛的岛礁及其海域,全省陆地(主要包括海南岛和西沙、中沙、南沙群岛)总面积 $3.54×10^4 km^2$,海域面积约 $200×10^4 km^2$。

1949 年后,尤其是 1988 年海南建省办经济特区以来,海南经济社会发展取得重大成就,从一个边陲海岛发展成为我国改革开放的重要窗口,实现了翻天覆地的变化。随着海南自由贸易港"三区一中心"战略的全面推进,海南将成为引领我国新时代对外开放的鲜明旗帜和重要开放门户。

在古代,海南省就有矿业活动。据史料记载,唐朝时曾有砂金开采,清朝乾隆年间曾对石碌铜矿进行过开采,清末民初对那大锡矿断续开采多年。地质调查工作始于 20 世纪初叶,1949 年后才开始大规模地开展地质勘探工作。经过几代地质工作者的努力,先后发现了一批具工业价值的矿产,为工业发展提供了矿产资源和能源保障。

改革开放后,我国经济高速发展,对矿产资源的需求迅猛增长,资源供需矛盾日显突出。为了贯彻落实《国务院关于加强地质工作的决定》,2006 年国土资源部部署了全国重要矿产资源潜力评价工作,旨在通过系统总结以往地质调查和矿产勘查工作成果,评价未查明矿产资源潜力,为资源勘查、摸清资源底数提供依据。

海南省矿产资源潜力评价是全国矿产资源潜力评价计划项目中的一项工作项目,是全国矿产资源潜力评价工作的组成部分,其总体目标:根据全国重要矿产资源潜力预测评价技术要求,结合海南省实际,选择铁、锰、铜、铅、锌、铝、钨、钼、金、银、磷、萤石、重晶石、硫、稀土、煤、油页岩、锆英石砂、钛铁矿砂、石英砂、独居石砂共 21 个矿种开展资源潜力评价工作。在 21 个矿种中,油页岩、锆英石砂、钛铁矿砂、石英砂和独居石砂为海南省增选矿种,其他为全国要求评价的矿种。

海南省矿产资源潜力评价工作于 2007 年 6 月正式启动,2013 年 11 月结束,累计完成各类图件编制 1800 多张、图件数据库建设 1600 多个,编写图件说明书 1600 多份,编制各类报告 30 多份,全面完成了预期的目标任务,取得了丰硕成果。基本摸清了海南省重要矿产资源"家底",为矿产资源保障能力和勘查部署决策提供依据。

一是收集了海南省历年来地质、矿产、物探、化探、遥感、自然重砂工作资料。截至 2006 年底,编制了工作程度图,补充完善了基础数据库;总结了各专业课题组的预测评价技术方法。

二是首次以板块构造理论为基础,编制了海南省大地构造图,为区域成矿地质作用研究和矿产预测奠定了坚实的地质基础和依据,进一步提高了海南省区域地质研究程度。

三是首次系统地利用地质、矿产、物探、化探、遥感、自然重砂等多学科资料,针对铁、铝、铜、铅、锌、金、银、钼、钨、锰、稀土、磷、硫、萤石、重晶石、煤、锆英石砂、钛铁矿砂、石英砂、独居石砂、油页岩共 21 个矿种及不同矿床类型,系统地建立了全省 41 个典型矿床的成矿模式、找矿模型和 39 处预测工作区成矿模式及预测模型,丰富和发展了省内区域成矿理论,提升了综合信息矿产预测技术水平。

四是系统地利用地质、物探、化探、遥感、自然重砂等综合信息,全程应用 GIS 技术进行了全省重要矿产资源潜力评价与预测研究,圈定了评价矿种综合预测区。

五是首次系统建立了海南省完整的地学数据库,实现了矿产资源潜力预测研究全程信息化,为海南省矿产资源总体规划和专项规划及国土资源"一张图"工程打下了坚实的基础。

海南省矿产资源潜力评价在基础地质、矿床地质、典型矿床与成矿规律研究、多学科成果集成利用、预测方法、数据库建设中取得了一系列创新性成果。这些成果是制订海南省国民经济中长期发展规划、研究制定矿产资源战略、加强宏观调控的重要依据;是发展和推广利用成矿新理论、勘查新技术新方法,促进科研与调查密切结合的重要举措。

为了实现评价成果的广泛应用,为海南省经济社会发展、地学研究和提高自然资源调查研究程度发挥重要作用,海南省地质局部署安排海南省海洋地质资源与环境重点实验室联合海南省地质调查院共同编辑出版本丛书,以专题按分册(共计8册)出版,分别是地质背景研究、成矿规律研究、磁测资料应用研究、化探资料应用研究、遥感资料应用研究、自然重砂资料应用研究、综合信息集成研究和总体评价成果集成。

在海南自由贸易港建设如火如荼之际,冀以此套丛书的出版,更好地为海南资源保障、环境保护和国土空间规划提供基础地学支撑,为建功自贸港增砖添瓦。

向为本套丛书出版作出贡献的地质科技工作者和各方朋友致敬、致谢!

海南省地质局党组书记、局长:李海忠

2021 年 4 月 13 日

前 言

"海南省重要矿产资源自然重砂资料应用研究"是"海南省矿产资源潜力评价"的研究课题之一。课题研究工作是在搜集、整理海南省1∶20万和1∶5万自然重砂数据的基础上，通过ZSAPS 2.0软件，应用GIS平台，对自然重砂数据进行处理并编制自然重砂异常图，据此研究自然重砂异常分布特征，对异常进行解释与评价，探讨自然重砂异常与矿产的指示关系，为矿产资源潜力评价提供自然重砂方面的依据。

海南省矿产资源潜力评价项目自然重砂课题组于2007年6月成立，前期主要开展自然重砂数据的搜集、数据库建设、技术培训等工作。2008—2010年完成了省级和预测工作区铁、铜、铅锌、金、磷5个矿种的自然重砂图件编制及异常解释工作；2011—2012年完成了预测工作区银、钼、锰、萤石、重晶石和硫铁矿6个矿种的自然重砂图件编制及异常解释工作；2013年1—6月，完成了预测工作区锆钛砂、独居石2个矿种自然重砂图件编制及异常解释工作。

本书是在自然重砂资料应用研究课题总体成果报告的基础上修改完善、深化研究撰写而成。张固成承担了本书第一章、第三章、第四章（第五节）、第五章、第六章、第七章的编写；何玉生承担了本书第二章、第四章（第一节至第四节）的编写。本书各章节完成后，由张固成完成统稿，何玉生协助定稿。

项目开展过程中，王丰、夏南、傅小丽参与了图件编制、图件属性库建设、编图说明书编写等工作；杨奕、马荣林、郭跃品参加了前期1∶5万自然重砂数据的数字化建库工作及相关项目管理工作。此外，全国矿产资源潜力评价专家组、中南地区矿产资源潜力评价项目办、海南省矿产资源潜力评价综合信息组也给予了本书大量技术指导与帮助，在此一并表示诚挚的感谢。

本书由于研究范围广、时间跨度大，加之笔者理论水平有限，难免存在不足之处，敬请读者批评指正。

著 者

2021年5月

目 录

第一章 概 述 …………………………………………………………………………………… (1)
    第一节 工作过程 ………………………………………………………………………… (1)
    第二节 完成的主要工作任务 …………………………………………………………… (3)
    第三节 取得的主要成果 ………………………………………………………………… (4)
第二章 区域地质地貌概况 ……………………………………………………………………… (6)
    第一节 区域水系分布 …………………………………………………………………… (6)
    第二节 区域地貌特征 …………………………………………………………………… (9)
    第三节 区域地质矿产概况 ……………………………………………………………… (10)
第三章 数据基础与工作方法 …………………………………………………………………… (20)
    第一节 自然重砂工作程度 ……………………………………………………………… (20)
    第二节 自然重砂资料质量评述 ………………………………………………………… (21)
    第三节 自然重砂矿物的筛选 …………………………………………………………… (24)
    第四节 技术标准和工作方法 …………………………………………………………… (29)
    第五节 自然重砂各类图件编制 ………………………………………………………… (30)
    第六节 空间数据库建设 ………………………………………………………………… (37)
第四章 自然重砂矿物特征与异常解释评价 …………………………………………………… (40)
    第一节 区域自然重砂矿物特征及其分布规律 ………………………………………… (40)
    第二节 成矿类型的自然重砂矿物学标志 ……………………………………………… (48)
    第三节 自然重砂异常及特征 …………………………………………………………… (52)
    第四节 异常区带划分及特征 …………………………………………………………… (104)
    第五节 预测工作区自然重砂矿物异常组合特征 ……………………………………… (110)
第五章 自然重砂找矿预测区圈定与分级 ……………………………………………………… (165)
    第一节 铜矿自然重砂找矿预测区圈定与分级 ………………………………………… (165)
    第二节 铅锌矿自然重砂找矿预测区圈定与分级 ……………………………………… (166)
    第三节 钨矿自然重砂找矿预测区圈定与分级 ………………………………………… (166)
    第四节 金矿自然重砂找矿预测区圈定与分级 ………………………………………… (171)
    第五节 稀土矿自然重砂找矿预测区圈定与分级 ……………………………………… (174)

  第六节 银矿自然重砂找矿预测区圈定与分级 ……………………………………………………… (176)

  第七节 钼矿自然重砂找矿预测区圈定与分级 ……………………………………………………… (177)

  第八节 萤石矿自然重砂找矿预测区圈定与分级 …………………………………………………… (179)

  第九节 重晶石矿自然重砂找矿预测区圈定与分级 ………………………………………………… (179)

  第十节 硫铁矿自然重砂找矿预测区圈定与分级 …………………………………………………… (180)

  第十一节 自然重砂找矿预测小结 ………………………………………………………………… (181)

第六章 自然重砂找矿模型综合研究 …………………………………………………………………… (184)

  第一节 铜矿自然重砂找矿模型 ………………………………………………………………………… (184)

  第二节 铅锌矿自然重砂找矿模型 ……………………………………………………………………… (185)

  第三节 钨矿自然重砂找矿模型 ………………………………………………………………………… (186)

  第四节 金矿自然重砂找矿模型 ………………………………………………………………………… (187)

  第五节 稀土矿自然重砂找矿模型 ……………………………………………………………………… (189)

  第六节 银矿自然重砂找矿模型 ………………………………………………………………………… (190)

  第七节 钼矿自然重砂找矿模型 ………………………………………………………………………… (192)

  第八节 锰矿自然重砂找矿模型 ………………………………………………………………………… (197)

  第九节 萤石矿自然重砂找矿模型 ……………………………………………………………………… (197)

  第十节 重晶石矿自然重砂找矿模型 …………………………………………………………………… (198)

  第十一节 硫铁矿自然重砂找矿模型 …………………………………………………………………… (199)

第七章 结论与建议 ……………………………………………………………………………………………… (202)

  第一节 结 论 ………………………………………………………………………………………………… (202)

  第二节 存在问题与建议 ………………………………………………………………………………… (204)

主要参考文献 ……………………………………………………………………………………………………… (206)

第一章 概　述

　　自然重砂课题组的目标任务就是根据各种比例尺自然重砂测量资料，结合地区成矿地质背景和成矿规律，在水系、汇水盆地的基础上圈定自然重砂矿物异常，推断解释自然重砂矿物来源和矿床可能产出的范围，为圈定预测区范围、划分预测区级别等提供信息。本书全部工作与海南省矿产资源预测同步开展，分为3个主要工作阶段：第一阶段为编制省级自然重砂异常图，对全省自然重砂异常分布特征进行研究和解释评价；第二阶段根据对铜、铅锌、钨、金、稀土、银、钼、锰、硫铁、萤石、重晶石、独居石、锆钛砂13个预测矿种的需要，编制不同矿种预测工作区自然重砂异常图件，并对所发现的异常进行初步的解释评价；第三阶段为成果汇总、报告编写。

　　根据海南省重要矿产资源潜力评价工作的需要，课题组对预测矿种主要目标矿物及共生、伴生的相关矿物的自然重砂数据资料进行系统的搜集和整理；在1：20万和1：5万自然重砂数据汇总、统计的基础上，编制全省预测工作区有关自然重砂单矿物（组合）异常图和自然重砂矿物综合异常图；同时总结、归纳省内与主要预测矿种有关的自然重砂矿物的出现和分布规律；确立不同预测类型矿种的自然重砂特征矿物组合，探讨自然重砂异常与矿产的指示关系，建立自然重砂找矿模型，从而类比划分自然重砂找矿预测区，为矿产资源潜力评价及海南省今后找矿工作部署提供自然重砂方面的依据。

第一节　工作过程

　　海南省矿产资源潜力评价项目自然重砂课题组于2007年6月中旬成立，课题组成员随即参加在北京举办的方法技术培训（《自然重砂资料应用技术要求》），同年编写完成本专业的项目设计。而后，课题组成员2008年在北京、贵阳、成都、宜昌，2009年在北京、成都多次参加了方法技术交流研讨和应用软件培训，同时陆续开展了省内自然重砂资料搜集、整理、基础数据库维护更新和图件编制等工作，其间经历了多次方法技术完善、数据模型修订、评价矿种变更等过程。

　　2009年10月，在北京举办的省级自然重砂应用进度与质量考评工作结束后，全国自然重砂课题汇总组最终修改完善了《全国自然重砂资料应用成果要求》（项目办发〔2009〕35号）并将文件下发至各子项目组。至此，省级自然重砂课题研究的一系列方法技术和数据模型要求基本定型，该项目组的编图工作步入正轨，综合研究陆续展开，项目组成员开始着手编写省级自然重砂资料应用研究成果报告。

　　该项目于2010年5月，在北京进行了省级研究内容的评审；2011年3月，在北京进行了铜、金等矿种预测工作区研究内容的评审；2012年8月，在北京进行了银、钼等矿种预测工作区研究内容的评审；2013年1—6月，自然重砂课题组参与了省级项目办要求的锆钛砂、独居石2种矿产相关预测工作区的资源潜力评价工作，综合前期工作，编制省级自然重砂专业汇总报告。

　　根据全国统一要求和海南省成矿地质条件、矿产资源分布等实际情况，确定海南省矿产资源潜力评价至2012年度的工作矿种为煤、铀（海南省以油页岩代替）、铁、铝、铜、铅、锌、钨、金、锑（海南省以钼代替)、稀土、磷、钾(海南省以锆钛砂矿代替)、银、锰、硫铁、萤石、重晶石共18种。自然重砂课题组根据海南省自然重砂工作成果资料和自然重砂专业特点,确定自然重砂的工作矿种为铜、铅锌、钨、金、稀土、银、钼、锰、硫铁、萤石、重晶石、独居石、锆钛砂共13种(表1-1)。磷矿种因典型矿床和预测工作区范围内无磷灰石异常,故不作预测评价。

表1-1 海南省自然重砂预测矿种、典型矿床与预测工作区一览表

矿种	矿产预测类型	典型矿床	预测工作区范围	预测方法类型
铜	岭壳式陆相火山-岩浆热液型	三亚岭曲铜矿	同安岭-牛腊岭火山岩盆地	火山岩型
	石碌式沉积变质型	昌江石碌铜钴多金属矿	昌江石碌	变质型
铅锌	后万岭式脉型	乐东后万岭铅锌矿	海南岛	复合内生型
钨	莲花山式斑岩型	乐东尖峰红门岭钨钼矿	乐东尖峰	侵入岩体型
	新田岭式矽卡岩-云英岩型	儋州兰洋钨锡矿	儋州兰洋	侵入岩体型
金	戈枕式剪切带破碎-蚀变岩型	东方二甲金矿	琼西戈枕	复合内生型
	抱伦式脉型	乐东抱伦金矿	红岭-尖峰	复合内生型
	富文式脉型	定安富文金矿	雷鸣盆地	复合内生型
稀土	离子吸附型	昌江霸王岭稀土矿	海南岛	沉积型
银	南报式脉型	儋州南报银矿	海南岛	侵入岩体型
	石碌式沉积变质型	昌江石碌铜钴多金属矿	昌江石碌	变质型
	富文式脉型	定安富文银金矿	雷鸣盆地	复合内生型
钼	白石嶂式脉型	屯昌高通岭钼矿	海南岛	侵入岩体型
	白石嶂式脉型	陵水龙门岭钼矿		侵入岩体型
	园珠顶式斑岩型	乐东石门山钼矿	乐东尖峰-千家	侵入岩体型
	园珠顶式斑岩型	乐东报告村钼矿		侵入岩体型
	园珠顶式斑岩型	乐东尖峰红门岭钼钨矿		侵入岩体型
	爆破岩筒式斑岩型	琼海梅岭铜钼矿	琼海烟塘-塔洋	侵入岩体型
	罗葵洞式火山岩型	保亭罗葵洞钼矿	同安岭-牛腊岭火山岩盆	火山岩型
锰	大茅式海相沉积型	三亚大茅磷锰矿	三亚大茅	沉积型
硫铁	巷子口式矽卡岩型	保亭情安岭硫铁矿	保亭振海山-三亚红石	侵入岩体型
	石碌式沉积变质型	昌江石碌铜钴多金属矿	昌江石碌	变质型
萤石	什统式热液充填型	琼中什统萤石矿	海南岛	侵入岩体型
重晶石	石碌式沉积变质型	昌江石碌铜钴多金属矿	昌江石碌	变质型
	冰岭式风化壳型	儋州冰岭重晶石矿	儋州冰岭	沉积型
	谭子山式热液脉型	昌江保由重晶石矿	昌江保由	复合内生型
独居石砂	保定式滨海沉积型	万宁保定锆钛砂矿	环岛第四系分布区	沉积型

续表 1-1

矿种	矿产预测类型	典型矿床	预测工作区范围	预测方法类型
锆钛砂	铺前式滨海沉积型锆钛砂矿	文昌铺前锆钛砂矿	环岛第四系分布区	沉积型
	保定式滨海沉积型	万宁保定锆钛砂矿	环岛第四系分布区	沉积型
	南桥式残坡积型	万宁南桥锆钛砂矿	全岛花岗岩类分布区	沉积型
	佛罗式冲洪积型	乐东佛罗锆钛砂矿		
	万州坡式洪冲积型	陵水万州坡锆钛砂矿		

根据海南省自然重砂工作资料实际情况,确定应用于评价矿种的重砂矿物(或矿物族、组合矿物)共18种,分别为铁矿物族(11种矿物组合)、锰矿物族(3种矿物组合)、铬矿物族(2种矿物组合)、铜矿物族(2种矿物组合)、铅矿物族(5种矿物组合)、钨矿物族(3种矿物组合)、锡矿物(单矿物,即锡石)、钼矿物族(2种矿物组合)、锑矿物(单矿物,即辉锑矿)、金矿物(单矿物,即自然金)、稀土矿物族(5种矿物组合)、氟矿物(单矿物,即萤石)、磷矿物(单矿物,即磷灰石)、钡矿物(单矿物,即重晶石)、汞矿物(单矿物,即辰砂)、砷矿物族(2种矿物组合)、铋矿物族(2种矿物组合)和锆钛矿物族(7种矿物组合)。另对接触交代作用的副矿物如石榴石、透辉石等作矿物族异常图供参考。

第二节　完成的主要工作任务

一、自然重砂技术数据库维护

海南省矿产资源潜力评价自然重砂课题组维护更新的省级基础数据库和中比例尺基础数据库数量如表1-2所示。

表 1-2　基础数据库维护更新一览表

范围	比例尺	图幅名称	入库样品数/件	检出矿物种数/种	工作单位	课题负责人	工作时间	验收单位
省级区域	1:20万	海头港幅、儋州市幅、文昌市幅、东方市幅、乐东县幅、万宁市幅、莺歌海盐场幅、三亚市幅、陵水县幅、海口市幅	22 561	107(包括矿物结合体)	广东省地质局区测大队海南分队		1958—1962年	广东省地质局
局部图幅	1:5万	尖峰岭幅(东部)	385	12(有用矿物)	广东省海南行政区地质矿产局区测队	王偕义	1988—1989年	海南省地矿局
		乐东县幅(西部)	256	12(有用矿物)				
		志仲幅(全图幅)	1857	7(有用矿物)	四川地矿局攀西地质大队	陈明全	1983—1984年	广东省海南行政区地质矿产局

二、自然重砂专题图件编制

按照《自然重砂资料应用技术要求》《全国自然重砂资料应用成果要求》(项目办发〔2009〕35号),以及《海南省矿产资源潜力评价物探、化探、遥感综合信息评价课题设计书》的要求,海南省矿产资源潜力评价自然重砂课题组完成的编图工作量如表1-3所示。自然重砂资料应用不作典型矿床图件。

表1-3 省级和预测工作区编图与属性库建设一览表

图件类型	图 名	比例尺	数量/张	备注
省级图件	工作程度图	1∶50万	1	1∶20万和1∶5万自然重砂测量范围
	自然重砂点位图	1∶50万	1	1∶20万测量点
	汇水盆地图	1∶50万	1	1∶25万水系和汇水盆地资料
	有无图	1∶50万	10	其中单矿物4张,组合矿物6张
	分级图	1∶50万	9	其中单矿物3张,组合矿物6张(1张为接触交代类矿物)
	异常图	1∶50万	19	带属性库(接触交代类矿物1张,无属性库)
	综合异常图	1∶50万	1	贵金属与有色金属矿物族综合异常图
	异常区带划分	1∶50万	5	1张异常区带分布图,每个异常区带1张综合异常
预测工作区图件	异常图	1∶25万、1∶10万、1∶5万	115	铜矿10张,铅锌矿9张,金矿21张,钨矿12张,稀土矿1张,银矿12张,钼矿23张,锰矿0张,萤石矿4张,重晶石矿11张,硫铁矿9张,独居石砂矿1张,锆钛砂矿2张。省级预测矿种不建库
	综合异常图	1∶25万、1∶10万、1∶5万	21	预测工作区均各作1张(稀土矿为单一矿物族异常,不作综合图;大茅锰矿预测工作区无综合异常)
	找矿预测图	1∶25万、1∶10万、1∶5万	22	分预测工作区编制(大茅锰矿预测工作区无找矿预测图)

第三节 取得的主要成果

(1)实现了海南岛自然重砂测量鉴定资料的定量化。
实现了海南岛区域和中比例尺自然重砂测量鉴定资料的定量化描述。
(2)实现了海南岛自然重砂测量成果表达的矢量化。
编制了砷矿物、辰砂、辉锑矿、自然金、铜矿物、铅锌矿物、铋矿物、钼矿物、钨矿物、锡石、铁矿物、锰矿物、铬矿物、磷灰石、萤石、重晶石、稀土矿物和锆钛矿物共18种有用的矿物族异常图,共圈定424处矿物异常。
(3)揭示了海南岛自然重砂矿物的成因及其影响因素。

海南岛自然重砂矿物异常分布特征表明,海南岛区域自然重砂矿物异常体现了集群分布的特点,表现为四大集群区带,即琼东北黑色金属异常区带(Ⅰ)、琼西贵金属与有色金属矿物异常区带(Ⅱ)、琼东贵金属与有色金属矿物异常区带(Ⅲ)、琼东沿海砂矿型矿物异常区带(Ⅳ)。自然重砂矿物异常的分布体现了自然重砂矿物的成因及其影响因素,地质背景是海南岛自然重砂矿物出现频率的决定因素,矿物的耐风化能力同样决定了其检出频率,表生环境是影响自然重砂矿物分布的重要外部因素。

(4)研究了各典型矿床对应的预测工作区的自然重砂信息。

共圈定了各类综合异常187处,其中铜矿种岭壳式陆相火山-岩浆热液型岭曲铜矿自然重砂矿物综合异常6处,石碌式沉积变质型石碌铜钴多金属矿自然重砂矿物综合异常2处;铅锌矿种后万岭式脉型后万岭铅锌矿自然重砂矿物综合异常81处;钨矿种莲花山式斑岩型红门岭钨钼矿自然重砂矿物综合异常12处,矽卡岩-云英岩型兰洋钨锡矿自然重砂矿物综合异常6处;金矿种戈枕式剪切带破碎-蚀变岩型二甲金矿自然重砂矿物综合异常6处,抱伦式脉型抱伦金矿自然重砂矿物综合异常11处,富文式脉型富文金矿自然重砂矿物综合异常6处;稀土矿种因只有单矿物异常,不圈定综合异常;银矿种南报式脉型银矿自然重砂矿物综合异常18处,石碌式沉积变质型银矿自然重砂矿物综合异常3处,富文式脉型银金矿自然重砂矿物综合异常2处;钼矿种白石嶂式脉型钼矿自然重砂矿物综合异常11处,园珠顶式斑岩型钼矿自然重砂矿物综合异常4处,爆破岩筒式斑岩型钼矿自然重砂矿物综合异常1处,罗葵洞式火山岩型钼矿自然重砂矿物综合异常2处;硫铁矿种巷子口式矽卡岩型硫铁矿自然重砂矿物综合异常3处,石碌式沉积变质型硫铁矿自然重砂矿物综合异常3处;萤石矿种什统式热液充填型萤石矿自然重砂矿物综合异常3处;重晶石矿种石碌式沉积变质型重晶石矿自然重砂矿物综合异常2处,冰岭式风化壳型重晶石矿自然重砂矿物综合异常1处,谭子山式热液脉型重晶石矿自然重砂矿物综合异常4处。

(5)提出了预测矿种的自然重砂找矿预测区。

共圈定了231处找矿预测区,其中金矿自然重砂找矿预测区51处,铅锌矿自然重砂找矿预测区28处,铜(钴)自然重砂找矿预测区6处,钨(锡)矿自然重砂找矿预测区23处,稀土矿自然重砂找矿预测区40处,其他多金属矿自然重砂找矿预测区19处,银矿自然重砂找矿预测区23处,钼矿自然重砂找矿预测区25处,萤石矿自然重砂找矿预测区3处,重晶石矿自然重砂找矿预测区7处,硫铁矿自然重砂找矿预测区6处。

(6)研究了海南省自然重砂找矿模型。

自然重砂找矿模型研究共针对11矿种已知典型矿床建立了26个自然重砂找矿模型。其中铜矿2个、铅锌矿1个、钨矿2个、金矿3个、稀土矿1个、银矿3个、钼矿7个、锰矿1个、萤石矿1个、重晶石矿3个、硫铁矿2个。

第二章 区域地质地貌概况

第一节 区域水系分布

海南岛地势中部高、四周低,呈以西南部的五指山和鹦哥岭为核心的穹隆状山体地貌。比较大的河流大都发源于中部山区;较小的河流则发源于山前丘陵或台地,沿着中部高、四周低的地势呈放射状入海,组成放射状水系(图2-1)。全岛独流入海的河流共154条,集水面积超过100km²的有39条,集水区占全岛面积的83.5%;集水面积小于100km²的河流有115条,集水区只占全岛面积的15.6%。南渡江、昌化江、万泉河等39条主要河流的年径流量共有 $263.84×10^8 m^3$,占全岛平水期年径流量($290×10^8 m^3$)的91.0%左右(表2-1)。

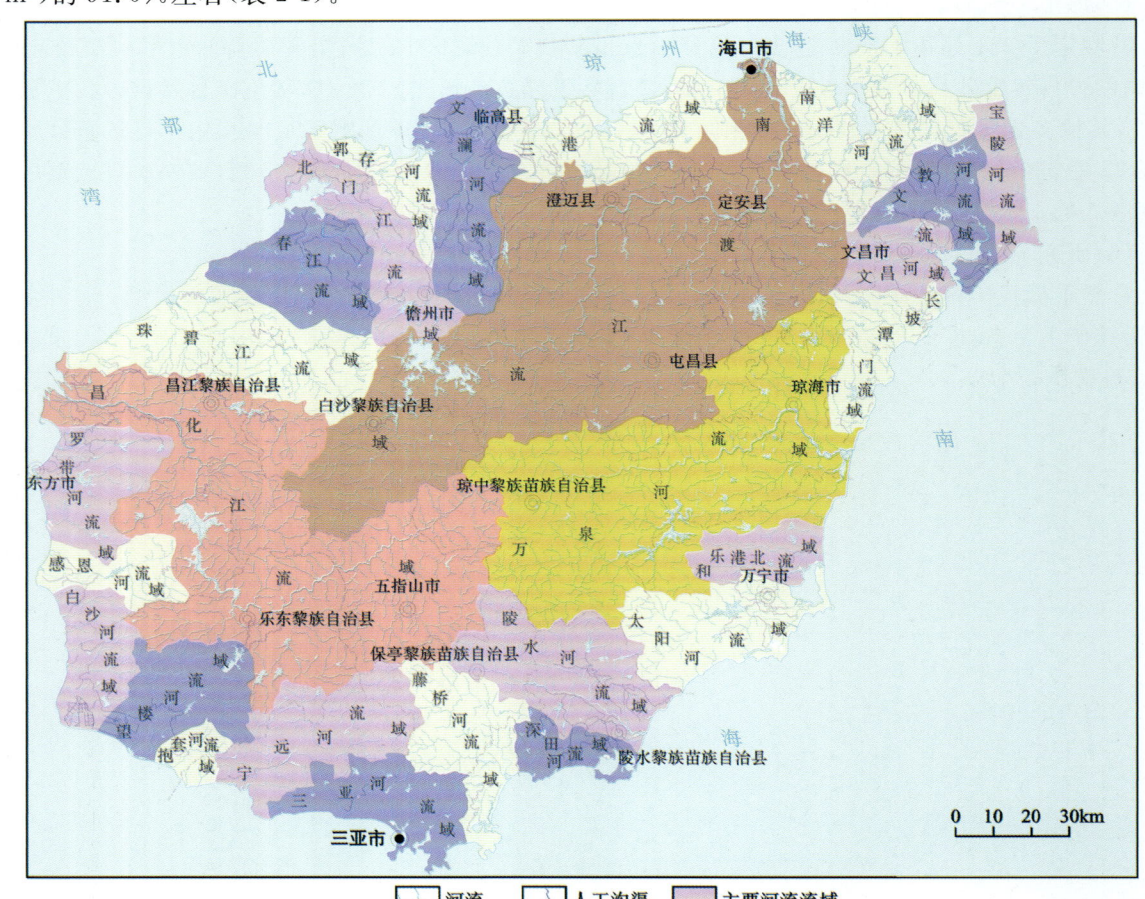

图2-1 海南岛水系流域图

表 2-1　海南岛主要江河水文资料一览表（按年均径流量排序）

名称	年均径流量/×10⁸m³	集雨面积/km²	河长/km	发源地	出口地
南渡江	69.20	7177	333.8	白沙县南峰山	海口市三联村
万泉河	54.10	3583	157.0	五指山市风门岭	琼海市卜鳌港
昌化江	41.70	5070	232.0	琼中县空禾岭	昌江县昌化港
陵水河	14.10	1131	73.5	保亭县贤芳岭	陵水县水口港
太阳河	8.44	593	75.7	琼中县红顶岭	万宁市小海
宁远河	6.49	1020	83.5	乐东县红水岭	三亚市港门港
珠碧江	6.41	957	83.8	白沙县南高岭	儋州市海头港
藤桥河	5.96	709	56.1	保亭县昂日岭	三亚市藤桥港
文澜江	5.19	777	86.5	儋州市大岭	临高县博铺港
文教河	4.36	523	50.6	文昌市坡口村	文昌市溪边村
北门江	4.06	648	62.2	儋州市鹦哥岭	儋州市黄木村
望楼河	3.98	827	99.1	乐东县尖峰岭南	乐东县望楼港
九曲江	3.89	278	49.7	万宁市放牛岭	琼海市沙美内海
文昌江	2.95	345	48.8	文昌市蓬莱岭	文昌市八门港
珠溪河	2.86	358	46.2	文昌市排良岭	文昌市东溪村
龙滚河	2.80	214	47.7	万宁市内罗岭	琼海市沙美内海
春江	2.80	558	55.7	儋州市康兴岭	儋州市赤坎地村
龙尾河	2.29	158	38.2	万宁市南肚岭	万宁市小海
感恩河	2.24	381	53.6	东方市蒙瞳岭	东方市感城
滨州河	2.19	253	49.5	海口市加岭村	海口市滨州村
三亚河	2.11	337	31.3	三亚市中间岭	三亚市三亚港
龙首河	1.84	136	33.2	万宁市北坡平	万宁市小海
石壁河	1.62	191	36.3	文昌市蓬莱岭	文昌市长纪村
新园水	1.40	144	20.8	琼海市山鸡村	琼海市潭门港
北水溪	1.25	156	29.3	文昌市宝溪村南	文昌市宝陵港
莫州河	0.96	128	23.4	陵水县六口陵	三亚市土曲湾
光村水	0.89	181	40.3	儋州市六吉岭	儋州市光村
花场河	0.89	117	20.3	澄迈县鹧鸪岭	澄迈县花场港
白沙溪	0.79	170	23.7	乐东县尖峰岭	乐东县白沙港
罗带河	0.76	222	47.7	东方市茅刀岭	东方市南边坡村
南港河	0.74	117	26.1	东方市克公岭	东方市南港口
南罗溪	0.74	212	23.5	昌江县石头岭	昌江县新港
大茅水	0.71	117	28.2	三亚市甘什岭	三亚市榆林港
通天河	0.67	193	27.5	东方市瞎牛岭	东方市通天村
马袅河	0.61	101	23.4	临高县多文岭	临高县马袅港
北黎河	0.53	136	29.0	东方市蛾糟岭	东方市北黎港
排浦江	0.51	138	22.3	儋州市别头岭	儋州市排浦港
佛罗河	0.45	118	25.2	乐东县铁色岭	乐东县丹村港
山鸡江	0.37	112	24.6	儋州市老树岭	儋州市海头港

一、海南岛水系分布及河流水文特征

(1)较大的河流都发源于中部山区;较小的河流多发源于山前丘陵或台地,呈放射状入海。水系流程短、坡降陡,难以留住降水,但是在地形上沿河不同程度地相间分布有盆地和峡谷,利于建库蓄水。

(2)河流众多、河道较短,特别是山区河流,坡陡水急、落差集中,具有较好的水能资源。其理论蕴藏量为 $107.53×10^4$ kW,发电量在 $87.55×10^4$ kW 以上,年发电量约 $32.2×10^8$ kW·h。

(3)因河道短陡,又受地形和气候影响,暴雨强度大、洪峰高、历时短,洪水涨率大,最大流量与最小流量的比值达数千,如昌化江宝桥站最大流量为最小流量的 5970 倍。

(4)小流量历时长,冲切不力,以致许多中小河流弯曲浅窄,滞洪能力低,两岸农田易遭洪水泛滥之害。

(5)河水含沙量少,一般多年平均悬移质含量为 $0.55\sim0.197$ kg/m³,全岛多年平均输沙量约 $400×10^4$ t。

(6)降雨是河流的主要补给源,约占总水量的 82%,其次是地下水及灌溉退水。河流由于地形具有短、弯、窄、陡的特征,使水位暴落,其变幅与降水量大小和强度成正比;径流年内分配不均,年际变化较大,丰枯悬殊,对水资源的开发利用有较大的影响。

二、海南岛三大河流——南渡江、昌化江和万泉河

1. 南渡江

南渡江发源于白沙县南峰山,总体呈北东向斜贯岛的中部、北部,地势西南高、东北低,流经白沙、琼中、儋州、澄迈、屯昌、定安、海口等市县,于海口市三联村汇入琼州海峡,全长 333.8km,流域面积 7176.5 km²,落差 703m,干流平均坡降为 0.716%。

流域内气候温和,雨量充沛。5—11 月为雨季,降雨量占年降雨量的 85%;12 月至次年 4 月为旱季,降雨量仅占年降雨量的 15%,常发生春旱。台风季节,暴雨造成中下游两岸平原地区洪水泛滥。流域内多年平均降雨量 1935mm,年平均流量为 219m³/s。龙塘水文站实测最大流量为 7550m³/s(1958年),最小流量为 2.2m³/s(1960年)。

流域内支流众多,迂回弯曲。集雨面积 100km² 以上的支流有 20 条。

已建有小型及以上水库 69 座,总控制集雨面积 2181.1 km²,总库容 $38.81×10^8$ m³。

2. 昌化江

昌化江发源于五指山北麓的琼中县空禾岭,地势为东南高、西北低,横贯岛中西部,流经琼中、保亭、乐东、东方等市县至昌江县昌化港入海,全长 232km,流域面积 5070km²,总落差 1614m,干流平均坡降 15.4%。

流域内具有明显的热带季风气候,降雨时空分配不均,上游多于下游,山区多于沿海。下游沿海地区是全岛最干旱地区之一。河流两岸地面一般高出河床 $20\sim30$ m,无大片集中低洼耕地。下游河床宽阔,水流顺畅,一般洪灾面积很小。流域内多年平均降雨量 1570mm,平均流量 132m³/s,多年平均径流量 $41.7×10^8$ m³。

流域内集雨面积大于 100km² 的支流有 10 条,其中通什水支流最大,集雨面积 660km²。干流中下游东方市广坝处,河床突然下跌约 40m。利用该天然落差,目前已建成大广坝水利水电枢纽工程,是一个以发电、灌溉为主,兼有供水、防洪等综合效益的大型工程。

3. 万泉河

万泉河上游分南、北两支,均发源于五指山风门岭。南源称乘坡河或乐会水,为干流;北源称大边河,也称定安水。南北源汇合于琼海市合口嘴,合流后称万泉河。干流流经琼中、万宁和琼海等市县,于琼海市博鳌汇入南海,全长157km,流域面积3693km²,总落差800m,干流平均坡降1.12‰。

流域内气候温和,雨量充沛。从流域面积看,它属海南岛第三大河;从径流量看,它属第二大河。台风暴雨季节,中下游沿岸平原常遭洪水灾害。流域内多年平均降雨量2300mm,多年平均流量172m³/s,多年平均径流量54.1×10⁸m³。

流域内集雨面积100km²以上的支流有9条,至今尚未建有大中型水利水电工程,开发潜力大。

三、海南岛各河流的径流

海南岛各河流的径流来源于降水,并与蒸发及地面覆盖有密切关系。年平均径流甚大,但地区分布不均,自中部山区向四周沿海递减,与降水趋势一致。年内分配不均,汛期平均径流量占全年径流总量比例:南渡江流域为82%,昌化江流域为81%,万泉河流域为68%,岛东部地区为66%,中部地区为79%,西部地区为85%,北部地区为79%。年际变化大,变差系数为0.4~0.55,实测年径流量最大年与最小年的比例高达7。

第二节 区域地貌特征

海南岛为一穹隆形山体地貌,中间高、四周低,以西南部的五指山(海拔1 867.1m)和鹦哥岭(海拔1 811.6m)为隆起核心,向外围逐级依次下降,分别由中低山地、丘陵、火山岩台地、山前堆积平原、河流阶地和滨海堆积平原等构成环形层状地貌,梯级结构明显(图2-2)。

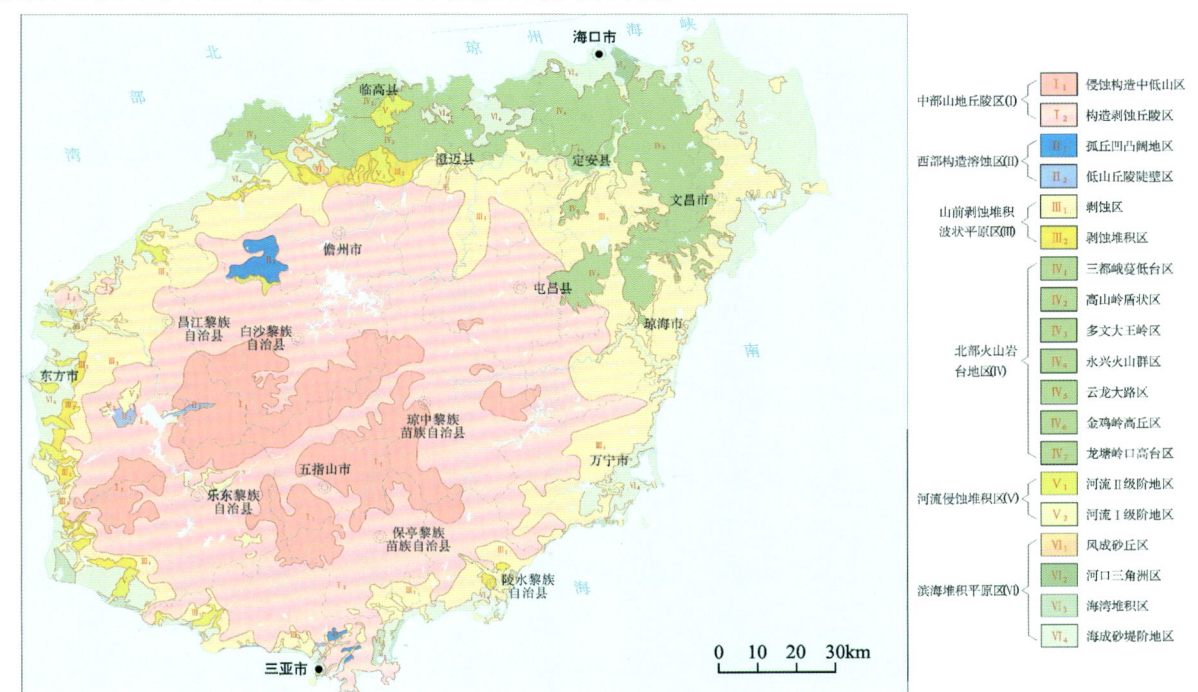

图2-2 海南岛地貌类型图

山地和丘陵是海南岛地貌的主要类型,占全岛面积的38.7%。山地主要分布在岛中部偏南地区,其中散布着丘陵性盆地。丘陵主要分布在岛内西北、西南等地区。在山地和丘陵周围,广泛分布着宽窄不一的台地和阶地,占全岛总面积的49.5%。环岛多为滨海平原,占全岛总面积的11.2%。海岸类型主要为火山玄武岩台地的海蚀堆积海岸、由溺谷演变而成的小港湾或堆积地貌海岸和沙堤围绕的海积阶地海岸。

第三节 区域地质矿产概况

海南岛地层发育较齐全,构造发育,岩浆活动频繁,岩浆岩广泛分布,占陆域面积的57.1%,这是海南岛最突出的地质特点。

一、地层

海南岛地层单位划分系列如表2-2所示。

(一)中元古界

中元古界仅见长城系抱板群出露,为区内最古老的地层,主要分布于五指山地层分区的东方抱板、大蟹岭、乐东县冲卒岭、定安县黄竹岭、琼海市烟塘、琼中县长征一带。自下而上分为戈枕村组和峨文岭组。戈枕村组以黑云斜长片麻岩或混合质黑云斜长片麻岩为主,下部为混合花岗闪长岩及黑云斜长混合片麻岩,与上覆峨文岭组整合接触;峨文岭组以云母石英片岩、石英云母片岩为主,夹数层长石石英岩及石墨矿层,与上覆青白口系石碌群或奥陶系南碧沟组呈断层接触。

(二)新元古界

新元古界仅出露于五指山地层分区的昌江县石碌镇,分别为青白口系石碌群及震旦系石灰顶组。前者岩性主要为绢云母石英片岩夹结晶灰岩及石英岩、白云岩、透辉透闪岩夹富赤铁矿层,顶部以白云岩或透辉透闪岩与上覆石灰顶组呈不整合接触。后者以石英砂岩、石英岩为主,夹泥岩、硅质岩、含赤铁矿粉砂岩。

(三)下古生界

下古生界在三亚地层区出露寒武系孟月岭组、大茅组,奥陶系大葵组、牙花组、沙塘组、榆红组、尖岭组及干沟村组。在五指山地层分区出露寒武系美子林组,奥陶系南碧沟组,志留系陀烈组、空列村组、大干村组、靠亲山组及足赛岭组。

1. 寒武系

孟月岭组为浅海相砂质岩、碳酸盐岩沉积。大茅组为浅海砂泥质岩、碳酸盐岩夹硅质岩及磷锰矿沉积。美子林组为变质石英砂岩、长石石英片岩和结晶灰岩。

2. 奥陶系

大葵组下部为不等粒石英砂岩,中、上部为厚层灰岩。牙花组下部为厚层细粒石英砂岩夹页岩或两

表 2-2 海南岛地层分区及地层单位序列表

第四纪								
地质年代		岩石地层						
纪	世	华南地层大区						中央海地层大区
		中南-东南地层区						
		南沙群岛地层分区	曾母地层分区	西沙群岛地层分区	莺歌海盆地地层分区	秀英地层分区		
第四纪	全新世	南海组	北康组	西沙洲组	（未建组）	烟墩组		（未建组）
						琼山组		
	更新世 晚	南沙组		石岛组		万宁组	石山组	
	更新世 中			琛航组		八所组	道堂组	
	更新世 早			永发组		北海组	多文组	
						秀英组		

古近系—新近系									
地质年代		岩石地层							
纪	世	菲律宾地层大区		青藏-南海地层大区					中央海盆地层大区
		南沙地层区		桂粤-南海地层区					
		礼乐滩盆地地层分区	曾母盆地地层分区	西沙地层分区	莺歌海地层分区	长昌地层分区		雷琼地层分区	
								海口地层小区	
新近纪	上新世	永暑组	北康组	永兴组	莺歌海组	望楼港组	石门沟组	海口组	
	中新世 晚	南湾组	南康组	宣德组	黄流组	佛罗组	石马村组	灯楼角组	（未建组）
	中新世 中		海宁组		梅山组			角尾组	
	中新世 早		曾母组	西沙组	三亚组	? 丘糖岭组		长坡组	下洋组	
古近纪	渐新世	忠孝组			陵水组			涠洲组	
	始新世	阳明组	拉让群		（不详）	瓦窑组		流沙港组	
						长昌组			
	古新世	宝滩组				昌头组		长流组	

侏罗纪—白垩纪					
地质年代		岩石地层			
纪	世	西北-华南地层大区		菲律宾-南沙群岛地层大区	
		东南地层区		南沙群岛地层区	
		海南地层分区		礼乐滩-北巴拉望地层分区	曾母-万安地层分区
白垩纪	晚	报万组			
	早	岭壳村组	鹿母湾组	（未建组）	丹脑组
		汤他大岭组			
		六罗村组			
侏罗纪	晚				
	中				
	早			（未建组）	

续表 2-2

纪	世	新元古代—三叠纪						
		印支-南海地层大区				羌塘-扬子-华南地层大区		
		三亚地层区				南海地层区	华南地层区	
							五指山地层分区	
三叠纪	晚					(未建组)		
	中					利米内康组		
	早						岭文组	
二叠纪	晚					(未建组)	南龙组	
	中						鹅顶组	
	早						峨查组	
石炭纪	晚						青天峡组	
	早						南好组	
泥盆纪								
志留纪	普里道利世							
	罗德克世							
	温洛克世							
	兰多维列世						足赛岭组	
							靠亲山组	
							大干村组	
							空列村组	
							陀烈组	
奥陶纪	晚	干沟村组					南碧沟组	
		尖岭组						
		榆红组						
	中	沙塘组						
		牙花组						
	早	大葵组						
寒武纪	芙蓉世						?	
	武陵世	大茅组						
	黔东世	孟月岭组						
	滇东世						美子林组	
震旦纪							石灰顶组	
南华纪								
青白口纪							石碌群	

纪	世	中元古代	
		闽-粤东地层大区	
		海南地层区	
(待建)			
蓟县纪			
		峨文岭组	
长城纪		戈枕村组	

者互层;中部为厚层状碳质灰岩夹白云质灰岩、粉砂岩及页岩;上部为钙质碳质页岩夹厚层状结晶灰岩。沙塘组下段为钙质砾灰岩、厚层状灰岩夹细砂岩;上段为黑色碳质页岩、灰色页岩及粉砂质页岩。榆红组由复成分砾岩与中粗粒岩屑砂岩或由细粒石英砂岩互层组成,局部夹页岩。尖岭组底部为复岩屑砾岩,其上为细粒岩屑砂岩夹黏土岩,或呈不等厚互层,中上部为粉砂质黏土岩夹粉砂岩,顶部为岩屑粉砂岩。干沟村组主要由细粒岩屑杂砂岩夹粉砂岩组成,底部含细砾岩屑砂岩与下伏尖岭组分界。南碧沟组岩性以云母石英片岩、千枚岩、绢云母板岩为主,夹变质粉细砂岩、碳质板岩;中上部夹基性火山熔岩及基性火山碎屑岩。

3. 志留系

志留系仅在五指山地层分区发育,主要分布于东方公爱至猕猴岭及保亭南好等地。陀烈组下段为变质石英细砂岩、绢云母板岩夹灰岩透镜体、绢云母千枚岩;中段以碳质绢云母板岩为主夹变质粉砂岩及含碳千枚岩;上段为千枚岩、绢云母板岩夹变质粉砂岩条带。空列村组底部为石英岩,往上为绢云母板岩与变质绢云母石英粉细砂岩互层,夹结晶灰岩。大干村组由变质复成分砾岩、板岩、结晶灰岩组成,灰岩中产珊瑚、海绵化石。靠亲山组为千枚岩或含碳千枚岩与绢云母石英粉细砂岩互层,顶部为结晶灰岩。足赛岭组为含碳千枚岩、千枚岩夹结晶灰岩。

(四)上古生界

上古生界仅分布于五指山地层分区,缺失泥盆系,出露石炭系和二叠系。

1. 石炭系

该地层是五指山地层分区分布最广的地层之一,主要分布于东方、昌江、保亭、儋州等市县,包括下石炭统南好组及上石炭统青天峡组。南好组为石英砂岩、砂岩与板岩、粉砂质板岩不等厚互层,底部为砾岩或含砾不等粒石英砂岩。青天峡组为板岩、砂质板岩与石英砂岩不等厚互层,底部为细砂岩夹板岩、条带状结晶灰岩。

2. 二叠系

该地层主要分布于东方市、昌江县及白沙县,可进一步划分为下二叠统峨查组、中二叠统鹅顶组,中二叠统至上二叠统南龙组。峨查组为石英砂岩与板岩、砂质板岩不等厚互层,底部为生物屑微晶灰岩夹硅质岩。鹅顶组为生物粉晶灰岩、生物屑灰岩夹含燧石纹层灰岩。南龙组上部为泥质岩与中粒长石石英砂岩互层夹少量杂砂岩;下部为细砂岩、粉砂岩与泥岩互层,夹较厚的杂砂岩。

(五)中生界

中生界仅出露三叠系及白垩系,缺失侏罗系。

1. 三叠系

该套地层仅出露下三叠统岭文组,仅在五指山地层分区的定安县岭文和琼海市九曲江一带出露。岭文组下部为砾岩、含砾细砂岩,上部为泥岩、泥质粉砂岩。

2. 白垩系

该套地层为海南岛广泛分布的地层之一,特别是下白垩统分布最广。下白垩统主要分布于白沙-乐东、儋州王五、三亚、琼海阳江(东平)等盆地,上白垩统分布于白沙-乐东盆地。岩石地层单位有六罗村组、汤他大岭组、岭壳村组、鹿母湾组及报万组。六罗村组岩性主要为流纹质火山岩,下部夹少量玄武岩和安山岩,局部地段底部为含火山角砾的紫红色砾岩。汤他大岭组岩性以英安质火山岩为主,中部和下部夹少量安山质流纹质火山岩。岭壳村组以流纹质熔岩及流纹质火山碎屑岩为主,夹数层英安岩。鹿母湾组下部以紫色—紫红色—紫灰色砂砾岩、含砾长石石英砂岩为主,夹泥质、铁质粉砂岩和泥岩;上部为紫色间灰绿色长石石英细—粉砂岩夹钙泥质粉砂岩、粉沙质泥岩,常夹安山—英安质火山岩。报万组主要为长石砂岩,中下部夹少量粉砂岩、钙质泥岩,中部夹少量砾岩。

(六)新生界

1. 古近系

1)海口地层小区岩石地层单位

长流组:为一套红色碎屑岩。岩性为棕红色—紫红色泥岩与同色或灰色砂砾岩不等厚互层,局部夹灰褐色泥灰岩。

流沙港组:为一套灰色碎屑岩,由深灰色、灰黑色、灰绿色泥岩与灰白色中—细砂岩、含砾砂岩、砂砾岩不等厚互层组成,中部夹薄层玄武岩,含砾砂岩微含油或具油斑。

涠洲组:岩性为棕红色、灰绿色、棕黄色、浅灰色泥岩与浅灰色含砾砂岩、砂砾岩不等厚互层,局部夹数层玄武岩。

2)长昌地层分区岩石地层单位

昌头组:下部为棕红色砂砾岩夹粉砂岩、棕红色泥岩与灰白色砂岩不等厚互层;上部为灰褐色油页岩与棕红色、灰色泥岩、页岩不等厚互层。

长昌组:下部杂色岩段以杂色砂岩、粉砂岩为主,夹砂砾岩及泥岩;上部含煤段为页岩、碳质页岩、油页岩与砂岩、粉砂岩不等厚互层,夹褐煤层。

瓦窑组:以灰白色、灰黄色不等粒砂岩、含砾砂岩、细砂岩为主,夹青灰色、黄褐色泥岩、粉砂质泥岩及褐紫色含油泥岩。

2. 新近系

1)海口地层小区岩石地层单位

下洋组:一套粗碎屑岩以灰白色—浅灰色砂砾岩、砂岩、粉砂岩为主,夹灰绿色粉砂质泥岩及泥岩,局部互层。

角尾组:下部浅灰色、灰绿色中粗砂岩夹灰色粉砂质泥岩;上部浅灰色—灰绿色中细砂岩、粉砂岩与浅灰色—灰绿色粉砂质泥岩互层。局部夹数层玄武岩。

长坡:陆相含煤沉积。以灰色—蓝灰色黏土岩、粉砂质黏土岩、泥质粉砂岩为主,夹灰色钙质含油页岩和褐煤层,底部见杂色砾岩、砂砾岩、泥质中粗砂岩。

灯楼角组:岩性为下部浅灰色—灰绿色含砾砂岩、砂砾岩、砂岩夹灰绿色粉砂质泥岩,上部为灰色—灰绿色砂岩与粉砂岩、粉砂质泥岩互层。普遍含海绿石。

海口组:共分4段,第四段为灰色黏土、粉砂质黏土;第三段为贝壳碎屑岩;第二段为灰色粉砂质黏土夹玄武质火山岩;第一段含贝壳碎屑砂砾岩。

2)长昌地层分区岩石地层单位

佛罗组:以灰白色—灰绿色砂岩、砾岩为主,上部夹泥岩。

望楼港组:为蓝灰色—黄色薄层细砂与蓝灰色粉砂质黏土、黏土质粉砂不等厚互层。

石马村组:下部玻基橄辉岩夹砂砾岩及黏土岩;上部橄榄玄武岩及角砾凝灰岩互层;顶部为厚0.3m的铁质黏土岩。

石门沟组:下部为火山碎屑岩夹橄榄玄武岩;上部为辉斑橄榄玄武岩、粗玄岩。

3. 第四系

秀英组：平行不整合于海口组（或望楼港组）之上，为一套以灰色黏土或亚黏土为主，次为浅灰白色砂层、砂砾层组成的地层，局部夹一层基性火山岩。

早更新世玄武岩喷发不整合于海口组之上。下部为玄武质凝灰岩；上部为粗玄岩。

北海组：地貌上叠覆于海成Ⅱ级、Ⅲ级阶地之上，表现为Ⅲ级或Ⅳ级阶地。由橘黄色—棕红色—褐红色亚砂土、砂、砂砾、砂质砾石层组成。底部砂砾层往往含玻璃陨石成含铁质结核。

中更新世玄武岩为橄榄拉斑玄武岩、橄榄玄武岩、火山角砾岩、凝灰岩等。

八所组：在地貌上表现为海成Ⅱ级或Ⅲ级阶地，岩性为棕黄色—黄色及白色粉细砂、中砂及含细砾中粗砂层。

道堂组：喷发不整合于北海组之上，被石山组喷发不整合覆盖。岩性为基性火山熔岩与沉积玄武质火山碎屑岩呈互层状产出。

更新统：为河流Ⅱ级、Ⅲ级阶地冲积层和Ⅱ级台地及洞穴堆积。岩性为砾石、含砾黏砂、砂、砂质黏土等，洞穴堆积以黏土为主。

全新统：为河流Ⅰ级阶地、河漫滩冲积层、洪冲积层及洞穴堆积。岩性为砾石、含砾粗砂、砂、砂质黏土等，洞穴堆积为钙质黏土夹碳质黏土。

石山组：由玄武质熔岩、底部局部的玄武质角砾熔岩组成。

万宁组：属河口三角洲沉积。岩性为砾质中粗砂层与黏土层交互产出。

琼山组：滨海潟湖沉积。岩性为亚黏土夹少量黏土、砂，富含有机质黏土、含砂及细砾石亚黏土。

烟墩组：为滨海、潟湖系列沉积。岩性为砂砾、砂、有机质黏土、粉砂质黏土及海滩岩。

二、构造

在地质发展史上，海南岛经历了中岳晋宁、加里东、海西、印支、燕山和喜马拉雅等构造运动，每期构造运动都在海南岛留下一定的构造形迹，晚期的构造运动又对早期构造运动形成的构造形迹进行改造，从而使岛上的构造形迹显得更加突出和复杂。总的看来，晋宁运动造就了海南岛的基底构造；加里东和海西运动奠定了海南岛的基本构造格架，形成了北东向褶皱山系和断裂带，并伴随强烈的岩浆活动和变质作用；中生代的各期构造运动则以断裂运动和酸性岩浆侵入为特征；新生代构造运动表现为断块活动和基性岩浆喷溢活动。从空间分布上，除新生代构造运动形成的构造形迹分布于岛北和岛东地区外，其余各次构造运动形成的构造形迹几乎遍及全岛各地。主要构造形迹及表现特征简述如下。

（一）东西向构造形迹及其特征

海南岛东西向构造形迹十分发育，从北往南主要有王五-文教、昌江-琼海、尖峰-吊罗和九所-陵水等构造带。它是由走向东西的压性或压扭性断裂带、构造-岩浆岩带和褶皱带组成，横贯全岛，大致相间25′，规模较大，长200多千米，宽4~5km，最宽达10km。深切至上地幔，最深达75km。构造带表现形式多样且复杂，如昌江-琼海断褶带西段，以东西向褶皱带或片理、片麻理带出现，又如王五-文教和九所-陵水断裂带以压性断裂带、挤压破碎带、糜棱岩带和构造透镜体带出现，尖峰-吊罗和昌江-琼海构造带东段，则以东西向花岗岩穹隆带显示，这说明构造带是多期次构造运动的总反映，是区域性南北向挤压应力长期持续作用的结果。

东西向构造带对岛内各时期的沉积起着明显的控制作用。昌江-琼海构造带控制海南岛的古生界沉积有南北之分，南部区发育下古生界沉积，以碳酸盐岩、泥质碎屑岩及石英岩建造为主，地层褶皱、变质作用均较弱。北部区下、上古生界都很发育,以碎屑岩、复理石建造为主,地层褶皱、变质作用都很强烈。王五-文教断裂带发生和发展控制的全岛新生代地层主要局限于北侧,对全岛中、新生代岩浆活动也起着明显的控制作用。昌江-琼海和尖峰-吊罗构造带及两侧,中生代岩浆活动十分强烈,形成了规模巨大的东西向花岗岩穹隆带。九所-陵水断裂带控制了东西向的燕山期火山岩带。王五-文教断裂带控制了岛北新生代玄武岩的分布。

东西向构造带具有长期复杂的发展过程。晋宁运动开始形成,加里东运动使昌江-琼海构造带开始发展变宽,九所-陵水断裂带也随之形成。海西-印支运动使上述两条东西向构造带进一步发展,尖峰-吊罗和王五-文教构造带也开始形成。燕山运动是全岛一次强烈的构造运动,4条东西向构造带都发生强烈活动,引起岩浆沿构造侵入和喷发。喜马拉雅运动,主要使北部的王五-文教断裂带发生断块作用,形成琼北地区许多张性断陷盆地,并控制了新生代的玄武岩和地层分布。

(二)南北向构造带

南北向构造带出现于岛东北部,大致在东经110°—111°、北纬19°10′以北地区,由一宽缓的南北向隆起带及其上发育的一系列南北向断裂带和褶皱带组成。在这一南北向隆起构造带上,发育有龙塘-坡寨南北向背斜,是抱板群组成的褶皱带。铺前-长坡、琼山-仙沟、雷鸣、长昌-黄竹、白莲-瑞溪等断裂,控制了燕山期岩体侵入和中、新生代断陷盆地的分布,有的成为新生代玄武岩喷溢的通道。

根据区域地层资料,该南北向构造带在加里东运动期间就以南北向隆起带出现,使得该区缺失上古生界。龙塘-坡寨南北向褶皱带也在这次运动中形成。海西期这一隆起构造带继续隆起。进入中生代,隆起带进一步发展成规模较大的南北向隆起带,并在隆起带上伴生一系列南北向张性断裂带,控制着燕山期花岗岩侵入和白垩纪盆地沉积。喜马拉雅运动使断裂带进一步发生断块作用,控制新生代地层沉积玄武岩喷溢。

(三)华夏系构造

这一构造体系是由广泛发育于古生代地层中的北东向褶皱带及伴生的压性-压扭性断裂带组成,伴生有近东西、近南北向两组压扭断裂和北西向张断裂带,其展布方向为50°～60°。北东向褶皱带较显著的有万宁市南好褶皱带、三亚褶皱带、万宁市东岭褶皱带、南坤园褶皱带和儋州市和庆-和舍褶皱带等,由古生代地层组成,是加里东和海西运动的结果。北东向压性-压扭性断裂带,主要有红岭-军营、戈枕-临高断裂带。在岛中和岛东地区,北东向褶皱带发育,北东向的压性-压扭性断裂带发育规模较小,常受新华夏系断裂带改造。与华夏系的配套构造,即近东西向和近南北向两组压扭断裂一般不发育,而北西向的张性断裂表现明显,如三亚褶皱带、万宁东岭褶皱带及南好褶皱带。垂直于这些褶皱带的横断层都属于这类张性断裂。另外,北西向龙波-翰林断裂和白沙-陵水断裂在海西期的活动都表现为张性。

根据受到华夏系构造影响的地层和构造形迹的生成时期看,它在加里东初期已具雏形,形成北东向坳陷,接受晚古生代沉积,加里东运动使早古生代地层发生强烈褶皱,形成一系列北东向褶皱带。进入海西期,又形成一系列北东向坳陷,接受晚古生代沉积,不整合覆盖于下古生界之上。海西运动使上古生界强烈褶皱和断裂,并伴随花岗岩侵入,形成一系列北东向褶皱带、断皱带或花岗岩带。

(四)新华夏系构造

根据地质、物探和航片资料,海南岛新华夏系构造较为发育。以断裂构造为主,组成断陷构造带,断裂带一般长20～50km,个别延伸180km,展布方向25°～30°,主要由临高-昌江、谭爷和文昌-琼海-三亚3条断陷构造带,以及与之配套的北西—北北西向张扭性断裂带和近东西向、近南北向两组扭裂带组成。3条断陷构造带均是由压扭性断裂和白垩纪断陷盆地组成。与新华夏系压性构造带配套的北西向张性断裂带也有发育,而北东东和北北西向扭裂带不甚发育。

新华夏系发育始于印支—燕山早期，形成一些北北东向坳陷和断陷，沉积下白垩统鹿母湾组红色地层，构成一系列串珠状分布的断陷盆地，对岛内中生代岩浆活动起着明显的控制作用，沿上述3条北东—北北东向断陷带，均有燕山期岩体分布，串联成北北东向岩浆岩带。新华夏系构造对华夏系构造迁就利用关系明显。

（五）北西向构造

海南岛北西向构造十分发育，从岛的东北部至南西部均有分布，分为325°～335°和315°两组。前一组主要分布在岛东北部和西南部，如尖峰岭-千家断裂带、铺前-清澜断裂带，为张扭性，主要发生在燕山期，是新华夏系构造的配套断裂。后一组主要分布在岛中部和西部，如龙波-翰林断裂带、儋州-万宁断裂带、昌城-田独断裂带和白沙-陵水断裂带等，在海西—印支期和燕山期表现为张性或张扭性，分属于华夏系和新华夏系的配套断裂带，燕山晚期至喜马拉雅期表现为顺时针扭动的压扭性。

（六）山字型构造

从昌江以北，经白沙、儋州、澄迈到屯昌一带展布一山字型构造，主要发育于晚古生代地层分布的岛北部地区，由前弧、脊柱和反射弧组成。

前弧展布于儋州和盛地区，经白沙县城、松涛水库以南至澄迈县南坤园一带，主要由上古生界石炭系组成一系列线状复式褶皱组成，并伴生有与褶皱轴垂直的纵向放射状断层。褶皱轴向从西往东，即北西—北西西—东西—北东东—北东，逐渐形成一个向南凸出弧形，即山字型的前弧。脊柱展布于儋州大成地区，主要由一束走向南北的下古生界紧闭型褶皱带组成，琼中部南北向构造带北段也属脊柱的组成部分。这一束褶皱向北在陈桶岭一带倾伏而消失，向南由于儋县岩体侵位而在大成以南消失，整个褶皱带呈现北宽南窄的形态。西翼反射弧位于昌江军营地区，经叉河岭、大岭到芙蓉田一带，在石炭系和抱板群中发育的褶皱带与断层，自西而东以北东—东西—北西的走向展布，形成一完整的向北凸出的弧，弧顶在大岭、红岭一带；东翼反射弧从南坤园向北东延伸至文儒地区，被琼中岩体切断，但在万浮地区石炭系残留体褶皱轴走向为东西向，说明东翼反射弧应在万浮地区。

山字型构造卷入的最新地层为石炭系，故山字型构造应始于海西期，止于印支期，是海南岛东西向构造带中的一个低序次构造系。

（七）其他构造

除上述具区域性规模较大的构造体系外，在岛内还存在一些规模甚小的低序次的构造体系。如南田-三亚"S"型构造，由寒武系、奥陶系北东向三亚褶皱带组成，形成于海西期；屯昌"S"型构造，由燕山期屯昌花岗岩体反映出"S"的形态。

三、岩浆岩

（一）侵入岩

海南岛的岩浆岩分布广泛，出露面积约19 370 km^2，占全岛总面积的57.1%。其中侵入岩约14 860 km^2，占岩浆岩总面积的76.7%。以酸性和中酸性岩为主，它们呈北东-南西方向延伸，其间以白沙盆地-南坤园向斜分隔，向北东方向延伸越过东西向的王五-文教断裂后，被新生代玄武岩和沉积岩覆盖，露头较零星。海南岛的侵入岩主要是海西—印支期燕山期构造运动的产物，分述如下。

1. 海西期侵入岩

海西期侵入岩分布于岛西部的乌烈、十月田、邦溪、雅星、光雅、洛基、和舍等一带。呈长条状北东方向展布。岩性为角闪黑云二长花岗岩、黑云二长花岗岩,局部为花岗岩,面积约 1546km²。

另外,在万宁水库(长安岩体)分布有辉长岩和苏长岩,面积约 30km²;在昌江(波兰沟岩体、芙蓉田岩体)、儋州(合罗岩体)和琼中(什哺岩体)等处分布有闪长岩和石英闪长岩,总面积约 111km²。在志仲北东的从南岩体,岩性为石英正长岩,面积约 23km²。

2. 海西—印支期侵入岩

海西—印支期侵入岩分布于白沙盆地的东南侧,从岛的西南部志仲经通什、英州、黎母山、三更罗、加乐、西昌、新市、重兴等地直到北东部的大致坡、铺前、翁田等处。总体呈北东、北东东方向展布。岩石类型较复杂,有黑云母二长花岗岩、角闪黑云二长花岗岩、黑云母花岗岩等,局部花岗闪长岩,还有未分的花岗岩,总面积 4532km²。

另外,志仲的三合岭岩体呈北东东方向延展,岩性为石英闪长岩,局部为角闪花岗岩,总面积 22km²。

3. 印支期侵入岩

印支期侵入岩主要分布于岛西部的大田、红卫—王下,尖峰岭、三平—毛道、南丰—南报—仁兴—中兴一带,三亚的孟果村一带。岩性有黑云二长花岗岩、黑云母钾长花岗岩、角闪黑云钾长花岗岩等。总面积 2351km²。

4. 燕山早期侵入岩

燕山早期侵入岩分布于尖峰岭、千家、育才、毛感、和平、南吕农场、南坤、岭口、东阁、龙楼等处。岩性有黑云二长花岗岩、角闪黑云二长岩、钾长花岗岩及花岗岩,面积 1796km²。

在七坊之北见北东东向延展的花岗闪长岩,面积 40km²。在青松南侧呈北东向延展的辉长辉绿岩(仙婆岭岩体),在保亭县城北部的辉长岩(金竹园岩体),琼中县内的辉长岩,面积共 80km²。还有小面积的石英闪长岩。

5. 燕山晚期侵入岩

燕山晚期侵入岩分布于三亚的天涯—南林—藤桥、吊罗山、千家和昌化大岭。岩石类型有角闪黑云二长花岗岩,黑云母钾长花岗岩、花岗斑岩等,面积共 1628km²。

另外,在屯昌(屯昌岩体)、保亭(保城岩体)和东兴一带分布有花岗闪长岩,面积 1322km²。在陵水三才、军田、猴岛等处分布有石英正长岩,面积 69km²。

6. 喜马拉雅期侵入岩

喜马拉雅期侵入岩分布雷鸣以东和枫木以南两处,岩性为辉长岩,前者侵入白垩系鹿母湾组中,后者侵入到燕山晚期的花岗闪长岩中,面积共 9km²。

7. 脉岩

海南岛发育有大量的酸性花岗细晶岩脉、花岗闪长斑岩脉、伟晶岩脉、中基性的安山玢岩脉、闪长玢岩脉和安玄玢岩脉等,不同时代的地层和侵入体中都能见到。尤其是中基性的玢岩脉在金矿区普遍产出。

(二) 火山岩

在三亚梅山—扎南—三道、五指山、石壁—中瑞和洛基等处，分布有中生代晚期的中酸性火山岩，岩性为流纹岩、英安岩、凝灰岩、火山角砾岩。新生代火山岩分布于岛北的王五-文教大断裂以北，琼山-石合南北向断裂以东的广大地区。岩性为橄榄拉斑玄武岩、橄榄玄武岩、玄武质凝灰岩、火山角砾岩、集块岩等。

四、矿产

海南矿产资源种类较多。全省共发现矿产 88 种，经评价有工业储量的矿种 66 种、产地 320 处，其中列入海南矿产储量表的 44 种、产地 205 处。海南矿产资源主要包括石油、天然气、黑色金属、有色金属、贵金属、稀有金属、稀有稀土分散元素、冶金辅助原料、化工原料、建筑材料、其他非金属矿、地下水、热矿水和饮用天然矿泉水等种类。探明储量位于全国前列的优势矿产有天然气、玻璃用砂、钛铁砂矿、锆英石砂矿、宝石、富铁矿、铝土矿（三水型）、饰面用花岗岩、饮用天然矿泉水和热矿水等。

海南岛周边海域已探明的天然气田主要有莺歌海 13-1、东方 1-1、乐东 22-1 等。玻璃用砂已探明大型矿床 4 处，矿床保有储量 41.87×10^4 t，主要分布于儋州、东方、文昌等地。钛铁砂矿主要分布于海南岛东海岸，已探明矿床 24 处，其中大型矿床 3 处、中型 1 处。锆英石砂矿已探明大型矿床 3 处、中型 6 处、小型 19 处，保有储量 117.6×10^4 t，主要分布于文昌、琼海、万宁、陵水等市县。宝石矿已探明大型矿床 1 处，位于文昌市内，保有储量 1.87×10^4 t。富铁矿分布于昌江石碌镇一带，保有储量 2.37×10^8 t，是国内少有的富铁矿之一。铝土矿已探明大型矿床 1 处，位于海南岛北部的蓬莱地区，保有储量 2190.63×10^4 t。饰面用花岗岩主要分布于屯昌、琼中、三亚、乐东、白沙等市县，花色品种主要有崖县红、翠玉红、翠白玉、四彩花、玫瑰红、芝麻白等。

概括起来，海南岛主要矿种的成因类型有以下几种。

(1) 铝土矿：红土风化壳型，矿石矿物主要为三水铝石。

(2) 铁矿：主要成因类型有沉积变质型、接触交代型和风化壳型，矿石矿物主要有赤铁矿、磁铁矿、黄铁矿和褐铁矿等。

(3) 金矿：主要成因类型有热液型和构造蚀变岩型，矿石矿物包括金属硫化物、自然金等。

(4) 铜矿：主要成因类型有海相沉积型和热液型，矿石矿物主要为黄铜矿。

(5) 铅锌矿：主要成因类型为热液型，矿石矿物主要为方铅矿和闪锌矿。

(6) 钨矿：主要成因类型有接触交代型和热液型，矿石矿物主要为白钨矿。

(7) 钼矿：主要成因类型有斑岩型、云英岩型和热液型，矿石矿物主要为辉钼矿。

(8) 其他矿产：主要有热液型萤石矿、海相沉积型重晶石矿、风化壳离子吸附型稀土和滨海砂矿型锆英石、钛铁矿砂矿。矿石矿物较单一，分别为萤石、重晶石、黏土矿物、锆英石和钛铁矿等。

第三章 数据基础与工作方法

第一节 自然重砂工作程度

海南省应用于矿产资源潜力评价项目的自然重砂数据收集到了1∶20万和1∶5万两种比例尺测量资料。

1∶20万海南岛自然重砂测量属于1958年海南岛区域地质测量工作的一部分。自1958年8月开始,历时5年零8个月,广东省地质局对全海南岛进行了自然重砂采样分析和工作报告编制,共完成10个1∶25万图幅,采集样品23 975件,平均密度0.72件/km^2。2000年5月—2004年9月,海南省地质调查院将该测量成果建立了数据库,共入库样品22 561件,并提交给中国地质调查局验收存档。因原始资料部分遗失,部分样品有点位无鉴定报告,故未入库(图3-1)。全部入库样品共报出重砂矿物种类107种。

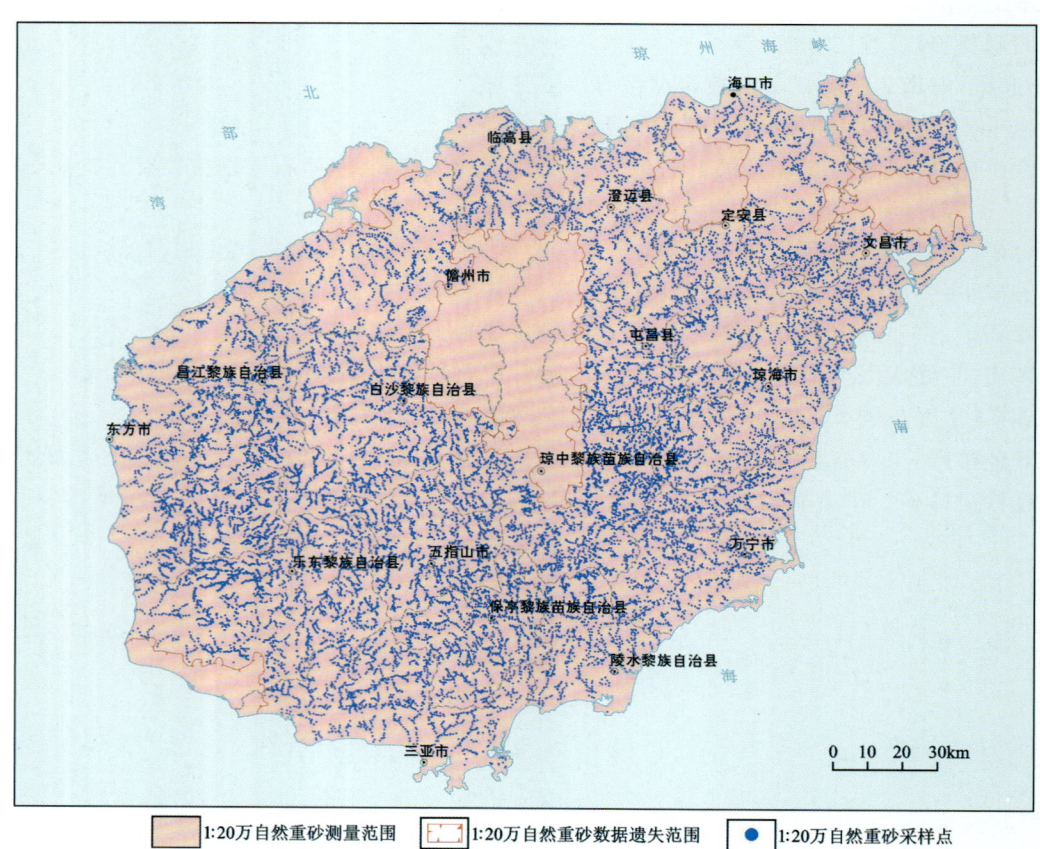

图3-1 海南岛1∶20万自然重砂入库样品点位图

1∶5万海南岛自然重砂测量多为1∶5万区域地质调查所属内容。收集到的资料包括尖峰岭幅（东部）385件样品，乐东县幅（西部）256件样品和志仲幅（全图幅）1857件样品，共鉴定出有用矿物14种，矿物种类完全包含于区域样品，没有新矿物检出。以上样品均经本次工作录入并进行含量标准化。

海南岛全部自然重砂测量工作程度如图3-2所示。

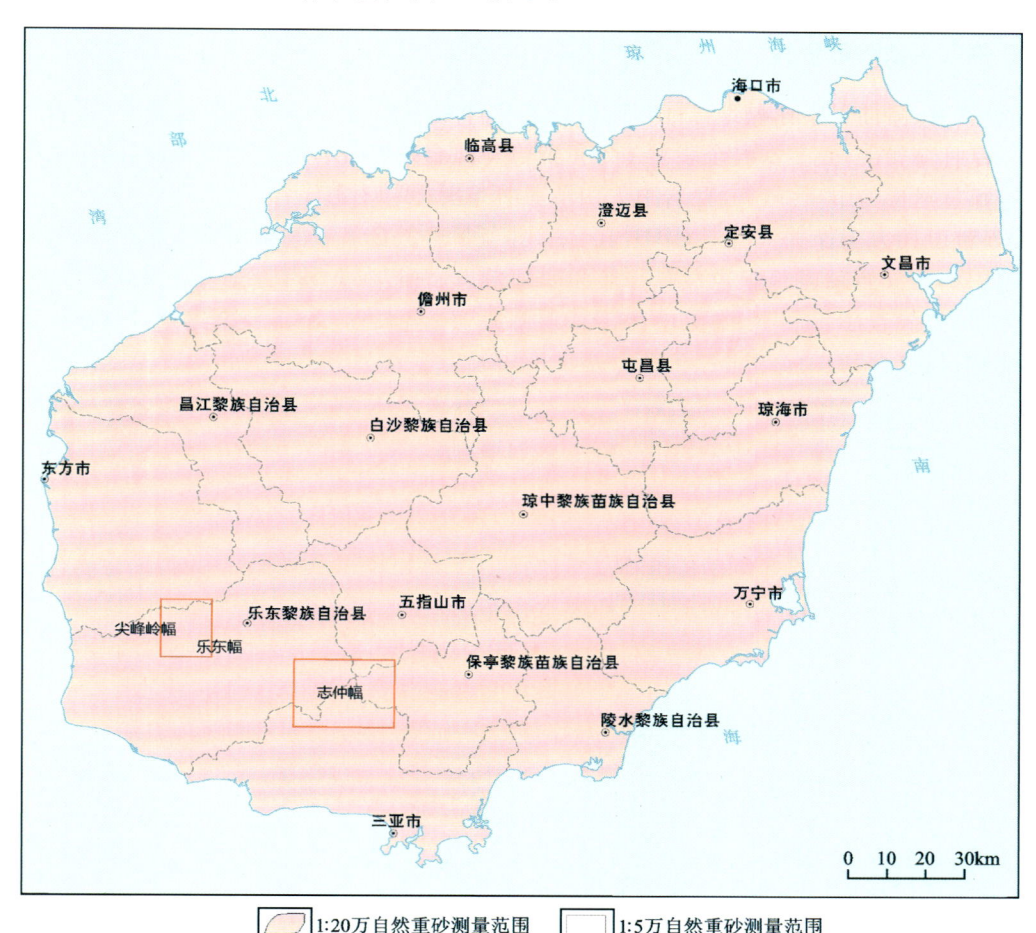

图3-2　海南岛自然重砂测量工作程度图

第二节　自然重砂资料质量评述

一、自然重砂检出矿物类型及质量

1. 区域自然重砂资料

如前所述，海南岛区域自然重砂测量共检出自然重砂矿物107种：有的为单矿物，如自然金；有的为结合矿物，如赤铁矿-褐铁矿；多数为原生矿物，如黄铜矿；少数为氧化矿物，如孔雀石；有对预测矿种具直接指示意义的矿物，如自然金；有对预测矿种具间接指示意义的矿物，如毒砂；有对成矿环境具指示意义的矿物，如透辉石；有基本不具备指示意义的矿物，如长石。在资料应用过程中，对这些不同类型的矿物均按技术要求和矿物本身的性质进行合适的整理。

大部分矿物检出率较低,特别是对预测矿种有直接指示意义的矿物。低的检出率不利于自然重砂资料对预测矿种的有效利用,但这是矿物本身的物理化学性质和海南岛强烈的物理化学风化条件所决定的,可能也存在人为的采样和鉴定因素,因而无法避免。

2. 中比例尺自然重砂资料

(1)海南岛中比例尺自然重砂测量共检出自然重砂有用矿物14种,包括自然金、锡石、钛石、铅矿物、泡铋矿、磷钇矿、磷氯铅矿、金红石、辉钼矿、黑钨矿、锆石、独居石、辰砂和白钨矿,均包括于区域测量检出的所有矿物种类中。

(2)中比例尺测量工作的矿物检出率与区域小比例尺自然重砂矿物检出率大相径庭(表3-1)。这并非工作区范围内因工作时间的前后不同所导致的自然现象的差异,而是人为主观因素造成的,即两次工作的样品采集、分析等环节存在巨大的批次误差,而这些误差是无法消除或调平的,因此,中比例尺资料难以与小比例尺资料同时使用。

表 3-1 海南岛不同比例尺自然重砂测量检出率比较

矿物族	自然金	锡石	铋矿物	钼矿物	辰砂	钨矿物	铅矿物	锆钛矿物	稀土矿物
1:5万检出频数/件	399	1806	229	6	7	1082	253	641	567
1:5万检出频率/%	15.97	72.30	9.17	0.24	0.28	43.31	10.13	25.66	22.70
1:20万检出频数/件	1341	4209	77	96	165	7166	241	22 558	17 245
1:20万检出频率/%	5.94	18.66	0.34	0.43	0.73	31.76	1.07	99.99	76.44
频率相对差/%	91.52	117.95	185.64	55.68	89.19	30.77	161.84	118.31	108.42

(3)中比例尺工作有限的工作面积和较高的检出率以及采样密度,致使异常圈定时出现了整个工作区均为异常区的现象,因为并没有相应分辨率的汇水盆地或水系资料作为成图依据,也就失去了"异常"的意义,而且在中比例尺工作范围内一般都有小比例尺资料相应矿物出现,因此,中比例尺资料可以不利用。

(4)中比例尺工作区与预测工作区空间配套程度有限(图3-3),不足以对预测工作区成图带来影响。因此,中比例尺资料不便利用。

鉴于以上原因,中比例尺资料在本次预测评价工作中不予应用。

二、自然重砂资料数据处理

自然重砂资料的鉴定数据基于自然重砂信息管理系统的规范进行处理,对数据进行标准化。其中,区域资料为中国地质调查局验收后下发的数据库,中比例尺资料在本次预测评价工作中是首次进行数据标准化和数据库建设。原始的不定量记录与量化值对应关系如表3-2所示。

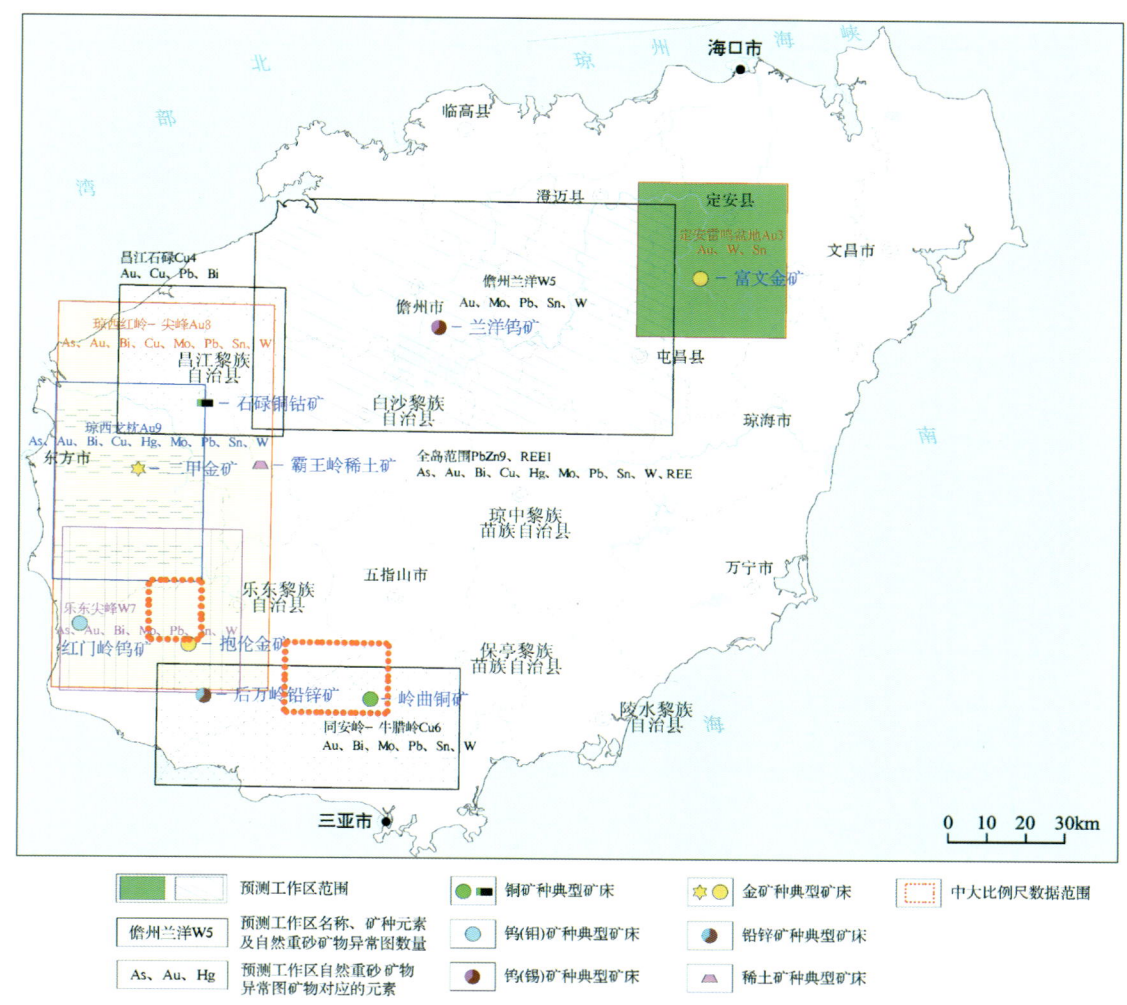

图 3-3　海南岛中比例尺自然重砂测量工作区与预测工作区的关系

表 3-2　海南岛自然重砂资料不定量值量化处理方法

比例尺	原始描述	约定值	量化值
1∶20 万	痕量、极微、很微量、很微		
	较多、大量、主要		
	少量（sl）	少量	0.05
	少数颗粒（Pz）	少数颗粒	0.005 5
	微量（wl）、很少、次要	微量	0.005 5
	几颗（Hz）	几颗	5
	个别颗（egz）	个别颗	45
	有矿物无含量	有矿物无含量	−999
	>100 颗、百余颗	>100 颗、百余颗	100,105
	十几颗、十余颗、十多颗	十几颗、十余颗、十多颗	15
	几十颗、数十颗	几十颗、数十颗	30

续表 3-2

比例尺	原始描述	约定值	量化值
1∶20 万	几百颗	几百颗	300
	100 颗～1%	100 颗～1%	0.005
	10 颗～0.01g	10 颗～0.01g	0.005
	>、≈ 或 <80%	>、≈ 或 <80%	0.8
	3～4 颗、2～3 颗	3～4 颗、2～3 颗	4、3
1∶5 万	个别颗粒	11～100 颗	45
	有矿物名称无含量	有矿物名称无含量	−999
	10～15 颗	10～15 颗	13
	少数颗粒	101 颗～0.01g	0.005 5
	微量	0～0.01g	0.005
	几颗	1～10 颗	5
	W	1～10 颗	5
	J	10～50 颗	30
	sh	50 颗～小于 1%	75

注：1∶20 万不定量值量化处理方法引自《1∶20 万自然重砂数据库(海南省)成果报告》，"−999"为数据库约定的空值。

第三节 自然重砂矿物的筛选

按下发的 1∶20 万海南岛区域自然重砂测量数据，共计单矿物 83 种(其中 1 种金云母来自结合矿物中，本身无独立单矿物存在)，23 种矿物结合颗粒中除岩屑、钨矿物、铁矿物、铅矿物外，其他结合矿物都包含在 83 种单矿物中。

重砂矿物的筛选依从其成因或对预测矿种的指示意义。

一、对预测矿种有直接指示意义的矿物

(1) 对预测矿种有直接指示意义的矿物包括自然金、重晶石等 50 种(表 3-3)，从海南省来看，可指示的矿种有铁、铜、铅锌、钨、金、稀土、磷、锑和钼、锆钛砂矿、铬、锡、萤石、重晶石、锰共 15 种。

(2) 辰砂、雄黄、毒砂、辉铋矿和泡铋矿 5 种矿物虽不是预测矿种直接指示矿物，但对预测矿种(贵金属和有色金属矿种)有间接指示意义。

(3) 依照《自然重砂资料应用技术要求》和《全国自然重砂资料应用成果要求》，对 50 种矿物按对应元素进行累加组合，形成 11 种组合矿物和 7 种单矿物，分别为砷矿物、铋矿物、铬矿物、铜矿物、铁矿物、锰矿物、钼矿物、铅锌矿物、稀土矿物、钨矿物、锆钛矿物，自然金、重晶石、萤石、辰砂、磷灰石、辉锑矿和锡石。

(4) 对组合后的组合矿物和单矿物进行有无图、分级图和异常图、综合异常图等图件的编制。

表 3-3　海南岛区域自然重砂测量对预测矿种有直接指示意义的矿物

序号	矿物名称	对应元素	主要成因	分解合并后计数/次
1	自然金	Au	多成因	1341
2	重晶石	Ba	热液、沉积	10
3	萤石	F	热液	8
4	辰砂	Hg	低温热液	165
5	磷灰石	P	多成因	273
6	辉锑矿	Sb	低温热液	1
7	锡石	Sn	高温热液、伟晶岩	4209
8	毒砂	As	中高温热液	5
9	雄黄	As	低温热液	29
10	辉铋矿	Bi	高温热液（花岗岩区）	1
11	泡铋矿	Bi	氧化矿物	76
12	铬尖晶石	Cr	超基性岩	238
13	铬铁矿	Cr	超基性岩	1983
14	黄铜矿	Cu	多成因	1
15	孔雀石	Cu	氧化矿物	34
16	针铁矿	Fe	氧化矿物	1
17	蓝铁矿	Fe	热液、沉积	3
18	白铁矿	Fe	多成因	3
19	铁矿	Fe	多成因	5
20	钛磁铁矿	Fe	变质、内生	8
21	镜铁矿	Fe	热液（铁矿床）	10
22	磁铁矿	Fe	接触交代、高温、沉积变质	72
23	菱铁矿	Fe	热液、沉积	217
24	黄铁矿	Fe	多成因	4514
25	褐铁矿	Fe	氧化矿物	13 687
26	赤铁矿	Fe	变质、内生、外生	15 317
27	软锰矿	Mn	热液、沉积	1
28	褐锰矿	Mn	接触交代、热液和沉积变质	2
29	硬锰矿	Mn	氧化、沉积	24
30	辉钼矿	Mo	中高温热液、接触交代	1
31	白铅矿	Pb	氧化矿物	12
32	方铅矿	Pb	热液	27
33	铅矿物	Pb	多成因	12
34	钼铅矿	Mo、Pb	氧化矿物	95
35	磷氯铅矿	Pb	氧化矿物	122

续表 3-3

序号	矿物名称	对应元素	主要成因	分解合并后计数/次
36	褐帘石	REE	热液、伟晶岩	9
37	褐钇铌矿	REE	伟晶岩	26
38	铌钽铁矿	REE	伟晶岩	56
39	磷钇矿	REE	伟晶岩	6981
40	独居石	REE	伟晶岩	15 121
41	钨矿	W	多成因	3
42	黑钨矿	W	高温热液（花岗岩区）	111
43	白钨矿	W	接触交代	7111
44	曲晶石	Zr、Ti	伟晶岩和碱性岩	1
45	板钛矿	Zr、Ti	非沉积岩	62
46	白钛矿	Zr、Ti	伟晶岩	14 023
47	金红石	Zr、Ti	伟晶岩	15 199
48	锐钛矿	Zr、Ti	非沉积岩	16 982
49	钛铁矿	Zr、Ti	基性岩和碱性岩	20 222
50	锆石	Zr、Ti	伟晶岩和碱性岩	22 456

二、有较显著环境指示意义的矿物

有较显著环境指示意义的矿物包括斧石、透辉石等 22 种，均为硅酸盐类矿物（镁钛铁矿除外），指示特有的成矿地质环境或矿化作用（表 3-4）。这些矿物不作异常图等图件，但为了形成对接触交代成因矿种预测评价的辅助作用，仍编制异常图（不提交）。

表 3-4　海南岛区域自然重砂测量有较显著环境指示意义的矿物

序号	矿物名称	对应元素或盐	主要成因	分解合并后计数/次
1	斧石	硅酸盐	接触交代	1
2	透辉石	硅酸盐	接触交代	2
3	符山石	硅酸盐	接触交代	7
4	红柱石	硅酸盐	接触变质（侵入体与泥质岩）	15
5	铯沸石	硅酸盐	伟晶岩	15
6	黄玉	硅酸盐	高温热液、伟晶岩	38
7	红帘石	硅酸盐	接触交代（含锰）	80
8	蓝晶石	硅酸盐	区域变质	96
9	透闪石	硅酸盐	接触交代	186
10	尖晶石	铝酸盐	接触交代	198

续表 3-4

序号	矿物名称	对应元素或盐	主要成因	分解合并后计数/次
11	十字石	硅酸盐	区域变质	304
12	刚玉	铝酸盐	接触交代、黏土质岩区域变质	386
13	钍石	硅酸盐	低温热液、伟晶岩和碱性岩	649
14	电气石	硅酸盐	高温热液、伟晶岩	10 819
15	石榴石	硅酸盐	接触交代	12 929
16	绿帘石	硅酸盐	接触交代	16 091
17	镁钛铁矿	Fe	超基性岩	1
18	硬绿泥石	硅酸盐	变质(泥质岩)	1
19	黑电气石	硅酸盐	高温热液、伟晶岩	1
20	钙铬榴石	硅酸盐	超基性岩	1
21	铁镁尖晶石	硅酸盐	变质(富铁泥质岩)	3
22	橄榄石	硅酸盐	超基性岩和基性岩	833

三、有较显著指示意义的矿物结合颗粒

有较显著指示意义的矿物结合颗粒包括铬尖晶石-铬铁矿、赤铁矿-褐铁矿等 13 种(表 3-5),或为对预测矿种有直接指示意义的矿物,或为对成矿环境或矿化作用有较显著指示意义的硅酸盐类矿物(镁钛铁矿除外),也有对成矿作用或成矿环境不具备指示意义的矿物。依据自然重砂资料应用技术方法,将这些矿物结合颗粒含量以其结合的矿物种数为权重分解,分解值以累加方法添加到相应样品的有用单矿物中。这些单矿物包括铬铁矿、铬尖晶石、褐铁矿、赤铁矿、磷钇矿、独居石、白钨矿、白钛矿、锐钛矿、钛铁矿和锆石共 11 种。

表 3-5 海南岛区域自然重砂测量有较显著指示意义的矿物结合颗粒

序号	矿物名称	对应元素或盐	分解合并前计数/次
1	铬尖晶石-铬铁矿	Cr	1
2	赤铁矿-褐铁矿	Fe	2
3	独居石-榍石	REE	1
4	独居石-磷钇矿	REE	1
5	白钛矿-钛铁矿	Ti	890
6	白钛矿-锐钛矿	Ti	3289
7	白钛矿-独居石	Ti-REE	13 393
8	白钨矿-锐钛矿	W-Ti	10
9	锆石-石英	Zr	1
10	绿帘石-石榴石	硅酸盐	1
11	角闪石-透闪石	硅酸盐	1

续表 3-5

序号	矿物名称	对应元素或盐	分解合并前计数/次
12	符山石-石榴石	硅酸盐	1
13	长石-锆石-石英-岩屑	硅酸盐等	3

四、无显著指示意义的矿物或矿物结合颗粒

无显著指示意义的矿物或矿物结合颗粒包括自然铝、辉石-角闪石等 22 种（表 3-6），均为与预测矿种无关或对预测矿种无指示意义的矿物和矿物结合颗粒。本次对这些矿物和矿物结合颗粒不作潜力评价工作。

表 3-6　海南岛区域自然重砂测量无显著指示意义的矿物或矿物结合颗粒

序号	矿物名称	对应元素或盐	分解合并前计数/次
1	自然铝	Al	1
2	石墨	C	1
3	方解石	碳酸盐	7
4	硬石膏	碳酸盐	1
5	自然汞	Hg	1
6	自然铂	Pt	1
7	辉石-角闪石	硅酸盐	1
8	长石-石英-岩屑及其他	硅酸盐	1
9	长石	硅酸盐	1
10	白云母-金云母	硅酸盐	1
11	白云母-黑云母	硅酸盐	1
12	长石-石英	硅酸盐	2
13	绢云母	硅酸盐	6
14	石英	硅酸盐	52
15	白云母	硅酸盐	74
16	岩屑及其他矿物	硅酸盐	176
17	石英-岩屑及其他矿物	硅酸盐	219
18	辉石	硅酸盐	228
19	黑云母	硅酸盐	408
20	云母	硅酸盐	1535
21	榍石	硅酸盐	5936
22	角闪石	硅酸盐	9451

综上所述,本次潜力评价工作对区域自然重砂资料的应用共计有 7 种单矿物和 11 种组合矿物,分别编制有无图、分级图、异常图和综合异常图等图件。

第四节 技术标准和工作方法

一、工作技术标准和规范性文件

(1)《全国矿产资源潜力评价项目自然重砂资料应用技术要求》,国土资源部,2007 年 5 月。
(2)《全国自然重砂资料应用成果要求》,全国矿产资源潜力评价项目办发〔2009〕35 号。
(3)《全国矿产资源潜力评价数据模型:重砂分册》(V3.10),全国矿产资源潜力评价综合信息组。
(4)《全国矿产资源潜力评价数据模型:编图说明书提纲分册》(V3.10),全国矿产资源潜力评价综合信息组。
(5)《全国矿产资源潜力评价数据模型:地理信息分册》(V3.10),全国矿产资源潜力评价综合信息组。
(6)《全国矿产资源潜力评价数据模型:空间坐标系统及其参数规定分册》(V3.10),全国矿产资源潜力评价综合信息组。
(7)《全国矿产资源潜力评价数据模型:数据项下属词规定分册》(V3.10),全国矿产资源潜力评价综合信息组。
(8)《全国矿产资源潜力评价数据模型:通用代码规定分册》(V3.10),全国矿产资源潜力评价综合信息组。
(9)《全国矿产资源潜力评价数据模型:统一图例规定分册》(V3.10),全国矿产资源潜力评价综合信息组。
(10)《全国矿产资源潜力评价数据模型:统一图式规定分册》(V3.10),全国矿产资源潜力评价综合信息组。
(11)《全国矿产资源潜力评价数据模型:元数据规定分册》(V3.10),全国矿产资源潜力评价综合信息组。
(12)《全国矿产资源潜力评价数据模型:成矿区带分区代码规定分册》(V3.10),全国矿产资源潜力评价综合信息组。
(13)《全国矿产资源潜力评价数据模型:大地构造分区代码规定分册》(V3.10),全国矿产资源潜力评价综合信息组。
(14)《区域地质图图例》(GB 958—99),中华人民共和国国家标准。
(15)GEOMAG(V3.10)数据模型软件。

二、工作方法

自然重砂课题组的工作思路就是基于自然重砂测量数据,结合矿床成因、矿物类型、预测工作区成矿地质背景、成矿规律,在水系、汇水盆地的基础上圈定自然重砂矿物异常,推断解释自然重砂矿物来源和矿床可能产出范围,为圈定预测区范围和划分预测区级别等提供信息。工作流程如图 3-4 所示。

按此思路，搜集海南省内不同比例尺自然重砂测量资料，建设、维护或更新基础数据库；编制省级自然重砂工作程度图、区域采样点位图、(组合)矿物分级图(或有无图)、(组合)矿物异常图和综合异常图，提交给项目组内设的预测组；根据预测组提供的各预测矿种的预测工作区范围，编制预测工作区(组合)矿物异常图和综合异常图，同时建立(组合)矿物异常图和综合异常图的属性库、编写编图说明书和元数据；结合海南省成矿地质背景和成矿规律，推断解释自然重砂矿物来源和矿床可能产出范围，圈定预测区，为估算矿床数、划分预测区级别等提供信息。

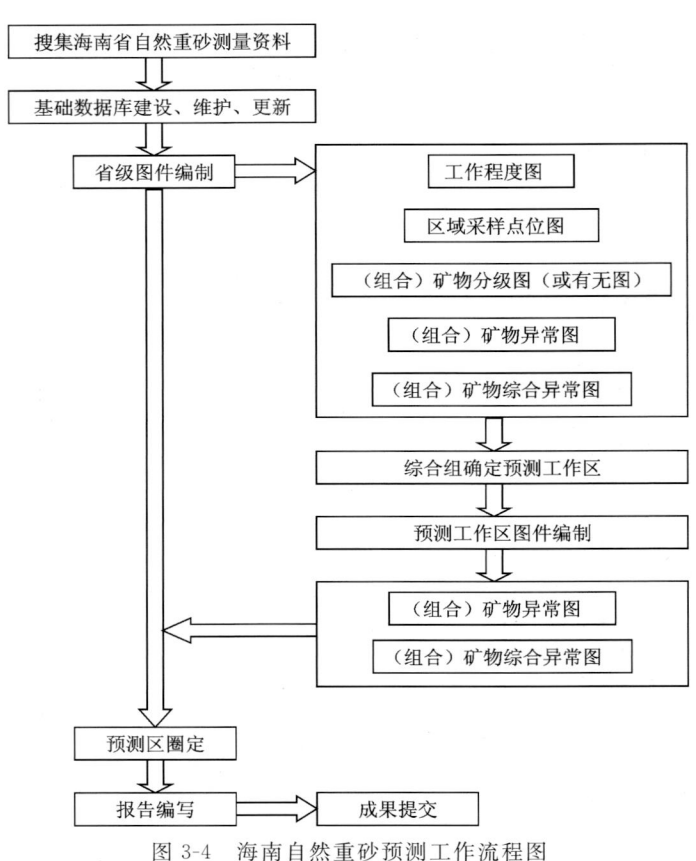

图 3-4　海南自然重砂预测工作流程图

第五节　自然重砂各类图件编制

自然重砂资料应用于矿产资源潜力评价的图件编制共分为两大类，即有用矿物(组合矿种或单矿物)的异常图和综合异常图。图件按编图范围分为省级图件和预测工作区图件，其他省级图件中还编制过程图件如自然重砂矿物含量有无图和分级图，以及全省的自然重砂工作程度图和区域样品采样点位图。

一、省级自然重砂各类图件编制

1. 自然重砂工作程度图

自然重砂工作程度图反映海南岛 1∶20 万自然重砂(共 10 个图幅)和 1∶5 万自然重砂(只有 3 个

图幅)测量工作范围。

采用投影平面直角坐标系;1956年黄海高程基准;北京54椭球参数;高斯-克吕格投影;6度分带,序号19,中央子午线111°。成图比例尺为1:50万,辅以地理底图,不挂接图元属性库。

2. 自然重砂区域样品采样点位图

自然重砂区域样品采样点位图反映海南岛1:20万自然重砂测量实际采样点位,特别圈出自然重砂样品资料遗失范围。

采用投影平面直角坐标系;1956年黄海高程基准;北京54椭球参数;高斯-克吕格投影;6度分带,序号19,中央子午线111°。成图比例尺为1:50万,辅以地理底图,不挂接图元属性库。

3. 自然重砂矿物含量有无图

少量出现的矿物用有无图表达,不作分级。共有10种单矿物或组合矿物(表3-7)采用有无图表达,囊括了19种自然重砂鉴定矿物,其中钼铅矿同时组合入钼矿物和铅锌矿物中。

采用投影平面直角坐标系;1956年黄海高程基准;北京54椭球参数;高斯-克吕格投影;6度分带,序号19,中央子午线111°。成图比例尺为1:50万,辅以地理底图,不挂接图元属性库,只作为单矿物或组合矿物异常图编制的参考。

表3-7 海南岛区域自然重砂测量少量出现的单(或组合)矿物

序号	矿物族	单矿物或组合矿物	检出频数/次	矿物组成
1	锑矿物	单矿物	1	辉锑矿
2	氟矿物	单矿物	8	萤石
3	钡矿物	单矿物	10	重晶石
4	锰矿物	组合矿物	27	软锰矿、硬锰矿、褐锰矿
5	砷矿物	组合矿物	34	雄黄、毒砂
6	铜矿物	组合矿物	35	黄铜矿、孔雀石
7	铋矿物	组合矿物	77	辉铋矿、泡铋矿
8	钼矿物	组合矿物	96	辉钼矿、钼铅矿
9	铅锌矿物	组合矿物	241	方铅矿、磷氯铅矿、铅矿物、白铅矿、钼铅矿
10	磷矿物	单矿物	273	磷灰石

4. 自然重砂矿物含量分级图

大量出现的矿物用分级图表达。共8种单矿物或组合矿物,囊括31种自然重砂鉴定矿物(表3-8)。

表3-8 海南岛区域自然重砂测量大量出现的单(或组合)矿物

序号	矿物族	单矿物或组合矿物	检出频数/次	矿物组成
1	汞矿物	单矿物	165	辰砂
2	金矿物	单矿物	1341	自然金

续表 3-8

序号	矿物族	单矿物或组合矿物	检出频数/次	矿物组成
3	铬矿物	组合矿物	2184	铬铁矿、铬尖晶石
4	锡矿物	单矿物	4209	锡石
5	钨矿物	组合矿物	7166	白钨矿、黑钨矿、钨矿
6	铁矿物	组合矿物	16 430	针铁矿、蓝铁矿、白铁矿、铁矿、钛磁铁矿、镜铁矿、磁铁矿、菱铁矿、黄铁矿、褐铁矿、赤铁矿
7	稀土矿物	组合矿物	17 245	褐帘石、褐钇铌矿、铌钽铁矿、磷钇矿、独居石
8	锆钛矿物	组合矿物	22 558	曲晶石、板钛矿、白钛矿、金红石、锐钛矿、钛铁矿、锆石

分级图的分级范围如表 3-9 所示。总的分级原则按累频分级，一级占 50%，二级占 25%，三级占 15%~20%，四级占 5%~10%，具体如下。

(1)汞矿物即辰砂本应属少量出现的矿物(165 次)，但由于有 74%的样品(122 件)标准化含量均为 1，而且主要分布于海口市区，其成因明显与地质背景无关，因此将含量为 1 的样品分为一级，大于 1 的样品分为另一级，共分两级。

表 3-9 海南岛区域自然重砂测量大量出现的单(或组合)矿物分级区间

矿物族	一级	二级	三级	四级
辰砂	1≤	2→86.1%	<50	
自然金	1≤	2→79.1%	3→85.4%	10→95.5%	<2906
铬矿物	1≤	14→48.9%	65→75.1%	2440→90.0%	<585 751
锡石	1≤	5→50.1%	45→79.3%	300→90.1%	<114 301
钨矿物	1≤	5→62.2%	15→76.3%	56→95.8%	<5806
铁矿物	1≤	480→50.1%	3400→75.0%	36 135→95.0%	<5 022 145
稀土矿物	1≤	60→50.7%	605→75.0%	14 220→98.0%	<1 080 001
锆钛矿物	1≤	4710→50.0%	16 124→75.0%	200 490→98.0%	<7 865 601
接触交代产物	1≤	115→50.1%	1150→75%	11 940→98%	<467 441

注：箭头前的数据为含量标准化值，箭头后的百分数为对应的累频数。四级的上限均为累加最大标准化含量值加 1。

(2)金矿物即自然金，为贵金属矿物，含量为 1 的样品占检出样品总数的 64%，含量为 2 的样品占 15%，因此将 1 和 2 两个含量值分别分为第一级和第二级。

(3)钨矿物含量标准化值累频数靠近 50%的只有 32%、62%和 64%，故取 62%为一级上限。其他矿物组合的分级点凡与 50%、75%、90%、95%等有出入的，均与此情况相同。

此外，组合石榴石、透辉石、斧石、符山石、红柱石、红帘石、透闪石、尖晶石、刚玉和绿帘石 10 种接触交代作用矿物作分级图。

采用投影平面直角坐标系；1956 年黄海高程基准；北京 54 椭球参数；高斯-克吕格投影；6 度分带，序号 19，中央子午线 111°。成图比例尺为 1∶50 万，辅以地理底图，不挂接图元属性库，只作为单矿物或组合矿物异常图编制的参考。

5. 自然重砂矿物含量异常图编制及异常属性

（1）异常范围的确定：原则上基于自然重砂信息管理系统按汇水盆地（1∶25万）圈定异常。异常初步圈定后，按重砂对地质背景和矿产地的自然传承关系、相邻异常区地理空间的相互关系等，在地质底图和矿产地底图背景上进行异常区范围手工修正。此外，为了避免出现大量的单点或由少数几点组成的异常，对相互间存在有略低于异常下限样点的这些异常力求合并；对于大江大河干流、河流入海口出现的矿物异常，若不能追踪溯源，则含去不取，但特殊性矿物如自然金等除外。

（2）异常下限的确定：①取决于矿物出现的频数，少量矿物出现即为异常，即10个编制有无图的单矿物或组合矿物。②大量出现的矿物异常下限的确定，原则上占全部非零数据样品数的90%～95%，但也因矿物指示意义的不同而作适度调整，如指示意义显著的矿物，异常下限相对降低。③因圈定异常时不可避免地圈入同一汇水盆地内大量无检出含量的样品点，因此，最终的异常面积以不超过全岛总面积的15%～20%为要求。④第③条已在分级图的分级区间设定时考虑过，因此，大量出现的矿物异常下限确定为：辰砂为二级，自然金分三级，锡石和铬、钨、铁、稀土、锆钛等矿物均为四级（表3-10）（异常下限含量单位均为标准化含量）。

表3-10　海南岛区域自然重砂单（或组合）矿物异常下限

矿物族	单矿物或组合矿物	异常下限	矿物族	单矿物或组合矿物	异常下限
辉锑矿	单矿物	1	辰砂	单矿物	2
萤石	单矿物	1	自然金	单矿物	3
重晶石	单矿物	1	铬矿物	组合矿物	2440
锰矿物	组合矿物	1	锡石	单矿物	300
砷矿物	组合矿物	1	钨矿物	组合矿物	56
铜矿物	组合矿物	1	铁矿物	组合矿物	36 135
铋矿物	组合矿物	1	稀土矿物	组合矿物	14 220
钼矿物	组合矿物	1	锆钛矿物	组合矿物	96 566
铅锌矿物	组合矿物	1	接触交代矿物	组合矿物	11 940
磷灰石	单矿物	1			

（3）异常级别的确定：Ⅰ级异常——地表有相应的矿床响应，异常规模较大，矿物组合较好，以及其他找矿信息较好；Ⅱ级异常——提供信息较好，地表无矿床响应，有矿点或矿化存在，地质条件较有利于成矿，结合化探信息，认为进一步工作有希望发现新的矿床或新的有价值的矿产；Ⅲ级异常——信息较弱，矿物组合较简单。目前，地表还未发现有价值的矿产和矿化，或者矿化很微弱，只能作为今后的找矿线索。

（4）关于异常的矿物含量分级问题：异常矿物含量分级用以区分异常的相对强度大小，是异常特征之一。但是，鉴于异常图数据模型和图件表达方式的限制（异常分级已按Ⅰ、Ⅱ、Ⅲ三种级别填写），而且有用矿物检出的数量有限，故不对异常矿物的含量进行分级。但在各预测矿种的预测区评价时，则充分考虑各区内矿物含量多少并赋值，作为预测区定量分级的依据之一。

（5）异常矿物的确定：据异常范围内不同单矿物（共50种）的实际情况据实填写。

（6）异常类型的确定：区分出单矿物或组合矿物异常。

（7）矿化特征的描述：描述异常范围内有无已知矿产地，异常区内的地质背景等作为备注内容。

（8）重砂推断矿种的确定：凡有已知矿床响应的异常，其推断矿种即为已知矿种；没有已知矿床响应的,根据化探元素异常确定推断矿种;没有已知矿床响应,又没有相应化探元素异常的,不填写推断矿种;贵金属有色金属矿物及其共生、伴生矿物的异常推断矿种可能为铜、铅、锌、金、银等几种并不能确定时,填写"多金属矿"。

(9)异常的矿物标型特征、异常检查情况和汇水盆地特征据实填写。

(10)特别地,锆钛异常只在沿海第四系沉积物区圈定,这是基于海南岛的特点,同时考虑到岛内陆地区即便存在高含量的锆钛异常,也因其所在水系沉积物的"储量"或"体积"有限,并没有现实的资源意义。异常圈定取沿海第四系地层区样品,以95%累频值(96 566颗/30kg)为异常下限(低于全岛范围内95%累频值97 041)。

(11)采用投影平面直角坐标系;1956年黄海高程基准;北京54椭球参数;高斯-克吕格投影;6度分带,序号19,中央子午线111°。成图比例尺为1:50万,辅以地理底图和地质矿产底图(与成图矿物确属无关的矿产地不标示),按要求挂接图元属性库和其他辅助图层及其属性。

6. 综合异常图

黑色金属矿物(铁、锰、铬矿物)和其他矿物(重晶石、萤石、磷灰石、稀土、锆钛矿物)因不存在成因联系,不编制综合异常图,单(组合)矿物异常图即具有综合异常图的意义,只编制贵金属和有色金属矿物(以及共生矿物)综合异常图。这些矿物包括砷矿物、辉锑矿、辰砂、自然金、铜矿物、铅锌矿物、钨矿物、锡石、钼矿物和铋矿物。

(1)辉锑矿仅出现1次,基本没有意义,故不应用于综合异常图。

(2)砷矿物和辰砂因受琼北基性火山岩岩性控制和表生地球化学条件影响,主要分布于琼北和琼东地区,如若没有出现其他矿物异常,不作圈定,有其他矿物异常同时存在才考虑为共生矿物纳入综合异常范围。

(3)大面积的矿物异常(主要是自然金、钨矿物、锡石,分布于琼西南一带)根据地质背景和已知矿产地成因与分布进行必要的分割。

(4)综合异常区的边界一般按"并"的方法圈定,以成矿矿物为主,但对综合区边部的伴生矿物异常一般从异常中间穿过。

(5)综合异常区按已知矿产地矿种和各矿物异常区的面积由大到小顺序标记,但共生矿物都靠后标记。

(6)各综合异常区按标记的第一位矿物名称分类设色,如"金铅砷""金钨锡"等为"金"矿物综合异常类,设为同一颜色,"铅金汞""铅钨锡"等为"铅"矿物综合异常类,设为另外同一颜色,等等,对异常进行编号。

(7)异常区、线属性库自拟,包括异常编号、矿物组成、组成矿物的异常下限、综合异常面积和矿化特征(地质背景、已知矿产地、化探元素异常等)。

(8)采用投影平面直角坐标系;1956年黄海高程基准;北京54椭球参数;高斯-克吕格投影;6度分带,序号19,中央子午线111°。成图比例尺为1:50万,辅以地理底图和地质矿产底图(与成图矿物确属无关的矿产地不标示)。

二、预测工作区自然重砂各类图件编制

(一)图件种类

预测工作区自然重砂图件编制(组合)矿物异常图、综合异常图和找矿预测图,挂接要求的或自拟的

图元属性库和其他辅助图层(地理底图和相应的预测地质矿产底图)。综合异常图和找矿预测图每个预测工作区各编制1张综合异常图(稀土矿种无综合异常图),1张找矿预测图。

（二）编图矿物

根据海南省预测矿种和自然重砂(组合)矿物种类,编图矿物计有10种,包括砷矿物、辰砂、自然金、铜矿物、铅锌矿物、钨矿物、锡石、钼矿物、铋矿物和稀土矿物。

（三）编图资料

编图资料来自省级自然重砂数据和异常图。10种矿物中只有自然金、钨矿物、锡石和稀土矿物4种矿物(辰砂不计)为大量出现矿物,需以各预测工作区为单元视具体情况重新编制异常图;稀土矿物虽为全岛预测范围,但要根据典型矿床成矿地质背景重新编图;其他6种矿物的省级异常图均由有无图生成,可以直接从中截取出预测工作区异常图,若预测工作区内确未出现该6种矿物,则不作图(表3-11)。

表3-11 海南岛预测工作区自然重砂图件编制一览表

序号	矿种	预测工作区	重砂矿物	重砂矿异常图数量/张	需重作图件/张	综合异常图/张	找矿预测图/张
1	铜	同安岭-牛腊岭火山岩盆地	金、铋、钼、铅、锡、钨	6		1	1
		昌江石碌	金、铜、铅、铋	4		1	1
2	铅锌	海南岛	砷、金、铋、铜、汞、钼、铅、锡、钨	9		1	1
3	钨	乐东尖峰	砷、金、铋、钼、铅、钨	7	钨46,锡910	1	1
		儋州兰洋	金、钼、铅、锡	5		1	1
4	金	琼西戈枕	砷、金、铋、铜、汞、钼、铅、锡、钨	9		1	1
		琼西红岭-尖峰	砷、金、铋、铜、钼、铅、锡、钨	8		1	1
		雷鸣盆地	金、钨、锡	3	金1,钨1	1	1
5	稀土	海南岛	稀土	1	稀土5528	0	1
6	重晶石矿	昌江保由	砷、铜、铅、铋	5		1	1
		儋州冰岭	重晶石、铅	2		1	1
		昌江石碌	重晶石、铜、铅、铋	4		1	1
7	钼矿	同安岭-牛腊岭火山岩盆	砷、金、铅、铋、钨	6		1	1
		琼海烟塘-塔洋	砷、金、铅、钨	4	钨15	1	1
		海南岛	砷、金、铜、铋、钼、钨	7		1	1
		乐东尖峰-千家	砷、金、铅、铋、钨	6		1	1
8	硫铁矿	保亭振海山-三亚红石	金、铅、铋、钼、钨	5		1	1
		昌江石碌	金、铜、铅、铋	4		1	1

续表 3-11

序号	矿种	预测工作区	重砂矿物	重砂矿物异常图数量/张	需重作图件/张	综合异常图/张	找矿预测图/张
9	银矿	海南岛	砷、金、铜、铅、铋、钼、钨	7		1	1
		雷鸣盆地	金	1		0	1
		昌江石碌	金、铜、铅、铋	4		1	1
10	锰矿	三亚大茅		0		0	0
11	萤石矿	海南岛	萤石、砷、铜、铅	4		1	1
12	独居石	环岛第四系	独居石	1	1800		
13	锆钛砂	环岛第四系	锆钛砂	1	33 000		
		环岛第四系	锆钛砂	1	150 000		
合计				114	9	20	22

注:"需重作图件"一栏矿物名称后数字表示新的异常下限单位为颗/30kg。

(四)自然金、钨矿物和锡石重新编图的原则

(1)新异常下限确定的总体原则同省级异常图。

(2)预测工作区内区域异常面积过小时,降低异常下限以适度扩大异常区,但如果降低异常下限,不增加新的异常区或只增加若干单点异常,异常下限不调整,直接截取。

(3)预测工作区内区域异常面积过大时,升高异常下限以适度缩小异常区,但如果升高异常下限只起到异常区内的抽稀作用,异常下限不调整,直接截取。

(4)预测工作区内没有省级异常出现时,重新确定异常下限编图。

(五)预测工作区综合异常图编图原则

除稀土矿种海南岩浆弧、金矿种雷鸣盆地、锰矿种三亚大茅这3个预测工作区不作综合异常图外,其他矿种最多有9种矿物参与综合异常图编制,分别为砷矿物、辰砂、自然金、铜矿物、铅锌矿物、钨矿物、锡石、钼矿物和铋矿物,编图方法同省级综合异常图,但不设置面文件,编图区域只针对典型矿床所限定的地质背景区。线图元属性自拟,包括异常编号、矿物组成、组成矿物的异常下限、综合异常面积和矿化特征(已知矿产地、化探元素异常等)。

(六)找矿预测区图编制

(1)预测区的圈定依据:一是自然重砂综合异常,这些综合异常已经暗含了成矿地质背景的限定条件;二是自然重砂各组合矿物异常的具体含量分布情况,应用矿物族有无图或分级图进行详尽判别;三是相应化探元素异常,自然重砂测量的样品采样、处理和鉴定存在许多人为影响因素,因此,选择与自然重砂有用矿物相对应元素的1:20万区域地球化学异常进行综合判别,这些元素包括 As、Sb、Hg、Ag、Au、Cu、Pb、Zn、Bi、Mo、W 和 Sn,与预测矿种和自然重砂矿物对应的元素相同或共生;四是已知矿床分布情况。

(2)预测区范围确定:综合考虑自然重砂综合异常区边界、成矿元素化探异常边界、典型矿床所代表的赋矿地质体范围、水系与流域分布等,确定预测区边界。不同级别预测区以不同线色表示,预测区的编号为"序号"+"级别号",如2A。

(3)预测矿种的确定:自然重砂预测区预测矿种的确定,若有已知矿产地响应,该矿产地的矿种即为该预测区的预测矿种。没有已知矿产地响应的,综合考虑化探元素异常和自然重砂矿物异常确定预测区的预测矿种。

(4)预测区级别划分:预测区划分为3级,其内涵定性描述如下。

A级有已知矿床响应,应有自然重砂相应矿物和与之共生的矿物异常,成矿地质背景有利,有相关化探元素地球化学异常和异常组合,其资源潜力大,能扩大矿床规模或有新突破。

B级有相应元素矿化信息,有自然重砂相应矿物异常,成矿地质背景有利,有相关化探元素地球化学异常,其资源潜力较大,有可能扩大矿床规模或有新突破。

C级无已知矿产地响应和矿化信息,但至少有一种自然重砂成矿矿物异常,成矿地质背景较好,至少应有成矿或共生化探元素异常,可能具一定的资源远景潜力。

(5)预测区的定量分级:凡有已知矿床响应的预测区均为A级预测区;无已知矿床响应的,根据自然重砂综合异常区内各矿物族含量分布和化探元素异常级别进行自然重砂综合异常找矿远景赋值,结合预测区分级原则和综合异常区赋值总得分,以其相对大小确定预测区分级。

①自然重砂单矿物含量赋值。对于少量分布的矿物,如铜矿物、铅锌矿物、钼矿物等,若有出现则赋值3分,否则不赋值;对于大量出现的矿物,如钨矿物、自然金、锡石、铁矿物和接触交代矿物等,分别赋值1~4分,1分相当于该矿物含量值位于全部区域样品分布区间的0%~50%累频范围内,2分相当于50%~75%累频范围,3分相当于75%~90%累频范围,4分相当于90%~100%累频范围。矿物含量值的确定:若出现大量样点分布在某一累频范围,直接赋以相应分值,否则根据平均值确定相应的累频范围和相应分值,当出现频数较少时,按上列得分降1分赋值。

②化探元素异常级别赋值。针对上列12种化探元素异常,自然重砂综合异常区内元素异常为一级时赋值1,二级时赋值2,三级时赋值3。

③计算各找矿预测区的赋值总分,视该总分分布情况,一般赋值得分区间相对较高的综合异常区为B级预测区,其他为C级预测区。

(6)采用北京54成图坐标系统和高程基准,投影参数为高斯-克吕格投影,6度分带,辅以地理底图和地质矿产底图(与成图矿物确属无关的矿产地不标示),按要求挂接辅助图层及其属性,自拟图层属性。

第六节 空间数据库建设

海南省自然重砂空间数据库的建设贯穿项目始终,数据库构成见表3-12。

表3-12 海南省自然重砂空间数据库构成

海南省自然重砂资料应用空间数据库	基础数据库	1∶20万基础数据库
		1∶5万基础数据库
	图形数据库	省级异常图数据库
		预测工作区异常图数据库

(一)基础数据库建设

基础数据库是图形数据库的数据源,基础数据库建库平台为Access、MapGIS(数字化)和自然重砂管理系统等。

1∶20万基础数据库由海南省地质调查院于2000年5月—2004年9月建成,共入库样品22 561件,矿物107种。本次应用的是中国地质调查局验收后下发的数据。

1∶5万基础数据库由自然重砂课题组于2008年6月—2008年12月数字化建成,收集到的资料包括尖峰岭幅(东部)385件样品、乐东县幅(西部)256件样品和志仲幅(全图幅)1857件样品,共14种矿物。

(二)图形数据库建设

图形数据库是基础数据库的应用成果。图形数据库建设主要平台为GEOMAG软件。

海南省省级自然重砂异常图数据库共包含18种矿物(族),其中砷矿物、铋矿物、锆钛矿物3种矿物是数据模型中没有的自选矿物。自然重砂异常图子库一图一库,每个子库基于GEOMAG生成相应专题图层的图件结构,包括专业图层、地理地质图层、辅助图层(表3-13)。建库主要针对专业图层(自然重砂异常),将编制完成的图层黏贴到相应图层,并转入相应图层的属性表(自然重砂异常区、线属性表)。地质地理图层和辅助图层(整饰类要素、非整饰类要素)合理划分图层、规范命名并完善属性。综合异常图和预测区图属性库自拟,详见第四章。

表3-13 海南省自然重砂异常图要素表

序号	图面要素逻辑分类	图面要素中文名称	图面要素重要程度(必要、可选、辅助)
1	大地构造相要素	全省大地构造相图	可选
2	矿产地要素	全省已知矿产地图(点)	必要
3	自然重砂异常要素	自然重砂异常边界(线)	必要
4		自然重砂异常范围(区)	必要
5	地理类要素	政区界(线)	辅助
6		居民地(点)	辅助
7		铁道路线(线)	辅助
8		国道路线(线)	辅助
9		省道路线(线)	辅助
10		河流、湖泊(线)	辅助
11		山脉(点)	辅助
12	整饰类要素	图名标题(点)	必要
13		外框(面)	必要
14		外框(线)	必要
15		图例(面)	必要
16		图例(线)	必要
17		图例(点)	必要
18		责任表(线)	必要
19		责任表(点)	必要
20	非整饰类要素	编图说明(点)	必要
21		线段比例尺(线)	必要
22		线段比例尺(点)	必要

预测矿种的预测工作区自然重砂异常图数据库共包含 11 种矿物（不包括磷灰石，砷矿物、铋矿物是数据模型中没有的自选矿物）的自然重砂异常图子库（一图一库）。各子库图件结构基于 GEOMAG 生成，即在省级自然重砂异常图的基础上增加地质图层。建库过程同省级自然重砂异常图。各预测工作区的综合异常图和预测区图的属性库自拟。

图层属性挂接完毕，编写专题图空间数据库元数据及编图说明书，即完成此专题图建库工作。逐一完成所有子库的建设，即完成整个图形数据库的建设。

其他图件包括省级点位图 1 张、工作程度图 1 张、汇水盆地图 1 张、有无图 10 张、分级图 9 张、综合异常图 1 张、接触交代矿物异常图 1 张、预测工作区的综合异常图 21 张和找矿预测区图 22 张，共 67 张，一并放在表 3-14 中的二级目录下。

海南省矿产资源潜力评价重砂基础数据库也存放在表 3-14 中的二级目录下。

表 3-14　海南省重砂资料应用图形数据库目录结构一览表

一级目录（省或市或自治区简称）	二级目录（专业简称）	三级目录（图件类别）	四级目录（图件类、元数据类、编图说明类目录）	五级目录（图件子目录、元数据及编图说明书）
HI	ZS	KZFB	TYMAP［图件（投影坐标）］	18 张省级自然重砂异常图，一张图一个子目录
			JWMAP［图件（经纬坐标）］	18 张省级自然重砂异常图，一张图一个子目录
			META（元数据）	18 张省级自然重砂异常图的元数据文件，一张图一个元数据文件
			DOC（编图说明）	18 张省级自然重砂异常图的编图说明文件，一张图一个编图说明文件
			其他	本类图件清单
		ZYFB	TYMAP［图件（投影坐标）］	114 张预测工作区自然重砂异常图，一张图一个子目录
			JWMAP［图件（经纬坐标）］	114 张预测工作区自然重砂异常图，一张图一个子目录
			META（元数据）	114 张预测工作区自然重砂异常图的元数据文件，一张图一个元数据文件
			DOC（编图说明）	114 份预测工作区自然重砂异常图的编图说明文件，一张图一个编图说明文件
			其他	本类图件清单
		其他图件		共 67 张图和全部基础数据库

各基础数据库维护更新和图件编制建库过程中，均实行三级质量检查制度，并填写质量检查卡片。

第四章 自然重砂矿物特征与异常解释评价

第一节 区域自然重砂矿物特征及其分布规律

海南岛区域自然重砂测量共检出 107 种单矿物或结合矿物（即矿物结合颗粒），折合实际的单矿物种数为 83 种（其中金云母只在结合矿物中出现）。各矿物因其成因、化学组成及其稳定性、表生环境的影响等，在自然重砂中检出的频率各不相同。

一、自然重砂矿物类型及其分布

107 种单矿物或矿物结合颗粒（表 4-1）具体划分类型如下。

(1) 按矿物化学成分类型划分，包括九大类：单矿物有单质矿物 3 种（自然金、自然铂和石墨），实际不存在的矿物 2 种（自然汞和自然铝），金属硫化物矿物 11 种（并计入萤石），氧化物矿物 18 种，酸根盐类矿物 11 种，铝硅酸盐矿物 32 种，表生环境下形成的氧化矿物 7 种，结合矿物有混合命名的矿物 3 种（铁矿物、钨矿物和铅矿物），其他结合矿物 20 种。

(2) 按矿物的指示意义划分，大致包括四大类：对预测矿种有直接指示意义的矿物（有效组成包含成矿元素 Au、Cu、Pb、Zn、W、Mo、Sn、REE、Fe、Zr、Ti、P、Ba、Ca-F、Cr 或其共生、伴生元素 As、Sb、Hg、Bi、Mn）50 种；对预测矿种有间接指示意义的矿物（能指示成矿环境或成矿作用）22 种；对预测矿种有直接或间接指示意义的结合矿物 13 种；对预测矿种无指示意义的（结合）矿物（如大量造岩矿物）22 种。

(3) 按矿物的耐风化能力划分，可分为最耐风化的矿物（包括表生环境下形成的氧化矿物、石英及其结合矿物等）44 种，最不耐风化的矿物（如金属硫化物等）13 种，耐风化能力一般的矿物（如角闪石及其结合矿物等）48 种，而所谓的自然铝和自然汞不作耐风化能力评判。

表 4-1 海南岛区域自然重砂矿物的检出频率

序号	指示意义	矿物名称	频率/%	耐风化能力	化学成分类型
1	1	针铁矿	0.004	3	氧化矿物
2	1	白铅矿	0.053	3	氧化矿物
3	1	孔雀石	0.151	3	氧化矿物
4	1	泡铋矿	0.337	3	氧化矿物
5	1	钼铅矿	0.421	3	氧化矿物

续表 4-1

序号	指示意义	矿物名称	频率/%	耐风化能力	化学成分类型
6	1	磷氯铅矿	0.541	3	氧化矿物
7	1	褐铁矿	1.370	3	氧化矿物
8	1	钨矿	0.013	2	矿物混合体
9	1	铁矿	0.022	1	矿物混合体
10	1	铅矿物	0.053	1	矿物混合体
11	1	辉铋矿	0.004	1	硫化物
12	1	黄铜矿	0.004	1	硫化物
13	1	辉锑矿	0.004	1	硫化物
14	1	辉钼矿	0.004	1	硫化物
15	1	白铁矿	0.013	1	硫化物
16	1	毒砂	0.022	1	硫化物
17	1	萤石	0.035	1	氟化物
18	1	方铅矿	0.120	1	硫化物
19	1	雄黄	0.129	1	硫化物
20	1	辰砂	0.731	1	硫化物
21	1	黄铁矿	20.007	1	硫化物
22	1	褐帘石	0.040	3	铝硅酸盐矿物
23	1	蓝铁矿	0.013	2	酸根盐类
24	1	黑钨矿	0.492	2	酸根盐类
25	1	菱铁矿	0.962	2	酸根盐类
26	1	磷灰石	1.210	2	酸根盐类
27	1	铬铁矿	8.745	2	酸根盐类
28	1	褐锰矿	0.009	2	氧化物
29	1	钛磁铁矿	0.035	2	氧化物
30	1	镜铁矿	0.044	3	氧化物
31	1	硬锰矿	0.106	2	氧化物
32	1	褐钇铌	0.115	2	氧化物
33	1	铌钽铁矿	0.248	2	氧化物
34	1	磁铁矿	0.319	2	氧化物
35	1	赤铁矿	8.616	3	氧化物
36	1	自然金	5.944	3	单质矿物
37	1	曲晶石	0.004	3	铝硅酸盐矿物
38	1	铬尖晶石	1.011	2	铝硅酸盐矿物
39	1	锆石	99.530	3	铝硅酸盐矿物
40	1	重晶石	0.044	3	酸根盐类

续表 4-1

序号	指示意义	矿物名称	频率/%	耐风化能力	化学成分类型
41	1	磷钇矿	27.870	2	酸根盐类
42	1	白钨矿	31.513	3	酸根盐类
43	1	独居石	64.263	3	酸根盐类
44	1	软锰矿	0.004	3	氧化物
45	1	板钛矿	0.275	3	氧化物
46	1	锡石	18.655	3	氧化物
47	1	白钛矿	47.717	3	氧化物
48	1	锐钛矿	60.717	3	氧化物
49	1	金红石	67.365	3	氧化物
50	1	钛铁矿	89.620	3	氧化物
51	2	斧石	0.004	2	铝硅酸盐矿物
52	2	硬绿泥石	0.004	2	铝硅酸盐矿物
53	2	黑电气石	0.004	2	铝硅酸盐矿物
54	2	钙铬榴石	0.004	3	铝硅酸盐矿物
55	2	透辉石	0.009	2	铝硅酸盐矿物
56	2	铁镁尖晶石	0.013	2	铝硅酸盐矿物
57	2	符山石	0.027	2	铝硅酸盐矿物
58	2	铯沸石	0.066	2	铝硅酸盐矿物
59	2	红帘石	0.355	2	铝硅酸盐矿物
60	2	透闪石	0.811	2	铝硅酸盐矿物
61	2	十字石	1.347	2	铝硅酸盐矿物
62	2	橄榄石	3.692	2	铝硅酸盐矿物
63	2	镁钛铁矿	0.004	2	氧化物
64	2	红柱石	0.066	2	铝硅酸盐矿物
65	2	黄玉	0.168	3	铝硅酸盐矿物
66	2	蓝晶石	0.425	2	铝硅酸盐矿物
67	2	尖晶石	0.878	2	铝硅酸盐矿物
68	2	钍石	2.877	2	铝硅酸盐矿物
69	2	电气石	47.952	3	铝硅酸盐矿物
70	2	石榴石	57.300	3	铝硅酸盐矿物
71	2	绿帘石	71.319	3	铝硅酸盐矿物
72	2	刚玉	1.711	3	氧化物
73	3	长石-锆石-石英-岩屑	0.004	3	结合矿物
74	3	角闪石-透闪石	0.013	2	结合矿物

续表 4-1

序号	指示意义	矿物名称	频率/%	耐风化能力	化学成分类型
75	3	白钛矿-独居石	0.004	3	结合矿物
76	3	白钨矿-锐钛矿	0.004	2	结合矿物
77	3	独居石-榍石	0.004	3	结合矿物
78	3	符山石-石榴石	0.004	2	结合矿物
79	3	锆石-石英	0.004	3	结合矿物
80	3	绿帘石-石榴石	0.004	3	结合矿物
81	3	白钛矿-钛铁矿	0.009	3	结合矿物
82	3	铬尖晶石-铬铁矿	0.044	2	结合矿物
83	3	独居石-磷钇矿	3.945	2	结合矿物
84	3	白钛矿-锐钛矿	13.678	3	结合矿物
85	3	赤铁矿-褐铁矿	59.361	3	结合矿物
86	4	自然铝	0.004		不存在矿物
87	4	自然汞	0.004		不存在矿物
88	4	白云母-黑云母	0.004	2	结合矿物
89	4	白云母-金云母	0.004	2	结合矿物
90	4	长石-石英-岩屑及其他	0.004	3	结合矿物
91	4	辉石-角闪石	0.004	2	结合矿物
92	4	长石-石英	0.009	2	结合矿物
93	4	岩屑及其他矿物	0.780	3	结合矿物
94	4	长石	0.004	2	铝硅酸盐矿物
95	4	绢云母	0.027	2	铝硅酸盐矿物
96	4	白云母	0.328	2	铝硅酸盐矿物
97	4	辉石	1.011	2	铝硅酸盐矿物
98	4	黑云母	1.808	2	铝硅酸盐矿物
99	4	云母	6.803	2	铝硅酸盐矿物
100	4	角闪石	41.889	2	铝硅酸盐矿物
101	4	硬石膏	0.004	2	酸根盐类
102	4	方解石	0.031	2	酸根盐类
103	4	石墨	0.004	3	单质矿物
104	4	自然铂	0.004	3	单质矿物
105	4	石英-岩屑及其他矿物	0.971	3	结合矿物
106	4	榍石	26.310	3	铝硅酸盐矿物
107	4	石英	0.230	3	氧化物

注："指示意义"栏,1:对预测矿种有直接指示意义;2:对预测矿种有间接指示意义;3:对预测矿种有直接或间接指示意义;4:对预测矿种无指示意义。"耐风化能力"栏,1:最不耐风化的矿物;2:耐风化能力一般的矿物;3:最耐风化的矿物。

(4)按矿物的检出频率划分,33 种矿物检出频率低于 0.01%,20 种矿物检出频率低于 0.1%(>0.01%),23 种矿物检出频率低于 1%(>0.1%),14 种矿物检出频率低于 10%(>1%),9 种矿物检出频率低于 50%(>10%)。其中检出频率大于 50% 的 8 种矿物,依次为石榴石、赤铁矿-褐铁矿、锐钛矿、独居石、金红石、绿帘石、钛铁矿和锆石。

(5)矿物检出频率与其耐风化能力的关系。对于最不耐风化的矿物而言,除黄铁矿外,检出的频率为各类矿物中最低(图 4-1);耐风化能力一般的矿物较最耐风化的矿物检出频率普遍偏低,相对较高的矿物也只有角闪石和磷钇矿;最耐风化的矿物种类较多,检出频率有高有低,以锆石和钛铁矿检出频率最高。可见,检出频率高的矿物大多具有较强的耐风化能力,当然,这也与矿物的成因产状有关,如黄铁矿、角闪石等,从而在根本上决定了矿物产出的原始本底数量。

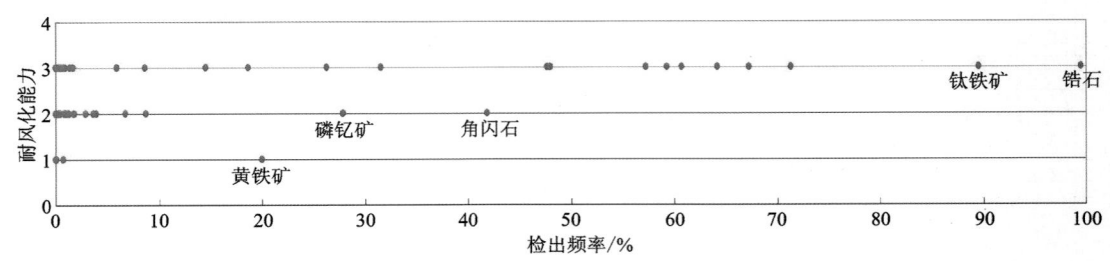

图 4-1 矿物的耐风化能力与检出频率的关系

(6)有用矿物的检出频率。50 种有用矿物按其化学成分类型,主要分为硫化物及其氧化矿物、酸根盐类和氧化物矿物。其中,硫化物及其氧化矿物的检出频率最低,除铁族矿物外均不超过 0.731%,平均 0.171%;酸根盐类除铬铁矿、磷钇矿、白钨矿和独居石外,均不超过 1%;氧化物矿物主要为铁矿、锰矿、钛矿物和锡石,以钛矿物检出频率最高,锰矿物最低。

(7)自然重砂矿物的区域分布与其成因产状即地质背景的关系较密切,具体内容在第四章详述。

总之,海南岛自然重砂矿物检出的频率首先取决于其成因,广泛存在的造岩矿物检出的频率更高,成矿作用形成的矿物检出的频率更低;其次取决于其耐风化能力,耐风化能力越强,检出的频率越高。

二、地理景观对重砂矿物分布的制约

海南岛的地理景观可按地形地貌划分为中低山地、丘陵、火山岩台地、山前堆积平原、河流阶地和滨海堆积平原,呈梯级层状由海南岛中部向环岛沿海地区分布。以该 6 种地理景观对区域自然重砂矿物进行分区统计,各区样品数为中低山地区 3431 件,丘陵区 10 247 件,火山岩台地区 1197 件,山前堆积平原区 3988 件,河流阶地区 1390 件,滨海堆积平原区 1499 件。

(1)以各景观区样品检出矿物的频数除以矿物在全岛出现的总频数,即可得知诸矿物各自主要出现在哪一种景观区内。结果表明,雄黄、辉石、辰砂、菱铁矿、橄榄石主要分布于火山岩台地区,广谱的造岩矿物及其结合颗粒如长石和石英等主要分布于山前堆积平原区,对预测矿种有指示意义的矿物主要分布于中低山区和丘陵区。究其实质,与地质背景关系密切,因为 6 种地理景观区与地质背景有良好的对应关系,中低山地和丘陵区地质背景主要为花岗岩类和变质岩类,火山岩台地区地质背景为基性火山岩类,河流阶地和滨海堆积平原区地质背景为新生代沉积物,山前堆积平原区岩性不一。

(2)以各景观区样品检出矿物的频数除以相应景观区样品总数,即可得知诸多矿物在不同景观区出现的频率(表 4-2)。结果表明,对预测矿种有显著指示意义的矿物在各景观区均有相对最高的检出率,区别在于矿物自身的成因(与地质背景和矿化作用有关),如铁、钛矿物和橄榄石等在基性火山岩区检出率最高,锆石、金红石和钛铁矿等表生环境条件下能稳定地长距离迁移的矿物在滨海堆积平原区检出率最高,金属硫化物及其氧化物等在中低山区和丘陵区检出率最高——同一矿物丘陵区的检出率一般比中低山区更高,这可能是由于两者的地表水动力条件或水系坡降的差异所致。

表 4-2　海南岛不同地理景观区自然重砂矿物的检出频率　　　　　　　　　　　　单位:%

地貌类型	矿物名称	中低山	丘陵	山前堆积平原	河流阶地	滨海堆积平原	火山岩台地
中低山区	钼铅矿	1.370	0.371	0.226	0.072		
	磷氯铅矿	0.991	0.712	0.301	0.144		
	白铅矿	0.146	0.049	0.050			
	硬锰矿	0.408	0.078				0.167
	铅矿物	0.087	0.078				0.084
	黄铜矿	0.029					
	黄铁矿	33.605	23.831	14.092	5.612	5.604	7.519
	褐钇铌	0.437	0.107				
	褐帘石	0.058	0.049	0.050			
	方铅矿	0.233	0.185				
	锐钛矿	66.045	63.519	53.360	60.863	59.173	35.840
	板钛矿	0.758	0.215	0.276	0.216		
	白钛矿	56.980	46.013	46.364	50.576	56.371	25.146
	硬绿泥石	0.029					
	透辉石	0.029		0.025			
	铁镁尖晶石	0.087					
	钍石	5.975	2.967	2.006	2.086	0.867	0.084
	绿帘石	81.492	79.945	66.274	72.590	41.361	19.967
	白云母	0.700	0.303	0.150			
丘陵区	泡铋矿	0.262	0.576	0.150		0.067	
	钨矿		0.029				
	铁矿		0.049				
	铌钽铁矿	0.117	0.351	0.201	0.072	0.200	0.084
	镜铁矿		0.088		0.072		
	辉锑矿		0.010				
	辉钼矿		0.010				
	辉铋矿		0.010				
	黑钨矿	0.554	0.810	0.100	0.144	0.067	0.084
	褐锰矿		0.020				
	毒砂	0.029	0.039				
	软锰矿		0.010				
	磷钇矿	33.197	34.312	22.818	23.597	12.475	2.840

续表 4-2

地貌类型	矿物名称	中低山	丘陵	山前堆积平原	河流阶地	滨海堆积平原	火山岩台地
丘陵区	白钨矿	31.449	42.754	24.273	20.072	6.871	0.835
	镁钛铁矿		0.010				
	钙铬榴石		0.010				
	长石-锆石-石英-岩屑		0.010				
	铬尖晶石-铬铁矿		0.098				
	锆石-石英		0.010				
	符山石-石榴石		0.010				
	自然铝		0.010				
	自然汞		0.010				
	云母	8.219	8.529	4.188	7.770	1.668	0.585
	岩屑及其他矿物	0.933	0.956	0.727	0.072	0.067	0.167
	角闪石	44.040	51.147	35.933	42.302	19.346	4.344
	长石		0.010				
	榍石	31.682	32.732	20.060	23.381	9.673	1.253
	石英	0.029	0.322	0.251	0.216	0.067	
	石墨		0.010				
山前堆积平原区	孔雀石	0.029	0.059	0.527	0.360	0.067	
	褐铁矿	0.408	1.181	2.457	1.655	1.334	1.337
	萤石		0.029	0.100		0.067	
	蓝铁矿			0.020	0.025		
	赤铁矿	6.237	9.583	12.763	6.978	1.668	5.263
	白铁矿			0.020	0.025		
	自然金	6.237	6.519	6.620	5.540	1.334	1.587
	黑电气石			0.025			
	红柱石	0.029	0.059	0.075	0.072		
	角闪石-透闪石			0.075			
	绿帘石-石榴石			0.025			
	独居石-磷钇矿	2.157	4.821	5.341	3.165	1.534	0.167
	白钛矿-独居石			0.025			
	辉石-角闪石			0.025			
	黑云母	1.341	2.098	2.282	1.367	1.268	0.084
	长石-石英-岩屑及其他矿物			0.025			
	长石-石英			0.050			
	白云母-金云母			0.025			
	白云母-黑云母			0.025			
	自然铂			0.025			

续表 4-2

地貌类型	矿物名称	中低山	丘陵	山前堆积平原	河流阶地	滨海堆积平原	火山岩台地
河流阶地地区	钛磁铁矿		0.029		0.288		
	磷灰石	0.146	0.966	1.881	3.813	1.935	
	磁铁矿		0.273	0.527	0.719	0.467	0.167
	锡石	18.595	19.957	17.954	21.871	13.809	6.015
	曲晶石				0.072		
	透闪石	0.117	0.917	0.777	2.086	0.267	
	红帘石	0.233	0.342	0.502	1.223		
	石榴石	43.049	56.739	69.709	70.719	60.574	31.913
	黄玉	0.029	0.098	0.351	0.576	0.334	
	白钨矿-锐钛矿				0.072		
	硬石膏				0.072		
	石英-岩屑及其他矿物	0.175	1.220	1.128	1.439	0.400	
滨海堆积平原区	针铁矿					0.067	
	重晶石		0.039	0.050	0.072	0.200	
	钛铁矿	71.437	90.475	93.430	97.194	99.800	97.410
	金红石	38.677	59.813	83.604	90.072	93.630	86.967
	铬尖晶石	0.204	1.220	1.555	0.288	1.601	0.251
	锆石	99.534	99.395	99.649	99.856	99.867	99.499
	独居石	51.880	61.345	71.339	82.158	86.057	46.700
	十字石	0.583	0.712	1.329	1.583	7.272	0.585
	铯沸石			0.075		0.734	
	斧石					0.067	
	符山石		0.010	0.050		0.200	
	蓝晶石	0.029	0.127	0.176	0.647	3.736	0.501
	尖晶石	0.117	0.273	0.978	0.863	6.604	0.585
	刚玉	0.233	0.615	1.780	4.388	10.073	1.170
	电气石	24.162	38.060	62.237	76.403	93.662	54.804
	独居石-榍石					0.067	
	绢云母		0.049			0.067	
	方解石		0.010			0.267	
火山岩台地地区	菱铁矿	0.029	0.244	1.128	1.439	2.869	6.516
	雄黄	0.058	0.059	0.125		0.334	0.752
	铬铁矿	0.029	1.044	17.803	10.791	23.583	48.454
	辰砂	0.058	0.088	0.602	1.079	2.935	5.430

续表 4-2

地貌类型	矿物名称	中低山	丘陵	山前堆积平原	河流阶地	滨海堆积平原	火山岩台地
火山岩台地地区	橄榄石		0.010	0.702	2.230	14.209	45.363
	赤铁矿-褐铁矿	80.939	54.894	47.242	63.957	46.898	85.297
	白钛矿-钛铁矿		0.010				0.084
	白钛矿-锐钛矿	6.383	10.110	19.132	21.583	28.152	36.508
	辉石	0.291	0.342	0.176	1.007	3.469	8.772

注：表中空格表示检出频率为 0。

总之，自然重砂矿物在不同地理景观区的分布规律，实质上还是地质背景与成矿作用、矿物自身在表生环境条件下的耐风化能力、迁移能力以及地表水动力环境在起作用。

第二节　成矿类型的自然重砂矿物学标志

海南岛自然重砂预测矿种的成因类型主要有热液型、接触交代型等几种（表 4-3）。其中，铜矿种成因类型较多，但本次预测评价工作的典型矿床只有热液型 1 种，铅锌矿种的典型矿床只有 1 种成因类型，金矿种有 2 种成因类型，钨矿种有 2 种成因类型，均与不同形式的热液活动有关。稀土矿种只有 1 种次生成因类型。银矿种、钼矿种、硫铁矿种均有 3 种成因类型，萤石矿种、重晶石矿种均有 2 种成因类型，锰矿种只有 1 种成因类型。各预测矿种典型矿床的矿石矿物与自然重砂有用矿物的对应关系如下。

表 4-3　海南岛自然重砂预测矿种的矿床成因类型

矿种	成因类型							
	热液型	接触交代型	斑岩型	海相沉积型	陆相火山岩型	构造蚀变岩型	风化壳型	砂矿型
铜	√	√	√	√	√!			
铅锌	√!	√						
钨	√!	√!						
金	√!	√				√!		√
稀土							√!	
银	√!			√!		√!		
钼	√!		√!		√!			
锰				√!				
硫铁	√	√!		√!				
萤石	√!	√						
重晶石	√!			√!			√!	

注："√"表示该矿种存在该成因类型，"!"表示本次预测评价工作有该成因类型典型矿床。

(一)预测矿种铜的典型矿床与自然重砂矿物

(1)三亚岭曲铜矿:成因类型为陆相火山-岩浆热液型铜矿床。主要金属矿物为黄铁矿、黄铜矿、辉铋矿、铜蓝和自然银。典型矿床所在位置只有自然重砂钨矿物、钼矿物异常出现,但这些异常并未"罩住"典型矿床,或表现出因典型矿床引起异常的成因联系。自然重砂中黄铁矿多见,但在全岛背景下并不能构成异常。

(2)昌江石碌铜钴矿:成因类型为沉积变质型铜矿床。主要金属矿物为黄铜矿、(含钴)黄铁矿、(含钴)磁黄铁矿,少量辉铜矿和斑铜矿。典型矿床所在位置有自然重砂自然金、钨矿物、铜矿物、铋矿物、铅锌矿物等矿物异常出现,除自然金、钨矿物异常外,这些异常并未"罩住"典型矿床,但多少表现出了因典型矿床引起异常的成因联系。自然重砂中黄铁矿极少见。

(二)预测矿种铅锌的典型矿床与自然重砂矿物

预测矿种铅锌的典型矿床为乐东后万岭铅锌矿,成因类型为产于花岗岩断裂带的中温热液石英脉型铅锌矿床。主要金属矿物有方铅矿、闪锌矿,次为黄铁矿及少量黄铜矿,微量辉银矿、钼铅矿等。典型矿床所在位置只有自然重砂铅矿物、钨矿物、钼矿物异常出现,异常应为该矿床所致。自然重砂中少见黄铁矿检出。

(三)预测矿种钨的典型矿床与自然重砂矿物

(1)乐东尖峰红门岭钨钼矿:成因类型为斑岩型矿床。主要矿石矿物为辉钼矿、黑钨矿、白钨矿、闪锌矿、辉铋矿和方铅矿,典型矿床所在位置有自然重砂钨矿物、钼矿物、铋矿物、铅矿物异常出现,黄铁矿检出较多,但含量不高,不构成异常。

(2)儋州兰洋钨锡矿:成因类型为矽卡岩-云英岩型钨矿床。主要金属矿物有白钨矿,局部见少量黄铁矿等。典型矿床所在位置因区域自然重砂资料缺失,无相关矿物异常出现。

(四)预测矿种金的典型矿床与自然重砂矿物

(1)东方二甲金矿:成因类型为剪切带碎裂-蚀变岩型金矿床。矿石矿物主要有自然金、银金矿及自然银、黄铁矿、毒砂、方铅矿、闪锌矿和黄铜矿等。典型矿床所在位置有自然重砂自然金、钨矿物、锡石、钼矿物、辰砂异常出现,为二甲金矿等众多金矿床所致。黄铁矿检出情况一般,不构成异常。

(2)乐东抱伦金矿:成因类型为岩浆热液脉型金矿床。矿石中主要金属矿物为黄铁矿,其次有磁黄铁矿,少量闪锌矿和方铅矿,微量金属矿物有毒砂、黄铜矿、自然金、银金矿、辉铋矿、自然铋、黑铋金矿、硫金铋矿、硫铋铅矿、斜方硫铋铅矿、卡辉铋铅矿、柱辉铋铅矿、辉锑镍矿、赫碲铋矿、叶碲铋矿和金铋合金等,可见铋矿物种类十分丰富。典型矿床所在位置只有自然金异常,黄铁矿检出稀少。

(3)定安富文金矿:成因类型为中低温岩浆热液型金矿。金属矿物含量小于10%,主要为方铅矿、黄铁矿、黄铜矿、闪锌矿和自然金等。典型矿床所在位置无自然重砂相应矿物异常出现,有极少样品检出低含量的黄铁矿。

(五)预测矿种稀土的典型矿床与自然重砂矿物

预测矿种稀土的典型矿床为昌江霸王岭稀土矿,成因类型为花岗岩风化壳离子吸附型稀土矿床。吸附矿物为高岭土等黏土矿物,与能成砂的原生稀土矿物独居石、磷钇矿等完全不同,典型矿床所在位置无稀土自然重砂矿物异常出现。

(六)预测矿种银的典型矿床与自然重砂矿物

(1)儋州南报银矿:成因类型为热液石英脉型银矿床,矿化主要为褐铁矿化,少量黄铁矿化。典型矿床所在汇水盆地因缺失自然重砂资料无任何矿物异常出现,但区域上周边分布有自然金、铅矿物、钼矿物、钨矿物等矿物异常。

(2)昌江石碌银矿:成因类型为沉积变质型银矿床,主要金属矿物为黄铜矿、(含钴)黄铁矿、(含钴)磁黄铁矿,少量辉铜矿和斑铜矿。典型矿床所在汇水盆地有自然重砂钨矿物、锡矿物、铁矿物等矿物出现,外围有自然金、铜矿物、铅矿物、铋矿物、钼矿物等矿物出现。

(3)定安富文银金矿:成因类型为与构造和岩体有关的沿层间裂隙充填的多阶段中低温热液脉型矿床,主要金属矿物为方铅矿、黄铁矿、黄铜矿、闪锌矿、自然金等。典型矿床所在汇水盆地有自然金、锡石、黄铁矿等矿物出现,外围有钨矿物出现。

(七)预测矿种钼的典型矿床与自然重砂矿物

(1)屯昌高通岭钼矿:成因类型为热液脉型钼矿。金属矿物主要为辉钼矿,其次为黄铜矿、黄铁矿、闪锌矿、方铅矿等。典型矿床所在汇水盆地有自然重砂钨矿物、铁矿物等矿物出现,外围有自然金、锡矿物等。

(2)陵水英州龙门岭钼矿:成因类型为与岩浆作用、断裂作用有关的热液脉型钼矿。主要金属矿物为辉钼矿、黄铁矿、磁铁矿、黄铜矿等。典型矿床所在汇水盆地有自然重砂铅、钼、钨、锡、铁等矿物出现,外围有金、铋等矿物出现。

(3)乐东石门山钼矿:成因类型为斑岩型钼矿。主要金属矿物为辉钼矿,次为黄铁矿、闪锌矿。典型矿床所在汇水盆地有自然重砂铁矿物等出现,外围有自然金、钨矿物、锡矿物等矿物出现。

(4)乐东报告村钼矿:成因类型为与斜长花岗斑岩体有关的斑岩型钼矿。金属矿物主要是辉钼矿,次为黄铁矿、黄铜矿。典型矿床所在汇水盆地及外围有自然重砂自然金、钨矿物、锡矿物、铁矿物等矿物出现。

(5)乐东尖峰红门岭钼钨矿:成因类型为斑岩型钼矿。主要金属矿物为黑钨矿、白钨矿、辉钼矿、辉铋矿、方铅矿、闪锌矿,次要矿物为黄铁矿、黄铜矿、毒砂、锡石。典型矿床所在汇水盆地有自然重砂铅矿物、钼矿物、钨矿物、锡矿物、铁矿物等矿物出现,外围有自然金、铋等矿物出现。

(6)琼海梅岭铜钼矿:成因类型为爆破岩筒式斑岩型铜钼矿。主要金属矿物为黄铁矿、辉钼矿和黄铜矿。典型矿床所在汇水盆地有自然重砂自然金、铅矿物、钨矿物、锡矿物、铁矿物等矿物出现,外围有砷矿物、汞矿物等矿物出现。

(7)保亭罗葵洞钼矿:成因类型为陆相火山岩型钼矿。金属矿物主要为辉钼矿和黄铁矿,次为黄铜矿及少量闪锌矿、白钨矿、磁铁矿、赤铁矿。典型矿床所在汇水盆地有自然重砂钨矿物、铁矿物等矿物出现,外围有自然金、铋矿物、锡矿物等矿物出现。

(八)预测矿种锰的典型矿床与自然重砂矿物

预测矿种锰的典型矿床为三亚大茅磷锰矿,成因类型为海相沉积型磷锰矿。主要金属矿物为硅质磷块岩软锰矿、硅质磷块岩菱锰矿、硅质页岩-白云石菱锰矿等。典型矿床所在汇水盆地有自然重砂自然金、钨矿物、锡矿物、铁矿物出现,外围有铋矿物出现。

(九)预测矿种硫铁矿的典型矿床与自然重砂矿物

(1)保亭情安岭硫铁矿:成因类型为矽卡岩型硫铁矿床,主要金属矿物为褐铁矿及磁铁矿,少量镜铁矿,微量黄铁矿、磁黄铁矿、黄铜矿。典型矿床所在汇水盆地有自然重砂自然金、铅矿物、钨矿物、锡物、铁矿物等矿物出现,外围有钼矿物出现。

(2)昌江石碌硫铁矿:成因类型为沉积变质型硫铁矿床,主要金属矿物为黄铜矿、(含钴)黄铁矿、(含钴)磁黄铁矿,少量辉铜矿和斑铜矿。典型矿床所在汇水盆地有自然重砂钨矿物、铁矿物等矿物出现,外围有自然金、铜矿物、铅矿物、铋矿物、钼矿物、钡矿物等矿物出现。

(十)预测矿种萤石的典型矿床与自然重砂矿物

预测矿种萤石的典型矿床为琼中什统萤石矿,成因类型为与岩浆期后作用有关的热液充填型萤石矿床。矿石的矿物成分较为简单,矿石矿物为萤石。典型矿床所在汇水盆地有自然重砂自然金、钨矿物、铁矿物出现,外围有锡矿物出现。

(十一)预测矿种重晶石的典型矿床与自然重砂矿物

(1)昌江石碌重晶石矿:成因类型为沉积变质型重晶石矿床,主要金属矿物为黄铜矿、(含钴)黄铁矿、(含钴)磁黄铁矿,少量辉铜矿和斑铜矿。典型矿床所在汇水盆地有自然重砂钨矿物、铁矿物等矿物出现,外围有自然金、铜矿物、铅矿物、铋矿物、钼矿物、钡矿物等矿物出现。

(2)儋州冰岭重晶石矿:成因类型为风化壳型重晶石矿,矿石类型比较单一,主要是石英-重晶石矿石。典型矿床所在汇水盆地因缺失自然重砂资料无任何矿物异常出现,但区域上周边有重晶石、铅矿物等出现。

(3)昌江保由重晶石矿:成因类型为与构造、地层、岩体有关的热液脉型重晶石矿床,矿石类型比较单一,主要是重晶石-石英-方铅矿矿石。典型矿床所在汇水盆地及外围均有自然重砂自然金、钨矿物、锡矿物、铁矿物等矿物出现。

从以上的讨论可知:

(1)预测评价矿种典型矿床的矿石矿物与自然重砂有用矿物异常的对应性大都较差,特别是金属硫化物类矿物(该类矿物均为有检出即为异常)。

(2)自然金与金矿种典型矿床的对应性较好,其中富文金矿在降低异常下限的情况下仍有自然金异常出现。

(3)黄铁矿往往是热液成因矿床的重要矿石矿物,但因其成因的多样性,尽管检出频率略高(20.007%),其分布情况表明黄铁矿对相应成因的各矿种典型矿床指示意义有限。此外,褐铁矿作为铁矿物的氧化矿物,检出频率较高(60.731%),也因其成因的多样性,故预测工作区异常评价不考虑铁矿物,只在找矿预测区评价时作为指标矿物之一。

(4)儋州兰洋地区因资料缺失,钨矿种只能按没有自然重砂资料处理,无法进行预测评价。

(5)钨矿物和锡石异常出现频繁,与之成因相关的典型矿床基本上都有钨矿物、锡石自然重砂异常出现(分别按累计频率95%或90%圈定异常),而与典型矿床的成矿温度无关,这表明了钨矿物、锡石在表生环境条件下有较强的稳定性,同时该稳定性也干扰了对相关矿种的预测评价。

(6)钼矿物与钼矿种典型矿床的空间对应性较好。

(7)儋州南报地区银矿种及冰岭地区重晶石矿种因资料缺失,只能按没有自然重砂资料处理,无法进行预测评价。

总之,自然重砂有用矿物对预测矿种典型矿床矿石矿物的反映效果一般。即使降低自然金、钨矿物、锡石和稀土矿物4种矿物的异常下限,在更多的典型矿床位置出现这4种矿物(特别是自然金、钨矿物、锡石)的异常,也不能提高自然重砂有用矿物异常对典型矿床的指示意义,因为这些矿物并非所有典型矿床的矿石矿物。

第三节　自然重砂异常及特征

一、黑色金属矿物类异常特征

海南岛自然重砂黑色金属类矿物包括铁、锰和铬矿物,异常分布如图4-2所示。

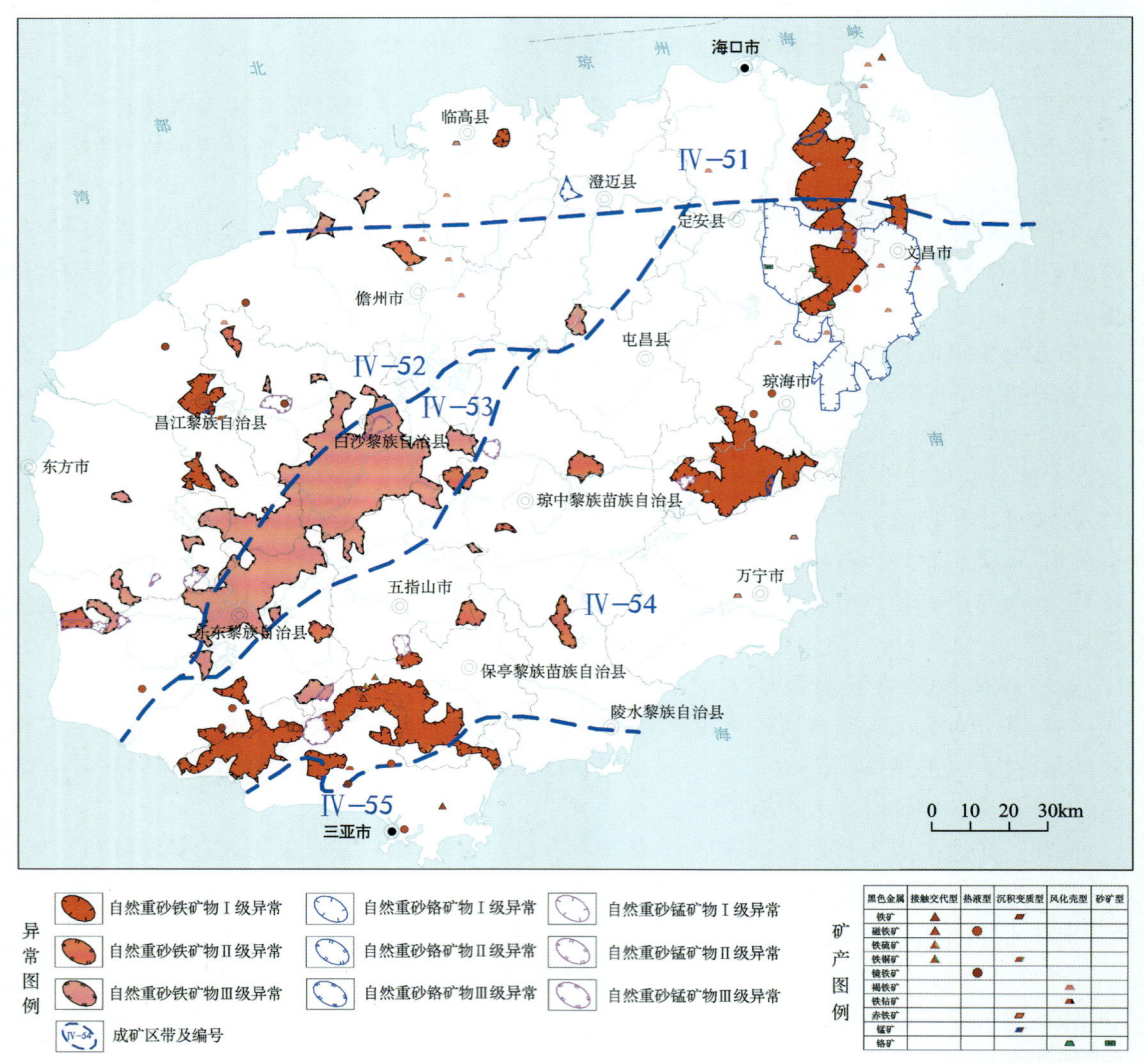

图4-2　海南岛黑色金属自然重砂矿物异常图

(一)铬矿物异常分布特征

海南岛自然重砂铬矿物异常共有5处,基本上只分布于琼北基性火山岩地区,尤其是新近系石马村组和石门沟组的基性火山岩分布区,主要是由地质背景引起的异常(表4-4)。

(1)唯一的1个Ⅰ级异常为文昌蓬莱异常(4号),异常区内铬矿物最高标准化含量58,汇水盆地始于三级,异常面积达 1 272.0km²,北部伴生铁矿物Ⅰ级异常。异常区地质背景主要为新近系基性火山岩,有3处砂矿型(定安居丁河河床砂铬矿)或风化壳型(文昌蓬莱日晒岭和庙岭坡残积铬矿)铬矿床响应。异常为矿致异常,可在异常区内已知矿产地之外作进一步工作。异常未作检查。

(2)铬矿物无Ⅱ级异常。

(3)铬矿物产出于特殊的地质背景,即超基性—基性玄武岩类,同时作为耐风化矿物,也可能经风化再沉积后少量出现于沉积物(岩)中。异常均未作检查。

表 4-4 海南岛自然重砂铬矿物异常基本特征

异常编号	异常名称	最高含量	异常分级	汇水盆地	异常面积	推断矿种	地质矿产与化探异常
1	澄迈福山异常	4176	Ⅲ级	五级	14.88		异常区地质背景主要为第四系更新统,无已知矿床或矿(化)点响应,化探异常信息较弱
2	海口云龙异常	5282	Ⅲ级	六级	14.34		异常区地质背景主要为第四系更新统,无已知矿床或矿(化)点响应,化探异常信息较弱
3	海口三门坡异常	3435	Ⅲ级	六级	23.89		异常区地质背景主要为第四系更新统和新近系中新统,无已知矿床或矿(化)点响应,化探异常信息较弱
4	文昌蓬莱异常	585 750	Ⅰ级	三级	1 272.03	铬矿	异常区地质背景主要为新近系橄榄玄武岩,有文昌蓬莱日晒岭和庙岭坡残积铬矿和定安居丁河河床砂铬矿点响应,有锌、铜、钼和金化探异常产出,异常本身可能有铬矿床找矿指示意义
5	琼海阳江异常	2970	Ⅲ级	六级	6.43		异常区地质背景主要为下白垩统和下志留统,无已知矿床或矿(化)点响应,化探异常信息较弱

注:表中最高含量单位为颗/30kg,异常面积单位为 km²。

(二)铁矿物异常分布特征

海南岛自然重砂铁矿物异常共37处,主要分布于琼东、琼西及琼南等地区,琼北地区表壳物质虽然铁质含量高,但水系沉积物中的铁矿物并不能成为全岛背景下的异常。意义突出的Ⅰ级异常大多分布于琼东和琼南地区,大面积的异常与地质背景关系密切(表 4-5)。

1. Ⅰ级异常主要特征

临高博厚异常(1号):异常区内铁矿物最高标准化含量 59 584 颗/30kg,汇水盆地始于六级,异常面积 14.81km²,无其他矿物异常伴生。区内地质背景为第四系橄榄玄武岩,风化后易导致局部铁和钴的富集。有临高博厚钴铁矿产出,为风化成因。异常为矿致异常,未作检查。

表 4-5　海南岛自然重砂铁矿物异常基本特征

异常编号	异常名称	最高含量	异常分级	汇水盆地	异常面积	推断矿种	地质矿产与化探异常
1	临高博厚异常	59 584	Ⅰ级	六级	14.81	铁矿	异常区地质背景主要为第四系橄榄玄武岩,有临高博厚钴铁矿响应
2	海口土桥异常	406 400	Ⅰ级	五级	494.67	铁矿	异常区地质背景主要为第四系和新近系橄榄玄武岩,有海口土桥褐铁矿、海口大坡白石溪铁矿和海口三江褐铁矿响应
3	文昌新村异常	307 200	Ⅰ级	六级	33.03	铁矿	异常区地质背景主要为新近系橄榄玄武岩,有文昌新村褐铁矿响应
4	儋州王五异常	40 560	Ⅲ级	二级	21.86		异常区地质背景主要为第四系砂土质沉积物,无已知矿床或矿(化)点响应
5	儋州长坡异常	257 904	Ⅲ级	六级	16.17		异常区地质背景主要为第四系砂土质沉积物,无已知矿床或矿(化)点响应
6	儋州洛基异常	166 410	Ⅱ级	六级	31.11	金矿	异常区地质背景主要为三叠纪二长花岗岩,无已知矿床或矿(化)点响应,有砷、金化探异常产出,有一定的找矿意义
7	屯昌南味异常	65 605	Ⅲ级	四级	27.78		异常区地质背景主要为二叠系石英砂岩和灰岩,无已知矿床或矿(化)点响应
8	白沙邦溪异常	106 400	Ⅱ级	四级	17.59	铅锌矿	异常区地质背景主要为二叠系石英砂岩和灰岩,无已知矿床或矿(化)点响应,异常区有砷、铜和锌化探异常产出,有一定找矿指示意义
9	昌江石碌异常	696 960	Ⅰ级	四级	72.88	铁矿	异常区地质背景主要为侏罗纪钾长花岗岩和二叠纪二长花岗岩,特别是青白口系石碌群石英绢云母片岩,有著名的海南昌江石碌铁矿响应
10	白沙金波异常	70 200	Ⅲ级	六级	5.05		异常区地质背景主要为二叠纪二长花岗岩,无已知矿床或矿(化)点响应,化探异常信息较弱
11	白沙光雅异常	42 136	Ⅲ级	六级	6.31		异常区地质背景主要为二叠纪二长花岗岩,无已知矿床或矿(化)点响应,化探异常信息较弱
12	东方大田异常	64 695	Ⅲ级	六级	9.78		异常区地质背景主要为二叠纪二长花岗岩,无已知矿床或矿(化)点响应,化探异常信息较弱
13	东方燕窝岭异常	151 840	Ⅰ级	六级	38.32	铅锌矿	异常区地质背景主要为二叠纪二长花岗岩和石炭系砂砾岩、二叠系灰岩,有东方邦敬地铅银矿和昌江保由铅锌矿响应

续表 4-5

异常编号	异常名称	最高含量	异常分级	汇水盆地	异常面积	推断矿种	地质矿产与化探异常
14	昌江大章村异常	38 600	Ⅱ级	六级	11.66	金矿	异常区地质背景主要为二叠纪和三叠纪二长花岗岩,无已知矿床或矿(化)点响应,金和汞化探异常较为显著,有进一步找矿意义
15	白沙乐东异常	5 022 144	Ⅲ级	三级	1 499.83		异常区地质背景主要为白垩系紫红色砂页岩,异常由红层盆地砂页岩地质背景引起,无进一步找矿意义
16	琼中黎母岭异常	52 105	Ⅲ级	四级	37.01		异常区地质背景主要为白垩系紫红色砂页岩,无已知矿床或矿(化)点响应,化探异常信息较弱
17	琼中红毛异常	102 755	Ⅱ级	五级	44.36	多金属矿	异常区地质背景主要为白垩系紫红色砂页岩和二叠纪二长花岗岩,无已知矿床或矿(化)点响应,异常区有锡和铋化探异常产出,有一定的找矿意义
18	琼中长流水异常	179 840	Ⅱ级	四级	43.34	金矿	异常区地质背景主要为二叠纪二长花岗岩和白垩纪花岗斑岩,有琼中县长流水金矿点响应,还有金和铅化探异常产出
19	琼海阳江异常	626 240	Ⅰ级	三级	390.57	铁矿	异常区地质背景主要为白垩系紫红色砂页岩和志留系变质石英砂岩,有琼海会山狗灶褐铁矿和万宁龙滚黄铁矿响应
20	东方公爱异常	41 555	Ⅲ级	六级	28.08		异常区地质背景主要为三叠纪正长花岗岩,无已知矿床或矿(化)点响应,化探异常信息较弱
21	乐东红门岭异常	70 920	Ⅱ级	六级	32.31	多金属矿	异常区地质背景主要为三叠纪正长花岗岩,无已知矿床或矿(化)点响应,有铋、铜、钼等化探异常产出,具有进一步找矿意义
22	东方市老毛村异常	212 240	Ⅲ级	六级	28.38		异常区地质背景主要为三叠纪正长花岗岩,无已知矿床或矿(化)点响应,化探异常信息较弱
23	东方广坝异常	105 400	Ⅲ级	六级	13.29		异常区地质背景主要为志留系变质石英砂岩,无已知矿床或矿(化)点响应,化探异常信息较弱
24	东方江边异常	96 880	Ⅲ级	三级	5.47		异常区地质背景主要为志留系变质石英砂岩,无已知矿床或矿(化)点响应,化探异常信息较弱
25	乐东三平异常	44 400	Ⅲ级	六级	9.71		异常区地质背景主要为三叠纪正长花岗岩,无已知矿床或矿(化)点响应,化探异常信息较弱
26	乐东大安异常	144 505	Ⅱ级	六级	21.59	多金属矿	异常区地质背景主要为三叠纪正长花岗岩,无已知矿床或矿(化)点响应,有锌、锡和铅化探异常产出,具有进一步找矿意义

续表 4-5

异常编号	异常名称	最高含量	异常分级	汇水盆地	异常面积	推断矿种	地质矿产与化探异常
27	琼中弄羽异常	41 900	Ⅱ级	六级	7.81	金矿	异常区地质背景主要为白垩系长石砂岩和白垩纪二长花岗岩，无已知矿床或矿（化）点响应，有金和汞异常产出，具有进一步找矿意义
28	五指山异常	47 525	Ⅲ级	六级	5.26		异常区地质背景主要为白垩纪二长花岗岩，无已知矿床或矿（化）点响应，化探异常信息较弱
29	五指山南圣异常	186 575	Ⅱ级	五级	33.31	多金属矿	异常区地质背景主要为二叠纪二长花岗岩和侏罗纪石英二长岩，无已知矿床或矿（化）点响应，有汞、钼、铅等化探异常产出，具有进一步找矿意义
30	陵水小妹异常	70 405	Ⅱ级	六级	41.42	金矿	异常区地质背景主要为白垩纪二长－正长花岗岩，无已知矿床或矿（化）点响应，有金、铋、汞等多处化探异常产出，具有进一步找矿意义
31	乐东抱伦异常	54 180	Ⅲ级	六级	23.90		异常区地质背景主要为白垩系长石砂岩，无已知矿床或矿（化）点响应，化探异常信息较弱
32	乐东千家异常	38 880	Ⅰ级	五级	26.72	铜矿	异常区地质背景主要为二叠纪和白垩纪二长花岗岩，有乐东千家汉济铜矿响应
33	乐东志忠异常	71 820	Ⅲ级	六级	37.98		异常区地质背景主要为二叠纪二长花岗岩和志留系变质石英砂岩，无已知矿床或矿（化）点响应，无化探元素异常产出
34	保亭南好异常	394 425	Ⅰ级	五级	18.37	铁矿	异常区地质背景主要为三叠纪钾长花岗岩和石炭系砂砾岩、志留系千枚岩，有保亭南好猿木猴褐铁矿响应
35	三亚崖城异常	462 533	Ⅰ级	四级	243.67	铁矿	异常区地质背景主要为白垩纪二长—正长花岗岩和白垩系酸性火山岩，异常区东北端有三亚抱告磁铁矿（接触交代成因）、三亚吉利水库磁铁矿和三亚洋淋岭磁铁矿（热液成因）响应，区内大部无已知矿床或矿（化）点响应，但有金、铋、铜、汞等化探异常产出，具有进一步找矿指示意义
36	三亚雄岭异常	73 067	Ⅰ级	六级	50.34	金矿	异常区地质背景主要为三叠纪二长花岗岩和白垩系酸性火山岩，有三亚雄岭金矿和三亚富田金矿响应
37	保亭南改异常	882 740	Ⅰ级	四级	373.65	铁矿	异常区地质背景主要为三叠纪钾长花岗岩和白垩系酸性火山岩，其次有石炭系砂砾岩、结晶灰岩等，有保亭南改金矿和三亚红石铁矿等矿点响应

注：表中"最高含量"单位为颗/30kg，"异常面积"单位为 km²。

海口土桥异常（2号）：异常区内铁矿物最高标准化含量 406 400 颗/30kg，汇水盆地始于五级，异常面积 494.67km²，南部新近系有大面积的铬矿物异常伴生，局部有锰矿物异常伴生。区内地质背景主要为第四系和新近系橄榄玄武岩，风化后易导致局部铁的富集。有海口土桥褐铁矿、海口大坡白石溪铁矿和海口三江褐铁矿响应,均为风化成因。异常为矿致异常,未作检查。

文昌新村异常(3号):异常区内铁矿物最高标准化含量307 200颗/30kg,汇水盆地始于六级,异常面积33.03km²,无锰或铬矿物异常伴生。区内地质背景主要为新近系橄榄玄武岩,风化后易导致局部铁的富集。有文昌新村褐铁矿响应,为风化成因。异常为矿致异常,未作检查。

昌江石碌异常(9号):异常区内铁矿物最高标准化含量696 960颗/30kg,汇水盆地始于四级,异常面积72.88km²,无锰或铬矿物异常伴生。区内地质背景主要为侏罗纪钾长花岗岩和二叠纪二长花岗岩,特别是青白口系石碌群含赤铁矿层石英绢云母片岩。有著名的海南昌江石碌铁矿响应,为沉积变质型铁矿。异常为矿致异常,未作检查。

东方燕窝岭异常(13号):异常区内铁矿物最高标准化含量151 840颗/30kg,汇水盆地始于六级,异常面积38.32km²,无锰或铬矿物异常伴生。区内地质背景主要为二叠纪二长花岗岩和石炭系砂砾岩、二叠系灰岩。有东方邦敬地铅银矿和昌江保由铅锌矿响应,均为热液成因。异常为矿致异常,未作检查。

琼海阳江异常(19号):异常区内铁矿物最高标准化含量626 240颗/30kg,汇水盆地始于三级,异常面积390.57km²,局部有锰或铬矿物异常伴生。区内地质背景主要为白垩系紫红色砂页岩和志留系变质石英砂岩,有琼海会山狗灶褐铁矿和万宁龙滚黄铁矿响应,前者为风化壳型,后者为热液型。异常为矿致异常,未作检查。

乐东千家异常(32号):异常区内铁矿物最高标准化含量38 880颗/30kg,汇水盆地始于五级,异常面积26.72km²,无其他矿物异常伴生。区内地质背景主要为二叠纪和白垩纪二长花岗岩,有乐东千家汉济铜矿响应,为热液成因。异常为矿致异常,未作检查。

保亭南好异常(34号):异常区内铁矿物最高标准化含量394 425颗/30kg,汇水盆地始于五级,异常面积18.37km²,北部紧邻有锰矿物异常伴生。区内地质背景主要为三叠纪钾长花岗岩和石炭系砂砾岩、志留系千枚岩。有保亭南好猿木猴褐铁矿响应,为风化成因。异常为矿致异常,未作检查。

三亚崖城异常(35号):异常区内铁矿物最高标准化含量462 533颗/30kg,汇水盆地始于四级,异常面积243.67km²,北部紧邻有锰矿物异常伴生。区内地质背景主要为白垩纪二长—正长花岗岩和白垩系酸性火山岩,异常区东北端有三亚抱告磁铁矿(接触交代成因)、三亚吉利水库磁铁矿和三亚洋淋岭磁铁矿(热液成因)响应,西北边缘有乐东千家镜铁矿响应(热液成因)。异常为矿致异常,未作检查。

三亚雄岭异常(36号):异常区内铁矿物最高标准化含量73 067颗/30kg,汇水盆地始于六级,异常面积50.34km²,北部有锰矿物异常伴生。区内地质背景主要为三叠纪二长花岗岩和白垩系酸性火山岩,有三亚雄岭金矿和三亚富田金矿响应,为热液成因。异常为矿致异常,未作检查。

保亭南改异常(37号):异常区内铁矿物最高标准化含量882 740颗/30kg,汇水盆地始于四级,异常面积373.65km²,西端有锰矿物异常伴生。区内地质背景主要为三叠纪钾长花岗岩和白垩系酸性火山岩,其次有石炭系砂砾岩、结晶灰岩等。有保亭南改金矿和三亚红石铁矿等矿点响应,前者为热液成因,后者为接触交代成因(三叠纪钾长花岗岩与石炭系结晶灰岩)。异常为矿致异常,未作检查。

2. 主要Ⅱ级异常主要特征

有矿化点对应的Ⅱ级异常——琼中长流水异常(18号):异常区内铁矿物最高标准化含量179 840颗/30kg,汇水盆地始于四级,异常面积43.34km²,无锰或铬矿物异常伴生。区内地质背景主要为二叠纪二长花岗岩和白垩纪花岗斑岩,有琼中县长流水金矿点响应,为热液成因,也有金和铅化探异常产出,有进一步找矿指示意义。

总的来看,铁矿物异常数量众多,因其中包括黄铁矿和褐铁矿等矿物,都可以因贵金属、有色金属矿床成矿和风化作用形成,Ⅱ级异常多伴生相应元素化探异常。

(三)锰矿物异常分布特征

海南岛自然重砂锰矿物异常共12处,主要分布于琼中部偏西南地区(表4-6)。

表 4-6 海南岛自然重砂锰矿物异常基本特征

异常编号	异常名称	最高含量	异常分级	汇水盆地	异常面积	推断矿种	地质矿产与化探异常
1	海口大坡异常	45	Ⅲ级	六级	11.7		地质背景为新近系橄榄玄武岩,无已知矿床响应
2	白沙金波异常	5	Ⅱ级	三级	26.04	铁矿	地质背景为三叠纪钾长花岗岩和二叠系砂泥岩,异常区内有已知白沙金波铁矿床响应,并有锰三级化探异常产出,该锰异常同时也可能为南龙组沉积变质型磷矿的伴生组分,有进一步找矿意义
3	白沙白沙村异常	5	Ⅲ级	六级	19.45		地质背景为白垩系紫红色砂页岩,无已知矿床响应,南侧平行水系有锰三级化探异常产出,推测异常为地质背景局部锰富集所致,无找矿指示意义
4	琼中仁龙山异常	58	Ⅱ级	六级	17.44	钨矿	地质背景为二叠纪钾长花岗岩,异常区内有已知琼中仁龙山钨矿床响应,异常为钨矿成矿伴生组分,有一定的找矿意义
5	琼海会山异常	1	Ⅱ级	六级	9.33	金矿	地质背景为志留系变质石英砂岩,与侵入岩接触部位有角岩化,异常区内无已知床响应,但北西侧有琼海东太银金矿产出,异常应为银金矿成矿伴生组分,有一定的找矿意义
6	东方公爱异常	45	Ⅱ级	六级	4.23	钨矿	地质背景为三叠纪钾长花岗岩,异常区内无已知矿床响应,有锰、钨、锡、钼等化探异常产出,有进一步找矿意义
7	昌江牛笛岭异常	40	Ⅱ级	五级	14.39	钨矿	地质背景为三叠纪钾长花岗岩和志留系变质石英砂岩,异常区内无已知矿床响应,有钨、锡二级到三级化探异常产出,有进一步找矿意义
8	乐东红门岭异常	5	Ⅰ级	六级	25.47	钨矿	地质背景为三叠纪钾长花岗岩,有已知乐东红门岭铅矿、丁司山钨矿床响应,异常区内有锰二级到三级化探异常产出,有进一步找矿意义
9	乐东尖峰岭异常	45	Ⅲ级	六级	6.53		地质背景为三叠纪钾长花岗岩,无已知矿床响应,异常区内无锰等元素化探异常,无找矿意义
10	保亭毛感异常	5	Ⅲ级	六级	18.60		地质背景为三叠纪钾长花岗岩和二叠纪二长花岗岩,无已知矿床响应,异常区内无锰等元素化探异常,无找矿意义
11	乐东保国异常	5	Ⅲ级	六级	10.99		地质背景为志留系变质岩石英砂岩,无已知矿床响应,异常区内无锰等元素化探异常,无找矿意义
12	三亚雅亮异常	5	Ⅲ级	六级	37.92		地质背景为白垩纪二长花岗岩,无已知矿床响应,异常区内无锰等元素化探异常,无找矿意义

注:表中"最高含量"单位为颗/30kg,"异常面积"单位为 km^2。

(1) 唯一的 1 个 Ⅰ 级异常为乐东红门岭异常(8 号),异常区内锰矿物最高标准化含量 5 颗/30kg,汇水盆地始于六级,异常面积 25.47km²,西北紧邻有 Ⅲ 级铁矿物异常产出。区内地质背景主要为三叠纪钾长花岗岩,有已知乐东红门岭铅矿、丁司山钨矿矿床响应,均为热液成因。异常为矿致异常,未作检查。

(2) 含量最高的 Ⅱ 级异常为琼中仁龙山异常(4 号),异常区内锰矿物最高标准化含量 58 颗/30kg,汇水盆地始于六级,异常面积 17.44km²,无铁矿物异常产出。区内地质背景主要为二叠纪钾长花岗岩,异常区北部外缘有已知琼中仁龙山钨矿床响应,异常为钨矿成矿伴生组分,有一定的找矿意义。

(3) 锰矿物异常与铁矿物异常一样,可以因贵金属、有色金属矿床成矿和风化作用形成,Ⅱ 级异常多伴生相应元素化探异常,所以,锰矿物异常的指示意义也比较广泛。此外,白沙金波异常(2 号)可能为二叠系南龙组沉积变质型磷矿的伴生组分所致,因此有磷矿的找矿指示意义。

二、贵金属和有色金属矿物类异常特征

海南岛自然重砂贵金属和有色金属类矿物包括自然金、铜、铅锌、钨、锡石、钼,以及与其伴生的辰砂、砷、铋矿物,辉锑矿只检出 1 次,在此不作讨论。矿物异常分布如图 4-3 所示。

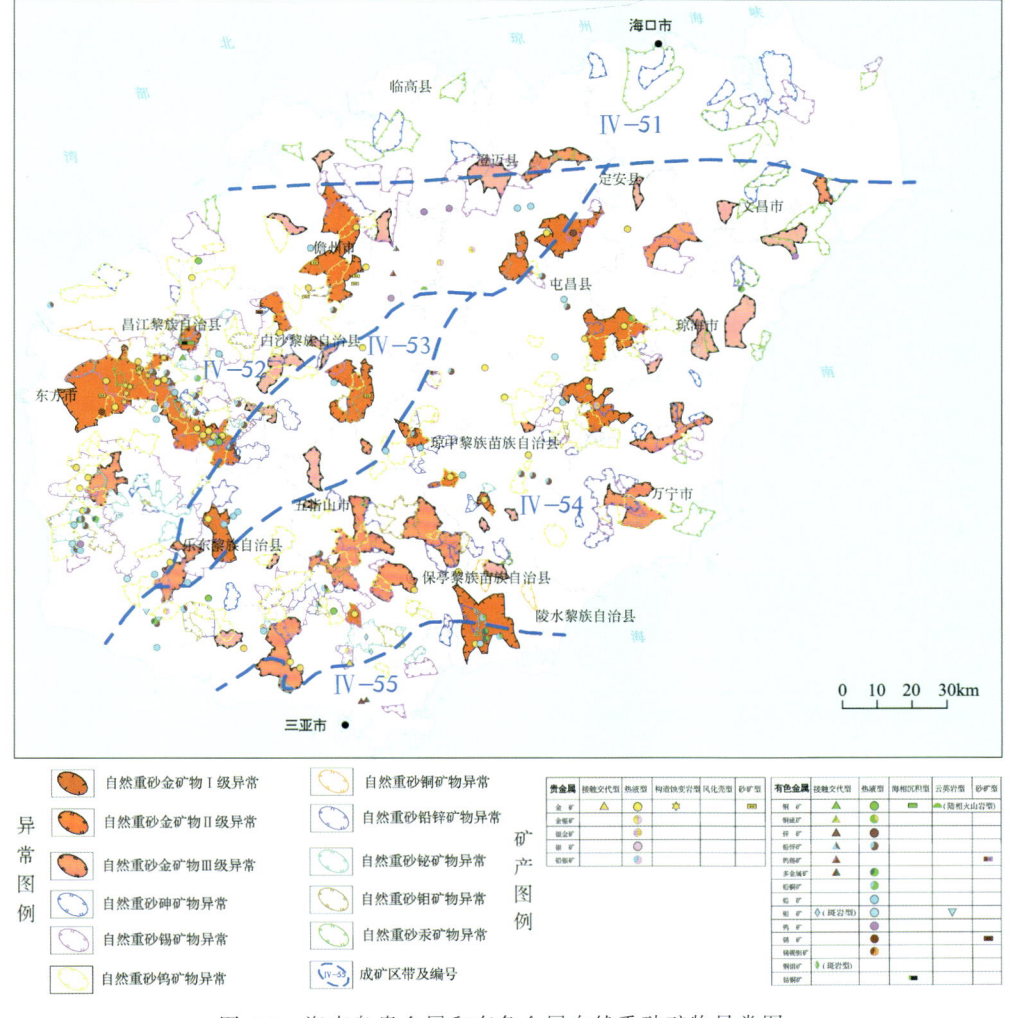

图 4-3 海南岛贵金属和有色金属自然重砂矿物异常图

(一)铜矿物异常分布特征

海南岛自然重砂铜矿物异常仅见8处(表4-7),分布于琼西和琼东南地区,与现实的地质矿产分布情况并不相称,异常级别较低,往往"答非所问",该出现的地方没有出现,这可能是在海南岛热带气候和局部水文地质条件下,原生铜矿物(主要为黄铜矿)易发生化学风化而完全迁移的缘故。

表4-7 海南岛自然重砂铜矿物异常基本特征

异常编号	异常名称	最高含量	异常分级	汇水盆地	异常面积	推断矿种	地质矿产与化探异常
1	昌化江河口异常	10	Ⅲ级	一级	84.78		异常区地质背景主要为第四系砂土质沉积物,无已知矿床或矿(化)点响应
2	昌江石碌异常	5610	Ⅰ级	二级	114.26	铜矿	引起异常的地质背景为二叠纪—三叠纪二长花岗岩和青白口系石英绢云片岩,异常区西南顶端有已知三阶沟铜矿、石碌铜钴矿和保西黄铁矿矿床响应
3	昌江王下异常	5	Ⅰ级	五级	12.59	铅锌矿	异常区地质背景为二叠系石英砂岩和灰岩,有已知昌江大炎铅锌铜矿床响应,但异常点位于已知矿床上游,可在异常点上游寻找同类矿床
4	琼中红毛异常	1	Ⅱ级	六级	3.90	铅锌矿	异常区地质背景为二叠纪二长花岗岩,无已知矿床响应,但有化探铜、锌异常。鉴于异常区西南8km相同地质背景条件下有琼中合赖铅锌矿产出,可在异常点上游寻找同类矿床
5	琼中太平异常	5	Ⅱ级	五级	1.82	金矿	异常区地质背景为长城系云母石英片岩,上游水系(东北方向)有琼中新建金矿化点响应,但该矿化点位于控制本水系的分水岭对侧
6	万宁兴隆异常	1	Ⅱ级	六级	15.80	铅锌矿	异常区地质背景为三叠纪钾长花岗岩,无已知矿床响应,但异常区上游有化探铜、锌异常,可在异常区上游寻找铜铅锌矿床
7	陵水群英异常	5	Ⅲ级	二级	23.52		异常区地质背景为白垩纪二长花岗岩和花岗闪长岩,无已知矿床响应,但异常区西8km相同地质背景条件下有保亭什胜金矿点产出。异常区内无化探铜、铅、锌、金等异常,不具有找矿意义
8	陵水提蒙异常	5	Ⅱ级	二级	19.17	金矿	异常区地质背景为白垩纪花岗斑岩,无已知矿床响应,但异常区上游有化探金三级异常,具有金矿找矿意义

注:表中"最高含量"单位为颗/30kg,"异常面积"单位为km^2。

1. Ⅰ级异常主要特征

昌江石碌异常(2号):异常区内铜矿物最高标准化含量5610颗/30kg,为全岛最高,汇水盆地始于二级,异常面积114.26km^2,有各类有色金属矿物及其成矿伴生矿物异常伴生。异常区地质背景主要为二叠纪—三叠纪二长花岗岩和青白口系石英绢云片岩,异常区西南顶端有已知三阶沟铜矿、石碌铜钴矿和保西黄铁矿矿床响应,为热液型和海相沉积型(石碌铜钴矿)成因。异常为矿致异常,未作检查。值得注意的是大面积异常区内地质背景为花岗岩类,锡石、钨矿物异常也有产出,可能存在中高温热液矿化。

昌江王下异常（3号）：异常区内铜矿物最高标准化含量5颗/30kg，汇水盆地始于五级，异常面积12.59km²，有铅、锡石、钼等矿物异常伴生。异常区地质背景主要为二叠纪石英砂岩和灰岩，有已知昌江大炎铅锌铜矿床响应，但异常点位于已知矿床上游，可在异常点上游寻找同类矿床。异常未作检查。

2. 主要Ⅱ级异常特征

面积最大的Ⅱ级铜矿物异常——陵水提蒙异常（8号）：异常区内铜矿物最高标准化含量5颗/30kg，汇水盆地始于二级，异常面积19.17km²，有自然金异常伴生。异常区地质背景主要为白垩纪花岗斑岩，无已知矿床响应，但异常区上游有化探金三级异常，可在异常区上游寻找金矿床。异常未作检查。

尽管铜矿物异常是以出现即为异常来圈定的，海南岛铜矿物异常仍然具有弱、小、少的特征，应用于矿产资源潜力评价作用有限。

（二）自然金异常分布特征

海南岛自然重砂自然金异常共有48处（表4-8），基本上分布于琼中部地区，Ⅰ级异常均有已知的金矿床与之对应，Ⅲ级异常数量接近一半，尚未发现有金或其他有色金属矿床响应，应有较大的找矿潜力。

表4-8 海南岛自然金异常基本特征

异常编号	异常名称	最高含量	异常分级	汇水盆地	异常面积	推断矿种	地质矿产与化探异常
1	儋州长坡异常	8	Ⅲ级	六级	16.2		异常区地质背景主要为第四系橄榄玄武岩，无已知矿床或矿（化）点响应，化探异常信息较弱
2	儋州马老山异常	5	Ⅲ级	五级	26.52		异常区地质背景主要为二叠纪二长—钾长花岗岩，无已知矿床或矿（化）点响应，化探异常信息较弱
3	儋州东风异常	22	Ⅰ级	六级	255.35	金矿	异常区地质背景主要为三叠纪二长花岗岩，有儋州高眼村砂金矿响应
4	儋州和庆异常	3	Ⅲ级	六级	32.34		异常区地质背景主要为二叠纪石英闪长岩和志留系变质石英砂岩，无已知矿床或矿（化）点响应，化探异常信息较弱
5	澄迈东江异常	25	Ⅲ级	五级	81.84		异常区地质背景主要为第四系橄榄玄武岩，无已知矿床或矿（化）点响应，化探异常信息较弱
6	澄迈长安异常	37	Ⅱ级	一级	73.47	金矿	异常区地质背景主要为第四系砂土质沉积物，无已知矿床或矿（化）点响应，有金、锑、汞化探异常产出，具有进一步找矿意义
7	屯昌南味异常	9	Ⅰ级	一级	70.11	银矿	异常区地质背景主要为二叠系石英砂岩和灰岩，有屯昌南味银矿点响应
8	澄迈金岭异常	21	Ⅰ级	六级	125.32	金矿	异常区地质背景主要为二叠系石英砂岩、灰岩和二叠纪花岗岩，有澄迈金岭金矿和澄迈银瓶岭锌矿响应

续表 4-8

异常编号	异常名称	最高含量	异常分级	汇水盆地	异常面积	推断矿种	地质矿产与化探异常
9	定安龙州异常	4	Ⅲ级	六级	18.40		异常区地质背景主要为第四系橄榄玄武岩和白垩系紫红色砂页岩,无已知矿床或矿(化)点响应,化探异常信息较弱
10	定安居丁异常	118	Ⅱ级	五级	76.77	金矿	异常区地质背景主要为第四系橄榄玄武岩和白垩系紫红色砂页岩,有定安居丁钴土矿响应,还有砷、金和锑化探异常产出,可能指示白垩系存在石英脉热液型金矿
11	海口大坡异常	16	Ⅲ级	五级	24.07		异常区地质背景主要为二叠纪二长花岗岩和新近系橄榄玄武岩,无已知矿床或矿(化)点响应,化探异常信息较弱
12	文昌市异常	7	Ⅱ级	六级	25.03	金矿	异常区地质背景主要为二叠纪二长花岗岩,无已知矿床或矿(化)点响应,有金化探异常产出,具有进一步找矿意义
13	文昌白延异常	80	Ⅲ级	六级	58.15		异常区地质背景主要为二叠纪二长花岗岩和新近系橄榄玄武岩,无已知矿床或矿(化)点响应,化探异常信息较弱
14	东方抱板异常	69	Ⅰ级	三级	642.67	金矿	异常区地质背景非常复杂,主要有长城系片麻状花岗岩、二叠纪二长花岗岩、奥陶系砂岩等,有东方居便金矿、东方二甲红甫门岭金矿、昌江俄贤岭金矿等多处金矿响应
15	昌江石碌异常	8	Ⅰ级	二级	34.28	铁矿	异常区地质背景主要为二叠纪二长花岗岩和青白口系石碌群石英绢英片岩,有石碌矿区保西黄铁矿、三阶沟铜矿和石碌铜钴矿响应
16	白沙浪九异常	8	Ⅰ级	六级	50.69	金矿	异常区地质背景主要为二叠纪二长花岗岩和奥陶系砂砾岩,有白沙浪九金矿响应
17	白沙青松异常	5	Ⅲ级	六级	62.62		异常区地质背景主要为二叠纪花岗闪长岩,无已知矿床或矿(化)点响应,化探异常信息较弱
18	昌江大炎异常	4	Ⅲ级	六级	22.92		异常区地质背景主要为白垩系紫红色砂页岩,无已知矿床或矿(化)点响应,化探异常信息较弱
19	白沙县异常	16	Ⅲ级	六级	26.93		异常区地质背景主要为二叠纪二长花岗岩和白垩系紫红色砂页岩,无已知矿床或矿(化)点响应,化探异常信息较弱
20	白沙元门异常	10	Ⅰ级	六级	150.59	金矿	异常区地质背景主要为石炭系砂岩和白垩系紫红色砂页岩,有白沙元门砂金矿响应
21	定安翰林异常	24	Ⅰ级	四级	153.63	金矿	异常区地质背景主要为二叠纪二长花岗岩和长城系黑云斜长片麻岩,有定安翰林岩金矿和屯昌县中建农场金矿响应

续表 4-8

异常编号	异常名称	最高含量	异常分级	汇水盆地	异常面积	推断矿种	地质矿产与化探异常
22	琼海石壁异常	8	Ⅲ级	一级	10.94		异常区地质背景主要为白垩系砂泥岩,无已知矿床或矿(化)点响应,化探异常信息较弱
23	琼海市异常	8	Ⅱ级	一级	64.03	金矿	异常区地质背景主要为二叠纪二长花岗岩和白垩系紫红色砂页岩,无已知矿床或矿(化)点响应,有金、锑化探异常产出
24	琼海塔洋异常	3	Ⅲ级	六级	83.27		异常区地质背景主要为三叠纪二长花岗岩,无已知矿床或矿(化)点响应,化探异常信息较弱
25	东方公爱异常	7	Ⅱ级	一级	87.64	金矿	异常区地质背景主要为志留系变质石英砂岩和奥陶系砂砾岩,无已知矿床或矿(化)点响应,有砷、金、铅化探异常产出,具有进一步找矿意义
26	五指山番阳异常	4	Ⅲ级	五级	40.52		异常区地质背景主要为三叠纪正长花岗岩和白垩系紫红色砂页岩,无已知矿床或矿(化)点响应,化探异常信息较弱
27	五指山毛道异常	3	Ⅲ级	六级	7.22		异常区地质背景主要为三叠纪正长花岗岩,无已知矿床或矿(化)点响应,化探异常信息较弱
28	琼中毛栈异常	5	Ⅰ级	四级	9.57	硫铁矿	异常区地质背景主要为侏罗纪正长花岗岩,有琼中毛栈硫铁矿和琼中什统萤石矿响应,有金化探异常产出
29	琼中合赖异常	2905	Ⅰ级	六级	34.39	金矿	异常区地质背景主要为二叠纪二长花岗岩,有琼中合赖铅锌矿响应,具有进一步找金矿的指示意义
30	琼中和平异常	4	Ⅱ级	六级	8.31	金矿	异常区地质背景主要为二叠纪二长花岗岩和二长—钾长花岗岩,无已知矿床或矿(化)点响应,有金、锌、铜化探异常产出,具有进一步找矿指示意义
31	琼海加定异常	39	Ⅰ级	四级	123.56	金矿	异常区地质背景主要为二叠纪二长花岗岩和志留系变质石英砂岩,有琼海加定金矿和琼海东太银金矿响应
32	万宁山根异常	4	Ⅱ级	四级	84.15	金矿	异常区地质背景主要为石炭系砂砾岩和志留系变质石英砂岩,无已知矿床或矿(化)点响应,有砷、金化探异常产出
33	乐东抱伦异常	16	Ⅱ级	六级	84.92	金矿	异常区地质背景主要为白垩纪二长花岗岩和白垩系砂泥岩,有乐东抱尾萤石矿响应,有金、铜化探异常产出,具有进一步找矿指示意义
34	乐东山荣异常	5	Ⅰ级	四级	89.95	金矿	异常区地质背景主要为白垩系砂泥岩和第四系砂土质沉积物,有乐东抱由铅矿和乐东山荣金矿响应
35	乐东志忠异常	3	Ⅲ级	六级	7.56		异常区地质背景主要为二叠纪二长花岗岩,无已知矿床或矿(化)点响应,化探异常信息较弱

续表 4-8

异常编号	异常名称	最高含量	异常分级	汇水盆地	异常面积	推断矿种	地质矿产与化探异常
36	保亭毛感异常	14	Ⅱ级	五级	203.68	金矿	异常区地质背景主要为志留系变质石英砂岩,无已知矿床或矿(化)点响应,有砷、金、锑化探异常产出
37	琼中牙代异常	3	Ⅰ级	四级	25.06	金矿	异常区地质背景主要为白垩纪二长花岗岩,有琼中牙代金矿响应
38	保亭八村异常	22	Ⅱ级	四级	149.52	金矿	异常区地质背景主要为二叠纪二长花岗岩,无已知矿床或矿(化)点响应,有金、砷化探异常产出,具有进一步找矿指示意义
39	琼中新建异常	6	Ⅰ级	一级	16.83	金矿	异常区地质背景主要为二叠纪二长花岗岩,有琼中新建金矿化点响应
40	陵水祖关异常	5	Ⅲ级	六级	7.39		异常区地质背景主要为白垩纪二长—正长花岗岩,无已知矿床或矿(化)点响应,化探异常信息较弱
41	陵水小妹异常	16	Ⅲ级	六级	8.25		异常区地质背景主要为二叠纪二长花岗岩,无已知矿床或矿(化)点响应,化探异常信息较弱
42	万宁长安异常	12	Ⅱ级	一级	117.81	多金属矿	异常区地质背景主要为二叠纪二长花岗岩和三叠纪石英正长岩,有万宁长安褐铁矿响应,有金、锌和钨化探异常产出,具有进一步找矿指示意义
43	三亚崖城异常	7	Ⅲ级	五级	29.50		异常区地质背景主要为白垩系酸性火山岩,无已知矿床或矿(化)点响应,有金化探异常产出
44	三亚富田异常	9	Ⅱ级	五级	159.37	金矿	异常区地质背景主要为三叠纪二长花岗岩和白垩系酸性火山岩,异常区外缘有三亚富田和三亚雄岭金矿响应,有金、铋和锌化探异常产出,有进一步找金矿(白垩系酸性火山岩地层区)的指示意义
45	保亭南改异常	14	Ⅰ级	六级	19.90	金矿	异常区地质背景主要为白垩纪二长—正长花岗岩,有保亭南改金矿响应
46	保亭响水异常	3	Ⅱ级	四级	89.51	金矿	异常区地质背景主要为白垩纪二长花岗岩,有保亭磁铁山铁矿响应,保亭保城金矿点位于异常下游,有金、砷等化探异常产出,有进一步找矿指示意义
47	陵水大坡异常	3	Ⅲ级	六级	24.97		异常区地质背景主要为三叠纪和白垩纪二长花岗岩,无已知矿床或矿(化)点响应,化探异常信息较弱
48	陵水隆广异常	86	Ⅰ级	四级	206.94	金矿	异常区地质背景主要为二叠纪二长花岗岩,有陵水老龙村铜铅矿和陵水英州金矿等多处矿点响应

注:表中"最高含量"单位为颗/30kg,"异常面积"单位为 km²。

1. Ⅰ级异常主要特征

儋州东风异常(3号)：异常区内自然金最高标准化含量22颗/30kg，汇水盆地始于六级，异常面积255.35km²，不同区域有钨矿物、锡石、钼矿物异常伴生。异常区地质背景主要为三叠纪二长花岗岩，有儋州高眼村砂金矿和儋州东风金矿点响应，后者为热液成因。异常为矿致异常，未作检查。

屯昌南味异常(7号)：异常区内自然金最高标准化含量9颗/30kg，汇水盆地始于一级，异常面积70.11km²，异常区东南部外缘有钨矿物、锡石异常伴生。区内地质背景主要为二叠系石英砂岩和灰岩，有屯昌南味银矿点响应，为热液成因。异常为矿致异常，未作检查。

澄迈金岭异常(8号)：异常区内自然金最高标准化含量21颗/30kg，汇水盆地始于六级，异常面积125.32km²，异常区东部有锡石异常伴生。区内地质背景主要为二叠系石英砂岩、灰岩和二叠纪花岗岩，有澄迈金岭金矿和澄迈银瓶岭锌矿响应，均为热液成因。异常为矿致异常，未作检查。

东方抱板异常(14号)：异常区内自然金最高标准化含量69颗/30kg，汇水盆地始于三级，异常面积642.67km²，异常区内不同区域伴生有各种贵金属和有色金属矿物及其成矿伴生矿物异常，相应的化探元素异常也一应俱全。区内地质背景主要有长城系片麻状花岗岩、二叠纪二长花岗岩和奥陶系砂岩等，海南戈枕剪切带呈北东向贯穿异常区。从异常区西部的东方抱板东南部至昌江王下，有东方居便金矿、东方二甲红甫门岭金矿、昌江俄贤岭金矿等十几处金矿和铜、铅、锌等有色金属矿床响应，是海南岛最著名的金矿矿集区，成因类型包括热液型、构造蚀变岩型和砂矿型，仍有进一步工作的重要性。本异常当年做过检查，经探槽揭露在长城系中发现含金石英脉，同时自然重砂工作于河流冲积物中发现砂金矿。

昌江石碌异常(15号)：异常区内自然金最高标准化含量8颗/30kg，汇水盆地始于二级，异常面积34.28km²，异常区伴生有各种有色金属矿物及其成矿伴生矿物异常。区内地质背景主要为二叠纪二长花岗岩和青白口系石碌群石英绢英片岩，有石碌矿区保西黄铁矿、三阶沟铜矿和石碌铜钴矿等响应。前两者为热液型成因，后者为沉积变质型成因。异常为矿致异常，未作检查。

白沙浪九异常(16号)：异常区内自然金最高标准化含量8颗/30kg，汇水盆地始于六级，异常面积50.69km²，异常区伴生有锡石、钨矿物异常。区内地质背景主要为二叠纪二长花岗岩和奥陶系砂砾岩，有白沙浪九金矿响应，为热液成因。异常为矿致异常，未作检查。

白沙元门异常(20号)：异常区内自然金最高标准化含量10颗/30kg，汇水盆地始于六级，异常面积150.59km²，异常区伴生有锡石、铅矿物、钨矿物、钼矿物异常。区内地质背景主要为石炭系砂岩和白垩系紫红色砂页岩，有白沙元门砂金矿响应。异常为矿致异常，并有指示原生金矿意义。异常未作检查。

定安翰林异常(21号)：异常区内自然金最高标准化含量24颗/30kg，汇水盆地始于四级，异常面积153.63km²，异常区伴生有锡石矿物、铅矿物、钨矿物异常。区内地质背景主要为二叠纪二长花岗岩和长城系黑云斜长片麻岩，有定安翰林岩金矿和屯昌中建农场金矿响应，为热液成因。异常为矿致异常，未作检查。

琼中毛栈异常(28号)：异常区内自然金最高标准化含量5颗/30kg，汇水盆地始于四级，异常面积9.57km²，异常区无其他矿物异常伴生。区内地质背景主要为侏罗纪正长花岗岩，有琼中毛栈硫铁矿和琼中什统萤石矿响应，为热液成因。异常为矿致异常，未作检查。

琼中合赖异常(29号)：异常区内自然金最高标准化含量2905颗/30kg，为全区最高，汇水盆地始于六级，异常面积34.39km²，不同区域有钨矿物、铅矿物异常伴生。异常区地质背景主要为二叠纪二长花岗岩，有琼中合赖铅锌矿响应，为热液成因。鉴于该异常自然金含量高，有进一步找金矿的指示意义。异常未作检查。

琼海加定异常(31号)：异常区内自然金最高标准化含量39颗/30kg，汇水盆地始于四级，异常面积

123.56km², 异常区伴生有铅矿物、钨矿物异常。区内地质背景主要为二叠纪二长花岗岩和志留系变质石英砂岩,有琼海加定金矿和琼海东太银金矿响应,为热液成因。异常为矿致异常,未作检查。

乐东山荣异常(34 号):异常区内自然金最高标准化含量 5 颗/30kg,汇水盆地始于四级,异常面积 89.95km²,异常区局部伴生有锡石异常。区内地质背景主要为白垩系砂泥岩和第四系砂土质沉积物,有乐东抱由铅矿和乐东山荣金矿响应,产于白垩系砂泥岩中,为热液成因。异常为矿致异常,未作检查。

琼中牙代异常(37 号):异常区内自然金最高标准化含量 3 颗/30kg,汇水盆地始于四级,异常面积 25.06km²,异常区局部伴生有铅矿物和钨矿物异常。区内地质背景主要为白垩纪二长花岗岩,有琼中牙代金矿响应,为热液成因。异常为矿致异常,未作检查。

琼中新建异常(39 号):异常区内自然金最高标准化含量 6 颗/30kg,汇水盆地为一级,异常面积 16.83km²,异常区局部伴生有砷矿物和铜矿物异常。区内地质背景主要为二叠纪二长花岗岩,有琼中新建金矿化点响应,为热液成因。异常为矿致异常,未作检查。

保亭南改异常(45 号):异常区内自然金最高标准化含量 14 颗/30kg,汇水盆地始于六级,异常面积 19.90km²,异常区局部伴生有钼矿物和锡石异常。区内地质背景主要为白垩纪二长-正长花岗岩,有保亭南改金矿响应,为热液成因。异常为矿致异常,未作检查。

陵水隆广异常(48 号):异常区内自然金最高标准化含量 86 颗/30kg,汇水盆地始于四级,异常面积 206.94km²,异常区局部伴生有铅矿物和铋矿物异常。区内地质背景主要为二叠纪二长花岗岩,有陵水老龙村铜铅矿和陵水英州金矿等多处矿点响应,均为热液成因。异常为矿致异常,未作检查。

2. 主要Ⅱ级异常特征

最高含量值最大的Ⅱ级异常——定安居丁异常(10 号):异常区内自然金最高标准化含量 118 颗/30kg,汇水盆地始于五级,异常面积 76.77km²,异常区局部伴生有锡石异常。区内地质背景主要为第四系橄榄玄武岩和白垩系紫红色砂页岩,有定安居丁钴土矿响应(风化成因),有砷、金和锑化探异常产出。鉴于该异常自然金含量高,化探和自然重砂异常组合良好,可能指示白垩系存在石英脉热液型金矿。

面积最大的Ⅱ级异常——三亚富田异常(44 号):异常区内自然金最高标准化含量 9 颗/30kg,汇水盆地始于五级,异常面积 159.37km²,异常区局部伴生有铅矿物、铋矿物和锡石异常。区内地质背景主要为三叠纪二长花岗岩和白垩系酸性火山岩,异常区外缘有三亚富田和三亚雄岭金矿响应,均为热液成因。有金、铋和锌化探异常产出,异常区内有进一步寻找金矿(白垩系酸性火山岩地层区)的可能。

海南岛自然重砂金异常为数众多,与化探金元素异常一样"遍地开花",如果按出现就是异常来圈定更是如此。特殊的地质背景是热液型金矿良好的成矿条件,因此,对于众多的Ⅱ级以上自然金异常,应结合化探金异常开展进一步的地质工作。

(三)铅锌矿物异常分布特征

海南岛自然重砂铅锌矿物异常共 42 处,大量分布于琼中部偏南地区,多数为Ⅲ级异常(表 4-9)。

表 4-9 海南岛自然重砂铅锌矿物异常基本特征

异常编号	异常名称	最高含量	异常分级	汇水盆地	异常面积	推断矿种	地质矿产与化探异常
1	海口三江异常	1	Ⅲ级	六级	37.91		异常区地质背景主要为第四系橄榄玄武岩,无已知矿床或矿(化)点响应

续表 4-9

异常编号	异常名称	最高含量	异常分级	汇水盆地	异常面积	推断矿种	地质矿产与化探异常
2	儋州洛基异常	500	Ⅲ级	五级	31.11		异常区地质背景主要为志留系变质石英砂岩和三叠纪二长花岗岩,无已知矿床或矿(化)点响应
3	白沙邦溪异常	5	Ⅲ级	五级	11.97		异常区地质背景主要为二叠纪二长花岗岩,无已知矿床或矿(化)点响应
4	儋州高眼村异常	7	Ⅰ级	五级	19.41	金矿	异常区地质背景主要为二叠纪和三叠纪二长花岗岩,有儋州高眼村砂金矿响应,该异常是由金矿化引起,有进一步找矿指示意义
5	儋州八一农场异常	1	Ⅲ级	六级	15.85		异常区地质背景主要为二叠纪二长花岗岩,儋州八一农场富水山金矿位于异常下游
6	琼海重兴异常	1	Ⅰ级	五级	21.14	钼矿	异常区地质背景主要为白垩纪二长闪长岩和三叠纪二长花岗岩,有琼海梅岭钼矿响应
7	东方抱板异常	5	Ⅰ级	五级	49.53	金矿	异常区地质背景主要为长城系云母石英片岩、黑云斜长片麻岩和长城纪片麻状花岗闪长岩,有东方二甲金矿、东方抱板金矿、东方抱板砂金矿等多个矿点响应
8	昌江县异常	50	Ⅰ级	三级	57.64	铜矿	异常区地质背景主要为二叠纪和三叠纪二长花岗岩,特别是青白口系石碌群云母石英片岩。异常点上游有石碌铁矿、石碌铜钴矿和三阶沟铜矿点响应
9	白沙金波异常	4	Ⅰ级	四级	26.05	铁矿	异常区地质背景主要为三叠纪正长花岗岩,有白沙金波牙老铁矿响应
10	白沙光雅异常	5	Ⅱ级	六级	29.93	金矿	异常区地质背景主要为二叠纪正长花岗岩和白垩纪闪长岩,无已知矿床或矿(化)点响应,异常区有金和铋化探异常产出
11	白沙县异常	1	Ⅱ级	三级	20.51	金矿	异常区地质背景主要为白垩系紫红色砂页岩和石炭系砂砾岩,无已知矿床或矿(化)点响应,异常区有砷、钼、金和锌等多处化探异常产出
12	屯昌中建农场异常	2	Ⅰ级	五级	16.16	金矿	异常区地质背景主要为二叠纪二长花岗岩,有屯昌中建农场金矿响应
13	定安岭口异常	1	Ⅰ级	五级	41.07	金矿	异常区地质背景主要为白垩纪花岗斑岩和志留系变质石英砂岩,有定安岭口五林区黄铁矿床响应
14	琼海石壁异常	2	Ⅲ级	五级	6.88		异常区地质背景主要为二叠纪二长花岗岩,无已知矿床或矿(化)点响应

续表 4-9

异常编号	异常名称	最高含量	异常分级	汇水盆地	异常面积	推断矿种	地质矿产与化探异常
15	昌江雅加大岭异常	10	Ⅲ级	五级	2.84		异常区地质背景主要为三叠纪二长花岗岩,无已知矿床或矿(化)点响应
16	昌江大章村异常	5	Ⅰ级	五级	18.04	铅锌矿	异常区地质背景主要为二叠纪二长花岗岩,有昌江大章村铅锌矿响应
17	昌江王下异常	1	Ⅲ级	五级	30.44		异常区地质背景主要为志留系变质石英砂岩,无已知矿床或矿(化)点响应
18	昌江洪水异常	100	Ⅰ级	三级	208.01	铅锌矿	异常区地质背景主要为白垩系紫红色砂页岩、二叠系石英砂岩和三叠纪二长花岗岩,有昌江大炎铅锌铜矿、昌江东四铅锌矿和昌江洪水铅锌矿响应
19	白沙元门异常	2	Ⅱ级	六级	43.69	铅锌矿	异常区地质背景主要为石炭系砂砾岩和白垩系紫红色砂页岩,无已知矿床或矿(化)点响应,区内有铅、锌化探异常产出,有一定找矿指示意义
20	琼中合赖异常	46 140	Ⅰ级	四级	81.51	铅锌矿	异常区地质背景主要为二叠纪二长花岗岩,有琼中合赖铅锌矿和琼中弄羽铅矿响应
21	琼中中平异常	25	Ⅲ级	六级	11.02		异常区地质背景主要为二叠纪和白垩纪二长花岗岩,无已知矿床或矿(化)点响应
22	琼海东太异常	6	Ⅲ级	六级	9.32		异常区地质背景主要为志留系变质石英砂岩,无已知矿床或矿(化)点响应
23	琼中和平异常	6	Ⅲ级	四级	23.66		异常区地质背景主要为二叠纪二长花岗岩和长城系黑云斜长片麻岩,无已知矿床或矿(化)点响应
24	万宁牛路岭异常	3	Ⅲ级	六级	6.85		异常区地质背景主要为二叠纪二长花岗岩,无已知矿床或矿(化)点响应
25	乐东尖峰异常	100	Ⅰ级	四级	245.70	铅锌矿	异常区地质背景主要为三叠纪正长花岗岩,有东方243高地铅锌矿、乐东小潘头铅锌矿和东方毛阿沟铅锌矿等多处矿床响应
26	乐东光明异常	45	Ⅲ级	五级	8.78		异常区地质背景主要为三叠纪二长花岗岩,无已知矿床或矿(化)点响应,铅、锌化探异常发育较差
27	乐东志爱山异常	1	Ⅲ级	三级	32.08		异常区地质背景主要为白垩系紫红色砂页岩,无已知矿床或矿(化)点响应,铅、锌化探异常发育较差
28	五指山毛道异常	1	Ⅲ级	六级	18.22		异常区地质背景主要为二叠纪二长花岗岩,无已知矿床或矿(化)点响应,铅、锌化探异常发育较差

续表 4-9

异常编号	异常名称	最高含量	异常分级	汇水盆地	异常面积	推断矿种	地质矿产与化探异常
29	五指山南圣异常	45	Ⅱ级	四级	110.22	铅锌矿	异常区地质背景主要为二叠纪二长花岗岩和白垩纪花岗斑岩,无已知矿床或矿(化)点响应,但异常区内有铅、锌化探异常产出
30	琼中牙代异常	5	Ⅲ级	六级	5.20		异常区地质背景主要为白垩纪二长—正长花岗岩,无已知矿床或矿(化)点响应
31	万宁三更罗异常	7	Ⅱ级	四级	129.46	铅锌矿	异常区地质背景主要为二叠纪二长花岗岩,无已知矿床或矿(化)点响应,但异常区内有铅、锌化探异常产出
32	万宁兴隆异常	1	Ⅲ级	四级	20.98		异常区地质背景主要为三叠纪二长花岗岩和花岗斑岩,无已知矿床或矿(化)点响应
33	乐东千家异常	20	Ⅰ级	四级	78.40	铅锌矿	异常区地质背景主要为白垩纪二长花岗岩,有乐东千家福报磁铁矿和乐东后万岭铅锌矿响应
34	保亭南好异常	320	Ⅰ级	五级	141.71	铅锌矿	异常区地质背景主要为志留系变质石英砂岩、千枚岩、灰岩和三叠纪钾长花岗岩,有南好锌山南后山铅锌矿和三亚红石铅锌矿等矿点响应
35	保亭毛感异常	2	Ⅲ级	五级	2.27		异常区地质背景主要为二叠纪二长花岗岩和三叠纪正长花岗岩,无已知矿床或矿(化)点响应
36	保亭什岭异常	7	Ⅱ级	四级	96.68	铅锌矿	异常区地质背景主要为白垩纪二长花岗岩和二叠纪二长—钾长花岗岩,无已知矿床或矿(化)点响应,但异常区内有铅、锌化探异常产出,具有一定找矿意义
37	保亭大坡异常	6	Ⅲ级	五级	16.41		异常区地质背景主要为白垩纪二长—正长花岗岩,无已知矿床或矿(化)点响应
38	三亚市雄岭异常	3	Ⅱ级	六级	16.81	铅锌矿	异常区地质背景主要为白垩纪二长花岗岩,无已知矿床或矿(化)点响应,异常区有锌化探异常产出,具有找矿指示意义
39	保亭南改异常	13	Ⅰ级	四级	19.91	金矿	异常区地质背景主要为白垩纪二长—正长花岗岩,有保亭南改金矿响应
40	保亭加茂异常	1	Ⅲ级	六级	13.86		异常区地质背景主要为白垩纪二长花岗岩,无已知矿床或矿(化)点响应
41	保亭六弓异常	1	Ⅲ级	六级	5.65		异常区地质背景主要为白垩纪二长花岗岩,无已知矿床或矿(化)点响应
42	陵水田仔异常	2	Ⅲ级	六级	22.10		异常区地质背景主要为白垩纪和三叠纪二长花岗岩,无已知矿床或矿(化)点响应

注:表中"最高含量"单位为颗/30kg,"异常面积"单位为 km²。

1. Ⅰ级异常主要特征

儋州高眼村异常(4号)：异常区内铅锌矿物最高标准化含量 7 颗/30kg，汇水盆地始于五级，异常面积 19.41km²，有自然金和钼矿物异常伴生。异常区地质背景主要为二叠纪和三叠纪二长花岗岩，有儋州高眼村砂金矿响应。异常为矿致异常，未作检查。

琼海重兴异常(6号)：异常区内铅锌矿物最高标准化含量 1 颗/30kg，汇水盆地始于五级，异常面积 21.14km²，有铋矿物和砷矿物异常伴生。异常区地质背景主要为白垩纪二长闪长岩和三叠纪二长花岗岩，有琼海梅岭钼矿响应。异常为矿致异常，未作检查。

东方抱板异常(7号)：异常区内铅锌矿物最高标准化含量 5 颗/30kg，汇水盆地始于五级，异常面积 49.53km²，有自然金和锡石异常伴生。异常区地质背景主要为长城系云母石英片岩、黑云斜长片麻岩和长城纪片麻状花岗闪长岩，有东方二甲金矿、东方抱板金矿、东方抱板砂金矿等多个矿点响应，原生金矿为热液成因或构造蚀变岩成因，是海南岛戈枕剪切带穿过的区域，也是海南金矿矿集区之一。异常为矿致异常，因自然金异常作过检查，并首次在该矿集区发现金矿，有进一步工作的必要。

昌江县异常(8号)：异常区内铅锌矿物最高标准化含量 50 颗/30kg，汇水盆地始于三级，异常面积 57.64km²，有自然金和锡石、钼矿物、铜矿物异常伴生。异常区地质背景主要为二叠纪和三叠纪二长花岗岩，特别是青白口系石碌群云母石英片岩。异常点上游有石碌铁矿(沉积变质型)、石碌铜钴矿(沉积变质型)和三阶沟铜矿(热液型)响应。异常为矿致异常，未作检查。

白沙金波异常(9号)：异常区内铅锌矿物最高标准化含量 4 颗/30kg，汇水盆地始于四级，异常面积 26.05km²，有钼矿物和锡石等异常伴生。异常区地质背景主要为三叠纪正长花岗岩，有白沙金波牙老铁矿响应，为热液型成因。异常为矿致异常，未作检查。

屯昌中建农场异常(12号)：异常区内铅锌矿物最高标准化含量 2 颗/30kg，汇水盆地始于五级，异常面积 16.16km²，有自然金矿物异常伴生。异常区地质背景主要为二叠纪二长花岗岩，有屯昌中建农场金矿响应，为热液成因。异常为矿致异常，未作检查。

定安岭口异常(13号)：异常区内铅锌矿物最高标准化含量 1 颗/30kg，汇水盆地始于五级，异常面积 41.07km²，有钨矿物和铋矿物异常伴生。异常区地质背景主要为白垩纪花岗斑岩和志留系变质石英砂岩，有定安岭口五林区黄铁矿矿床响应。异常为矿致异常，未作检查。

昌江大章村异常(16号)：异常区内铅锌矿物最高标准化含量 5 颗/30kg，汇水盆地始于五级，异常面积 18.04km²，异常区外围有自然金、锡石和砷矿物异常伴生。异常区地质背景主要为二叠纪二长花岗岩，有昌江大章村铅锌矿响应，为热液成因。异常为矿致异常，未作检查。

昌江洪水异常(18号)：异常区内铅锌矿物最高标准化含量 100 颗/30kg，汇水盆地始于三级，异常面积 208.01km²，有自然金、钼矿物、铋矿物、锡石和砷矿物异常伴生。异常区地质背景主要为白垩系紫红色砂页岩、二叠系石英砂岩和三叠纪二长花岗岩，有昌江大炎铅锌铜矿、昌江东四铅锌矿和昌江洪水铅锌矿响应，均为热液成因。异常为矿致异常，未作检查，但异常区内矿产丰富，可以开展进一步工作。

琼中合赖异常(20号)：异常区内铅锌矿物最高标准化含量 46 140 颗/30kg，为全岛最高，汇水盆地始于四级，异常面积 81.51km²，有自然金、锡石、钼矿物、铋矿物和砷矿物异常伴生。异常区地质背景主要为二叠纪二长花岗岩，有琼中合赖铅锌矿和琼中弄羽铅矿响应，均为热液成因。异常为矿致异常，未作检查。

乐东尖峰异常(25号)：异常区内铅锌矿物最高标准化含量 100 颗/30kg，汇水盆地始于四级，异常面积 245.70km²，有锡石、钼矿物、铋矿物异常伴生。异常区地质背景主要为三叠纪正长花岗岩，有东方243高地铅锌矿、乐东小潘头铅锌矿和东方毛阿沟铅锌矿等多处矿床响应，均为热液成因。异常为矿致异常，未作检查，但异常区内矿产丰富，可以开展进一步工作。

乐东千家异常（33 号）：异常区内铅锌矿物最高标准化含量 20 颗/30kg，汇水盆地始于四级，异常面积 78.40km²，有钼矿物异常伴生。异常区地质背景主要为白垩纪二长花岗岩，有乐东千家福报磁铁矿和乐东后万岭铅锌矿响应，为热液成因。异常为矿致异常，未作检查。

保亭南好异常（34 号）：异常区内铅锌矿物最高标准化含量 320 颗/30kg，汇水盆地始于五级，异常面积 141.71km²，有锡石和自然金矿物异常伴生。异常区地质背景主要为志留系变质石英砂岩、千枚岩、灰岩和三叠纪钾长花岗岩，有南好锌山南后山铅锌矿和三亚红石铅锌矿等矿点响应，均为接触交代成因。异常为矿致异常，未作检查，但岩浆岩与灰岩接触部位仍有进一步工作的必要。

保亭南改异常（39 号）：异常区内铅锌矿物最高标准化含量 13 颗/30kg，汇水盆地始于四级，异常面积 19.91km²，有锡石和自然金异常伴生。异常区地质背景主要为白垩纪二长－正长花岗岩，有保亭南改金矿响应。异常为矿致异常，未作检查。

2. 主要Ⅱ级异常特征

最高含量值最大的Ⅱ级异常——五指山南圣异常（29 号）：异常区内铅锌矿物最高标准化含量 45 颗/30kg，汇水盆地始于四级，异常面积 110.22km²，异常区局部伴生有钼矿物异常。区内地质背景主要为二叠纪二长花岗岩和白垩纪花岗斑岩，无已知矿床或矿（化）点响应，但异常区内有铅、锌化探异常产出，有指示铅锌矿的意义。异常未作检查。

面积最大的Ⅱ级异常——万宁三更罗异常（31 号）：异常区内铅锌矿物最高标准化含量 7 颗/30kg，汇水盆地始于四级，异常面积 129.46km²，异常区局部伴生有自然金、锡石、铜矿物、钨矿物异常。区内地质背景主要为二叠纪二长花岗岩，无已知矿床或矿（化）点响应，但异常区内有铅、锌化探异常产出，有指示铅锌矿等的意义。异常未作检查。

海南岛自然重砂铅锌（实际上只有铅）矿物异常为数众多，但Ⅰ级异常数量有限；已知的铅锌矿（点）也不在少数，再加上作为金矿等的伴生矿物同时产出，因此Ⅱ级以上铅锌矿物异常具有较重要的指示意义，应结合化探元素异常作进一步工作。

（四）钼矿物异常分布特征

海南岛自然重砂铅锌矿物异常共 23 处，基本上分布于琼西和琼南地区，均为Ⅰ级或Ⅱ级异常（表 4-10）。

表 4-10　海南岛自然重砂钼矿物异常基本特征

异常编号	异常名称	最高含量	异常分级	汇水盆地	异常面积	推断矿种	地质矿产与化探异常
1	儋州高眼村异常	7	Ⅰ级	五级	19.41	金矿	异常区地质背景主要为三叠纪二长花岗岩和二叠纪二长花岗岩，有儋州高眼村砂金矿响应，该砂金矿位于汇水盆地底部，异常主要由金矿化引起
2	儋州八一农场异常	1	Ⅱ级	六级	15.85	金矿	异常区地质背景主要为二叠纪二长花岗岩。无已知矿床响应，但有化探锡、铋、金异常，有进一步找矿指示意义
3	昌江石碌异常	5	Ⅱ级	五级	33.40	钨矿	异常区地质背景主要为侏罗纪钾长花岗岩和二叠纪石英闪长岩，无已知矿床响应，但有化探钼、钨异常，有进一步找矿指示意义
4	白沙金波牙老异常	4	Ⅱ级	四级	26.06	铁矿	异常区地质背景主要为三叠纪二长花岗岩，无相应矿床响应，但有化探锡、钨、铜异常，有进一步找矿指示意义

续表 4-10

异常编号	异常名称	最高含量	异常分级	汇水盆地	异常面积	推断矿种	地质矿产与化探异常
5	白沙浪九异常	1	Ⅱ级	六级	6.78	金矿	异常区地质背景主要为二叠纪二长花岗岩,无已知矿床响应,但有化探金异常,有进一步找矿指示意义
6	东方戈枕异常	5	Ⅰ级	六级	49.53	金矿	异常区地质背景主要为长城系黑云斜长片麻岩,有东方二甲北牛金矿和东方大田岩金矿响应
7	昌江金炳村异常	10	Ⅱ级	五级	2.84	钨矿	异常区地质背景主要为三叠纪二长花岗岩,无已知矿床响应,但有化探锡、钨、铜异常,有进一步找矿指示意义
8	昌江孔荣猿沟异常	100	Ⅰ级	五级	88.88	铅锌矿	异常区地质背景主要为石炭系砂砾岩和灰岩,有昌江孔荣猿沟铅锌矿和昌江明旺铜矿响应
9	昌江大炎异常	5	Ⅰ级	一级	12.78	铅锌矿	异常区地质背景主要为二叠系灰岩和三叠纪二长花岗岩,有昌江东四铅锌矿和昌江大炎铅锌铜矿响应
10	白沙元门异常	1	Ⅱ级	六级	41.10	多金属矿	异常区地质背景主要为白垩系紫红色砂页岩,无已知矿床响应,但有化探钨、锌、铅、铜、金、锑、砷异常,有进一步找矿指示意义
11	琼海东太异常	25	Ⅱ级	六级	11.02	铜矿	异常区地质背景主要为白垩纪二长花岗岩,无已知矿床响应,但有化探铜、金、铅异常,有进一步找矿指示意义
12	琼中中平镇异常	5	Ⅱ级	六级	5.63	金矿	异常区地质背景主要为白垩纪二长花岗岩。无已知矿床响应,但有化探金、铋异常。有进一步找矿指示意义
13	东方所岭异常	55	Ⅰ级	五级	213.53	铅锌矿	异常区地质背景主要为三叠纪正长花岗岩,有东方所岭多金属矿和乐东红门岭铅矿等众多有色金属矿床响应
14	乐东尖峰岭五场异常	45	Ⅱ级	五级	2.10	多金属矿	异常区地质背景主要为三叠纪正长花岗岩,无已知矿床响应,但有化探铋、钼、钨、铅、铜异常,有进一步找矿指示意义
15	五指山南圣异常	45	Ⅱ级	四级	79.54	钨矿	异常区地质背景主要为二叠纪二长花岗岩和白垩纪花岗斑岩,无已知矿床响应,但有化探铅、钨、钼、锌异常,有进一步找矿指示意义
16	五指山八村异常	1	Ⅱ级	六级	11.58	多金属矿	异常区地质背景主要为白垩纪正长花岗岩,无已知矿床响应,但有化探汞、铅、锌、钨、钼、铋异常,有进一步找矿指示意义
17	保亭毛庆异常	1	Ⅱ级	六级	31.01	铅锌矿	异常区地质背景主要为二叠纪二长花岗岩和志留系千枚岩,无已知矿床响应,但有化探锡、锌、铅、金、锑、砷异常,具有进一步找矿指示意义

续表 4-10

异常编号	异常名称	最高含量	异常分级	汇水盆地	异常面积	推断矿种	地质矿产与化探异常
18	乐东千家异常	20	Ⅰ级	四级	50.69	铅锌矿	异常区地质背景主要为白垩纪二长花岗岩,有乐东后万岭铅锌矿、乐东千家福报磁铁矿和乐东千家温仁村镜铁矿响应
19	乐东志仲异常	5	Ⅱ级	五级	26.99	铅锌矿	异常区地质背景主要为二叠纪二长花岗岩,无已知矿床响应,但有化探砷、金、钨、铋、锡异常,有进一步找矿指示意义
20	三亚红石异常	5	Ⅰ级	六级	7.12	铅锌矿	异常区地质背景主要为三叠纪钾长花岗岩和石炭系砂砾岩、灰岩,有三亚红石铅锌矿和三亚红石铁矿响应
21	保亭南改异常	13	Ⅰ级	二级	19.90	金矿	异常区地质背景主要为白垩纪正长花岗岩和白垩系紫红色砂页岩,有保亭南改金矿响应
22	保亭加茂异常	1	Ⅱ级	六级	13.86	钨矿	异常区地质背景主要为白垩纪二长花岗岩,无已知矿床响应,但有化探铜、锌、钨、钼异常,有进一步找矿指示意义
23	保亭新村异常	1	Ⅱ级	一级	28.91	钨矿	异常区地质背景主要为白垩系酸性火山岩,无已知矿床响应,但有化探铜、铋、钼异常,有进一步找矿指示意义

注:表中"最高含量"单位为颗/30kg,"异常面积"单位为 km^2。

1. Ⅰ级异常主要特征

儋州高眼村异常(1号):异常区内钼矿物最高标准化含量 7 颗/30kg,汇水盆地始于五级,异常面积 19.41km²,有自然金异常伴生。异常区地质背景主要为三叠纪二长花岗岩和二叠纪二长花岗岩,有儋州高眼村砂金矿响应,该砂金矿位于汇水盆地底部,异常主要由金矿化引起。异常未作检查。

东方戈枕异常(6号):异常区内钼矿物最高标准化含量 5 颗/30kg,汇水盆地始于六级,异常面积 49.53km²,有钨矿物、自然金异常伴生。异常区地质背景主要为长城系黑云斜长片麻岩,有东方二甲北牛金矿和东方大田岩金矿响应,分别为热液和构造蚀变岩成因。异常为矿致异常,基于自然金异常作过检查。

昌江孔荣猿沟异常(8号):异常区内钼矿物最高标准化含量 100 颗/30kg,汇水盆地始于五级,异常面积 88.88km²,有钨矿物、铋矿物、铅矿物、锡石和自然金异常伴生。异常区地质背景主要为石炭系砂砾岩和灰岩,有昌江孔荣猿沟铅锌矿和昌江明旺铜矿响应,均为热液成因。异常为矿致异常,未作过检查。

昌江大炎异常(9号):异常区内钼矿物最高标准化含量 5 颗/30kg,汇水盆地为一级,异常面积 12.78km²,有铅矿物、钨矿物、锡石和自然金异常伴生。异常区地质背景主要为二叠系灰岩和三叠纪二长花岗岩,有昌江东四铅锌矿和昌江大炎铅锌铜矿响应,为热液成因。异常为矿致异常,未作过检查。

东方所岭异常(13号):异常区内钼矿物最高标准化含量 55 颗/30kg,汇水盆地始于五级,异常面积 213.53km²,有锡石、铋矿物、铅矿物和钨矿物异常伴生。异常区地质背景主要为三叠纪正长花岗岩,有东方所岭多金属矿和乐东红门岭铅矿等众多有色金属矿床响应,均为热液成因。异常为矿致异常,未作过检查,值得进一步工作。

乐东千家异常(18号):异常区内钼矿物最高标准化含量 20 颗/30kg,汇水盆地始于四级,异常面积

$50.69km^2$,有钨矿物和铅矿物异常伴生。异常区地质背景主要为白垩纪二长花岗岩,有乐东后万岭铅锌矿、乐东千家福报磁铁矿和乐东千家温仁村镜铁矿响应,均为热液成因。异常为矿致异常,未作检查。

三亚红石异常(20号):异常区内钼矿物最高标准化含量5颗/30kg,汇水盆地始于六级,异常面积$7.12km^2$,异常区外缘有锡石、铅矿物、钨矿物异常伴生。异常区地质背景主要为三叠纪钾长花岗岩和石炭系砂砾岩、灰岩,有三亚红石铅锌矿和三亚红石铁矿响应,为接触交代型成因。异常为矿致异常,未作检查。

保亭南改异常(21号):异常区内钼矿物最高标准化含量13颗/30kg,汇水盆地始于二级,异常面积$19.90km^2$,有锡石、自然金异常伴生。异常区地质背景主要为白垩纪正长花岗岩和白垩系紫红色砂页岩,有保亭南改金矿响应,为热液成因。异常为矿致异常,未作检查。

2. 主要Ⅱ级异常特征

最高含量值最大的Ⅱ级异常——五指山南圣异常(15号):异常区内钼矿物最高标准化含量45颗/30kg,汇水盆地始于四级,异常面积$79.54km^2$,异常区局部伴生有铅矿物异常。区内地质背景主要为二叠纪二长花岗岩和白垩纪花岗斑岩,无已知矿床响应,但有化探铅、钨、钼、锌异常,有进一步找矿指示意义。异常未检查。本异常也是面积最大的Ⅱ级异常。

乐东尖峰岭五场异常(14号):也是最高含量值最大的Ⅱ级异常,异常区内钼矿物最高标准化含量45颗/30kg,汇水盆地始于五级,异常面积$2.10km^2$,异常区局部伴生有铅矿物异常。区内地质背景主要为三叠纪正长花岗岩,无已知矿床响应,但有化探铋、钼、钨、铅、铜异常。异常面积小而集中,有进一步找矿指示意义。异常未作检查。

海南岛自然重砂钼矿物异常分布与地质背景吻合良好,而且都有相应的化探元素异常对应;钼已成为海南岛优势矿种,因此Ⅱ级异常的地质找矿意义不可忽视。

(五)锡石异常分布特征

海南岛自然重砂锡石异常共31处,基本上分布于琼中部地区外侧,特别是琼西南地区,基于元素地球化学异常分布特征,大多数定义为Ⅱ级异常(表4-11)。

表4-11 海南岛自然重砂锡石异常基本特征

异常编号	异常名称	最高含量	异常分级	汇水盆地	异常面积	推断矿种	地质矿产与化探异常
1	文昌翁田异常	3875	Ⅱ级	二级	11.03	锡矿	异常区地质背景为第四系砂土质沉积物,无已知矿床或矿(化)点响应,但有化探锡异常,有砂锡矿找矿指示意义
2	海口三江异常	5940	Ⅱ级	五级	70.64	锡矿	异常区地质背景为第四系砂土质沉积物和二叠纪二长花岗岩,无已知矿床或矿(化)点响应,但有化探钨、锡异常,有砂锡矿找矿指示意义
3	儋州红岭异常	8790	Ⅲ级	二级	103.71	锡矿	异常区地质背景为二叠纪二长花岗岩,无已知矿床或矿(化)点响应
4	儋州东风农场异常	7260	Ⅱ级	一级	330.63	锡矿	异常区地质背景为第四系砂土质沉积物和志留系变质石英砂岩,无已知矿床或矿(化)点响应,但有化探锡异常,有砂锡矿找矿指示意义
5	临高东江异常	12 270	Ⅱ级	二级	234.64	锡矿	异常区地质背景为第四系砂土质沉积物,无已知矿床或矿(化)点响应,但有化探锡、钨异常,有进一步找矿指示意义

续表 4-11

异常编号	异常名称	最高含量	异常分级	汇水盆地	异常面积	推断矿种	地质矿产与化探异常
6	澄迈石浮异常	672	Ⅱ级	五级	48.88	铅锌矿	异常区地质背景为二叠纪花岗闪长岩—二长花岗岩,无已知矿床或矿(化)点响应,但有化探铜、铅、锌、钨、钼异常,有进一步找矿指示意义
7	定安居丁异常	396	Ⅲ级	六级	10.49		异常区地质背景为白垩系砂泥岩和新近系橄榄玄武岩,无已知矿床或矿(化)点响应
8	定安龙门异常	21 120	Ⅱ级	六级	97.17	金矿	异常区地质背景为白垩系紫红色砂页岩和新近系橄榄玄武岩,无已知矿床或矿(化)点响应,但有化探砷、锑、铜、金、铅、钼异常,有进一步找矿指示意义
9	屯昌西昌异常	560	Ⅱ级	六级	11.70	铅锌矿	异常区地质背景为二叠纪二长花岗岩。无已知矿床或矿(化)点响应,但有化探铜、金、铅异常,有进一步找矿指示意义
10	东方抱板异常	114 300	Ⅰ级	四级	339.77	金矿	异常区地质背景为三叠纪二长花岗岩和长城系黑云斜长片麻岩,有东方二甲北牛金矿和东方居便金矿等众多矿床响应
11	白沙金波异常	8400	Ⅰ级	五级	306.24	锡矿	异常区地质背景为二叠纪花岗闪长岩和三叠纪二长花岗岩,有白沙金波硫锑铅矿和白沙查苗锡矿响应
12	定安蒙花岭异常	440	Ⅲ级	六级	17.97		异常区地质背景为奥陶系千枚岩和变质粉砂岩,无已知矿床或矿(化)点响应
13	琼海石壁异常	750	Ⅱ级	一级	11.54	金矿	异常区地质背景为白垩系砂泥岩,无已知矿床或矿(化)点响应,但有化探钼、金异常,有进一步找矿指示意义
14	昌江金炳异常	3480	Ⅱ级	三级	38.70	铅锌矿	异常区地质背景为三叠纪二长花岗岩,无已知矿床或矿(化)点响应,但有化探铅、锌、钨、钼、锡异常,有进一步找矿指示意义
15	白沙县异常	2880	Ⅱ级	六级	12.19	铅锌矿	异常区地质背景为白垩系紫红色砂页岩,无已知矿床或矿(化)点响应,但有化探金、锑、铅、锌异常,有进一步找矿指示意义
16	琼中仁龙山异常	1820	Ⅰ级	六级	17.47	锡矿	异常区地质背景为二叠纪二长花岗岩,有已知琼中黎母岭仁龙钨锡砂矿响应
17	琼中中平异常	1960	Ⅰ级	二级	46.22	金矿	异常区地质背景为二叠纪二长花岗岩,有琼中中平金矿点响应
18	昌江王下异常	4640	Ⅰ级	五级	109.43	金矿	异常区地质背景为二叠系灰岩。有昌江孔汉岭金矿和昌江俄贤岭金矿等众多矿床响应

续表 4-11

异常编号	异常名称	最高含量	异常分级	汇水盆地	异常面积	推断矿种	地质矿产与化探异常
19	琼中和平异常	1610	Ⅱ级	三级	4.18	多金属矿	异常区地质背景为二叠纪二长花岗岩,无已知矿床响应,但有化探砷、钨、钼、锌、铜、锡异常,有进一步找矿指示意义
20	万宁山根异常	6300	Ⅱ级	四级	77.75	多金属矿	异常区地质背景为石炭系砂砾岩和灰岩,无已知矿床响应,但有化探砷、锑、铜、锌、钨、锡、钼异常,有进一步找矿指示意义
21	东方所岭异常	95 970	Ⅰ级	六级	924.38	金矿	异常区地质背景为三叠纪正长花岗岩、志留系变质石英砂岩和长城系云母石英片岩等,异常区北部有东方不磨金矿、东方公爱金矿、东方打磨岗金矿响应(都分布于长城系云母石英片岩中),异常主体部分无已知矿床响应,全区有化探锑、金、铅、锌、钨、钼、锡异常,有进一步找矿指示意义
22	万宁长安异常	7380	Ⅱ级	三级	29.73	钼矿	异常区地质背景为三叠纪石英正长岩,无已知矿床或矿(化)点响应,但有化探金、锌、锡、钼异常,有进一步找矿指示意义
23	万宁兴隆异常	799	Ⅲ级	二级	10.43		异常区地质背景为三叠纪石英正长岩,无已知矿床响应
24	乐东司马田异常	690	Ⅲ级	一级	19.62		异常区地质背景为第四系砂土质沉积物,区外上游有乐东司马田铅矿响应
25	乐东抱尾异常	2710	Ⅲ级	一级	24.32		异常区地质背景为白垩纪二长—正长花岗岩,无已知矿床响应
26	保亭南好异常	14 220	Ⅰ级	五级	398.12	铅锌矿	异常区地质背景为三叠纪二长花岗岩和二叠纪二长花岗岩,有保亭毛庆铅锌矿和南好锌山南后山铅锌矿响应
27	保亭毛感异常	800	Ⅱ级	五级	9.25	铅锌矿	异常区地质背景为三叠纪正长花岗岩,无已知矿床或矿(化)点响应,但有化探铅、锌、钨、锡异常,有进一步找矿指示意义
28	保亭响水异常	497	Ⅱ级	六级	16.82	钼矿	异常区地质背景为白垩纪石英二长闪长岩,无已知矿床或矿(化)点响应,但有化探砷、钼、锡异常,有进一步找矿指示意义
29	三亚六罗异常	300	Ⅰ级	六级	21.45	金矿	异常区地质背景为白垩系酸性火山岩,有三亚六罗山金银多金属矿响应
30	三亚藤桥异常	420	Ⅱ级	六级	33.57	锡矿	异常区地质背景为三叠纪黑云母花岗岩,无已知矿床或矿(化)点响应,但有化探砷、钼、锡异常,有进一步找矿指示意义
31	三亚田独异常	350	Ⅱ级	六级	14.30	钨矿	异常区地质背景为三叠纪二长花岗岩,无已知矿床或矿(化)点响应,但有化探铅、钨、锡、钼异常,有进一步找矿指示意义

注:表中"最高含量"单位为颗/30kg,"异常面积"单位为 km²。

1. Ⅰ级异常主要特征

东方抱板异常（10号）：异常区内锡石最高标准化含量114 300颗/30kg，为全岛最高含量值最大的异常，汇水盆地始于四级，异常面积339.77km^2，不同部位有钼矿物、钨矿物、铋矿物、铅矿物和辰砂、自然金等异常伴生。异常区地质背景主要为三叠纪二长花岗岩和长城系黑云斜长片麻岩，有东方二甲北牛金矿和东方居便金矿等众多矿床响应，为热液或构造蚀变岩成因。异常区东部偏南一带作过坡积重砂检查，锡石呈黑色、棕色，不透明至半透明，滚圆度差，粒径0.1～0.5mm，推断锡石源于石英脉或伟晶岩脉。

白沙金波异常（11号）：异常区内锡石最高标准化含量8400颗/30kg，汇水盆地始于五级，异常面积306.24km^2，不同部位有钼矿物、钨矿物和自然金异常伴生。异常区地质背景主要为二叠纪花岗闪长岩和三叠纪二长花岗岩，有白沙金波硫锑铅矿和白沙查苗锡矿响应，均为热液成因。异常未作检查，应为热液矿化引起。

琼中仁龙山异常（16号）：异常区内锡石最高标准化含量1820颗/30kg，汇水盆地始于六级，异常面积17.47km^2，有钨矿物异常伴生。异常区地质背景主要为二叠纪二长花岗岩，有琼中黎母岭仁龙钨锡砂矿响应。异常未作检查。

琼中中平异常（17号）：异常区内锡石最高标准化含量1960颗/30kg，汇水盆地始于二级，异常面积46.22km^2，外围有钨矿物和自然金等矿物异常伴生。异常区地质背景主要为二叠纪二长花岗岩，有琼中中平金矿点响应，为热液成因。异常未作检查。

昌江王下异常（18号）：异常区内锡石最高标准化含量4640颗/30kg，汇水盆地始于五级，异常面积109.43km^2，有钼矿物、铅矿物、钨矿物和自然金等矿物异常伴生。异常区地质背景主要为二叠系灰岩，有昌江孔汉岭金矿和昌江俄贤岭金矿等众多矿床响应，均为热液成因。异常作过坡积重砂检查，锡石呈淡棕、棕褐、灰黑等色，油脂光泽，滚圆度差，粒径0.1～1mm，结合岩石标本，认为锡石来自石英脉和局部矿化的角岩化灰岩中。

东方所岭异常（21号）：异常区内锡石最高标准化含量95 970颗/30kg，汇水盆地始于六级，异常面积924.38km^2，不同部位有砷矿物、铋矿物、铅矿物、钨矿物和自然金等矿物异常伴生。异常区地质背景主要为三叠纪正长花岗岩、志留系变质石英砂岩和长城系云母石英片岩等，异常区北部有东方不磨金矿、东方公爱金矿、东方打磨岗金矿响应（都分布于长城系云母石英片岩中，热液或构造蚀变成因），异常主体部分无已知矿床响应。全区有化探锑、金、铅、锌、钨、钼、锡异常，有进一步找矿指示意义。异常未作检查。

保亭南好异常（26号）：异常区内锡石最高标准化含量14 220颗/30kg，汇水盆地始于五级，异常面积398.12km^2，不同部位有钼矿物、铅矿物、钨矿物和自然金等矿物异常伴生。异常区地质背景主要为三叠纪二长花岗岩和二叠纪二长花岗岩，有保亭毛庆铅锌矿（热液型）和南好锌山南后山铅锌矿（接触交代型）响应。异常未检查。

三亚六罗异常（29号）：异常区内锡石最高标准化含量300颗/30kg，汇水盆地始于六级，异常面积21.45km^2，无其他重砂矿物异常伴生。异常区地质背景主要为白垩系酸性火山岩，有三亚六罗山金银多金属矿响应，为热液成因。异常为矿致异常，未作检查。

2. 主要Ⅱ级异常特征

最高含量值最大的Ⅱ级异常——定安龙门异常（8号）：异常区内锡石最高标准化含量21 120颗/30kg，汇水盆地始于六级，异常面积97.17km^2，异常区局部伴生有自然金异常。区内地质背景主要为白垩系紫红色砂页岩和新近系橄榄玄武岩，无已知矿床或矿（化）点响应，但有化探砷、锑、铜、金、铅、钼异常,有进一步找矿指示意义。异常未作检查。

面积最大的Ⅱ级异常——儋州东风农场异常(4号):异常区内锡石最高标准化含量7260颗/30kg,汇水盆地一级,异常面积330.63km²,异常区局部伴生有自然金异常。区内地质背景主要为第四系砂土质沉积物和志留系变质石英砂岩,无已知矿床或矿(化)点响应,但有化探锡异常。异常作过垂直河床重砂检查,锡石呈棕、棕黑等色,油脂光泽,滚圆状至半滚圆状,粒径0.1~1mm,锡石来自海相沉积的砾石层中。

海南岛自然锡石异常极少有锡石矿床响应,多数有其他有色金属矿床响应,而且往往伴生其他有色金属矿物和化探元素异常。因此,自然重砂锡石异常对锡矿的指示意义有限。当年对典型锡石异常的检查工作共有3处,也均未发现有意义的锡矿(化)点。

(六)钨矿物异常分布特征

海南岛自然重砂钨矿物异常共47处,全部分布于琼中部地区白沙盆地两侧,Ⅰ级异常数量有限(表4-12)。

表4-12 海南岛自然重砂钨矿物异常基本特征

异常编号	异常名称	最高含量	异常分级	汇水盆地	异常面积	推断矿种	地质矿产与化探异常
1	昌江海尾异常	1080	Ⅱ级	五级	96.00	钨矿	异常区地质背景主要为三叠纪二长花岗岩和第四系砂土质沉积,无已知矿床或矿(化)点响应,有钨、铅和钼化探异常产出,有进一步找矿指示意义
2	昌江石碌异常	1550	Ⅰ级	六级	588.37	多金属矿	异常区地质背景主要为二叠纪二长花岗岩和青白口系石英绢云片岩,有铁矿、钴矿和铜矿等矿点响应,金、钨、锌等化探异常显著,有进一步找矿指示意义
3	儋州红岭异常	500	Ⅱ级	六级	13.37	多金属矿	异常区地质背景主要为二叠纪二长花岗岩和奥陶系砂砾岩,无已知矿床或矿(化)点响应,有铜、钨和金等化探异常产出,有进一步找矿指示意义
4	儋州打老异常	380	Ⅲ级	六级	41.40		异常区地质背景主要为白垩系紫红色砂页岩和二叠纪二长花岗岩,无已知矿床或矿(化)点响应,化探异常信息较弱
5	儋州东风异常	500	Ⅱ级	六级	35.11	多金属矿	异常区地质背景主要为白垩系紫红色砂页岩和二叠纪二长花岗岩,无已知矿床或矿(化)点响应,钨、锌和铜等化探异常信息较明显,有进一步找矿指示意义
6	屯昌西昌异常	100	Ⅲ级	六级	7.85		异常区地质背景主要为二叠纪二长-钾长花岗岩和下二叠统,无已知矿床或矿(化)点响应,化探异常信息较弱
7	东方大田异常	90	Ⅰ级	六级	16.75	金矿	异常区地质背景主要为二叠纪二长花岗岩和长城系黑云斜长片麻岩,有东方二甲矿区那都金矿响应,有砷、锑和金等化探异常产出,有进一步找矿指示意义
8	东方二甲异常	180	Ⅰ级	二级	64.04	多金属矿	异常区地质背景主要为奥陶系砂岩和二叠纪二长花岗岩,有东方亚要铅矿响应,有铜、钨等化探异常产出,有进一步找矿指示意义

续表 4-12

异常编号	异常名称	最高含量	异常分级	汇水盆地	异常面积	推断矿种	地质矿产与化探异常
9	白沙金波异常	220	Ⅱ级	二级	59.23	多金属矿	异常区地质背景主要为三叠纪二长花岗岩,无已知矿床或矿(化)点响应,有铜、钨、铅和锌化探异常产出,有进一步找矿指示意义
10	白沙浪九异常	105	Ⅲ级	六级	6.78		异常区地质背景主要为二叠纪二长花岗岩,无已知矿床或矿(化)点响应,化探异常信息较弱
11	白沙青松异常	170	Ⅱ级	六级	43.54	金矿	异常区地质背景主要为白垩系紫红色砂页岩,无已知矿床或矿(化)点响应,有钼、砷和金等化探异常产出
12	白沙可任老村异常	2175	Ⅰ级	四级	247.43	铅锌矿	异常区地质背景主要为二叠纪二长花岗岩,有白沙可任老村铅锌矿响应
13	白沙元门异常	60	Ⅲ级	六级	12.65		异常区地质背景主要为白垩系紫红色砂页岩,无已知矿床或矿(化)点响应,化探异常信息较弱
14	琼中黎母岭异常	1624	Ⅰ级	六级	8.85	钨矿	异常区地质背景主要为二叠纪二长花岗岩,有琼中黎母岭仁龙山钨矿响应
15	屯昌枫木异常	240	Ⅲ级	六级	11.26		异常区地质背景主要为白垩纪二长花岗岩,无已知矿床或矿(化)点响应,化探异常信息较弱
16	屯昌乌坡异常	105	Ⅲ级	六级	22.66		异常区地质背景主要为白垩纪黑云花岗闪长岩,无已知矿床或矿(化)点响应,化探异常信息较弱
17	屯昌中建异常	203	Ⅲ级	六级	44.81		异常区地质背景主要为二叠纪二长花岗岩和长城系黑云斜长片麻岩,无已知矿床或矿(化)点响应,化探异常信息较弱
18	定安岭口异常	420	Ⅱ级	六级	83.56	金矿	异常区地质背景主要为二叠纪二长花岗岩,有定安岭口五林区黄铁矿和定安蒙花岭方铅黄铁矿响应,有钨、锌异常产出,有进一步找矿指示意义
19	东方不磨异常	500	Ⅰ级	六级	120.59	金矿	异常区地质背景主要为中元古界混合花岗岩,有东方公爱金矿等金矿点响应,有砷和金化探异常产出,有进一步找矿指示意义
20	东方公爱异常	260	Ⅲ级	六级	45.03		异常区地质背景主要为二叠纪二长花岗岩和二叠系砂泥岩,无已知矿床或矿(化)点响应,化探异常信息较弱
21	乐东志爱异常	90	Ⅲ级	六级	14.65		异常区地质背景主要为奥陶系砂岩和志留系变质石英砂岩,无已知矿床或矿(化)点响应,化探异常信息较弱

续表 4-12

异常编号	异常名称	最高含量	异常分级	汇水盆地	异常面积	推断矿种	地质矿产与化探异常
22	五指山毛阳异常	720	Ⅲ级	六级	15.77		异常区地质背景主要为二叠纪二长花岗岩,无已知矿床或矿(化)点响应,化探异常信息较弱
23	琼中红毛异常	720	Ⅱ级	四级	110.39	铅锌矿	异常区地质背景主要为二叠纪二长花岗岩,有琼中弄羽铅矿响应,有钨、锌化探异常产出,有进一步找矿意义
24	琼中牙代异常	266	Ⅱ级	六级	19.87	金矿	异常区地质背景主要为白垩纪二长花岗岩,有琼中牙代金矿响应,有金、铜化探异常产出,有进一步找矿意义
25	琼中长流水异常	1440	Ⅱ级	六级	63.68	金矿	异常区地质背景主要为白垩纪花岗斑岩,有琼中长流水金矿点响应,有金、铅化探异常产出,有进一步找矿意义
26	琼中乘坡异常	70	Ⅲ级	五级	21.56		异常区地质背景主要为二叠纪二长花岗岩,无已知矿床或矿(化)点响应,化探异常信息较弱
27	琼中和平异常	100	Ⅲ级	六级	3.61		异常区地质背景主要为长城系黑云斜长片麻岩,无已知矿床或矿(化)点响应,化探异常信息较弱
28	万宁牛路岭异常	720	Ⅱ级	四级	127.87	钨矿	异常区地质背景主要为二叠纪二长花岗岩和志留系变质石英砂岩,无已知矿床或矿(化)点响应,有钨化探异常产出,有进一步找矿指示意义
29	万宁山根异常	5805	Ⅲ级	六级	3.94		异常区地质背景主要为三叠纪二长花岗岩,无已知矿床或矿(化)点响应,化探异常信息较弱
30	乐东丁司山异常	1314	Ⅰ级	六级	65.26	钨矿	异常区地质背景主要为二叠纪二长花岗岩,有乐东丁司山钨矿和乐东红门岭铅矿响应
31	乐东抱伦异常	3585	Ⅲ级	六级	22.22		异常区地质背景主要为三叠纪正长花岗岩,无已知矿床或矿(化)点响应,化探异常信息较弱
32	乐东元方异常	3480	Ⅲ级	六级	35.97		异常区地质背景主要为长城系黑云斜长片麻岩和志留系变质石英砂岩,无已知矿床或矿(化)点响应,化探异常信息较弱
33	乐东志忠异常	80	Ⅲ级	六级	10.49		异常区地质背景主要为二叠纪二长花岗岩,无已知矿床或矿(化)点响应,化探异常信息较弱
34	乐东三平异常	136	Ⅲ级	六级	35.52		异常区地质背景主要为三叠纪正长花岗岩,无已知矿床或矿(化)点响应,化探异常信息较弱

续表 4-12

异常编号	异常名称	最高含量	异常分级	汇水盆地	异常面积	推断矿种	地质矿产与化探异常
35	五指山番阳异常	60	Ⅲ级	六级	15.32		异常区地质背景主要为二叠纪二长花岗岩和三叠纪正长花岗岩,无已知矿床或矿(化)点响应,化探异常信息较弱
36	五指山南圣异常	3536	Ⅱ级	五级	62.70	钨矿	异常区地质背景主要为二叠纪二长花岗岩和三叠纪正长花岗岩,无已知矿床或矿(化)点响应,有钨、铅化探异常产出,有进一步找矿指示意义
37	保亭八村异常	105	Ⅲ级	六级	5.62		异常区地质背景主要为二叠纪二长花岗岩,无已知矿床或矿(化)点响应,化探异常信息较弱
38	万宁兴隆异常	662	Ⅲ级	六级	29.46		异常区地质背景主要为白垩纪二长花岗岩,无已知矿床或矿(化)点响应,化探异常信息较弱
39	万宁长安异常	360	Ⅱ级	五级	80.01	钨矿	异常区地质背景主要为三叠纪石英正长花岗岩,无已知矿床或矿(化)点响应,有钨、锌和钼化探异常产出,有进一步找矿指示意义
40	乐东九所异常	225	Ⅰ级	六级	30.22	金矿	异常区地质背景主要为白垩纪二长-正长花岗岩,有乐东九所看树岭金银矿响应,有钨、铅化探异常产出,有进一步找矿指示意义
41	乐东千家异常	105	Ⅱ级	六级	50.20	多金属矿	异常区地质背景主要为白垩纪二长花岗岩,有乐东千家福报磁铁矿响应,有钨、铜化探异常产出,有进一步找矿指示意义
42	乐东志忠异常	190	Ⅲ级	六级	87.95		异常区地质背景主要为二叠纪二长花岗岩和志留系变质石英砂岩,无已知矿床或矿(化)点响应,有钨化探异常产出
43	三亚红石异常	100	Ⅲ级	六级	5.87		异常区地质背景主要为三叠纪正长花岗岩,无已知矿床或矿(化)点响应,化探异常信息较弱
44	三亚高峰岭异常	85	Ⅱ级	六级	11.26	钨矿	异常区地质背景主要为白垩系酸性火山岩,无已知矿床或矿(化)点响应,有钨、锡和钼化探异常产出
45	保亭响水异常	672	Ⅲ级	二级	13.95		异常区地质背景主要为二叠纪和白垩纪二长花岗岩,无已知矿床或矿(化)点响应,化探异常信息较弱
46	保亭加茂异常	5075	Ⅱ级	六级	23.60	多金属矿	异常区地质背景主要为白垩纪二长花岗岩,无已知矿床或矿(化)点响应,有钨、铜、钼化探异常产出,有进一步找矿指示意义
47	保亭罗葵洞异常	405	Ⅲ级	六级	9.52		异常区地质背景主要为三叠纪花岗岩,无已知矿床或矿(化)点响应,有钨化探异常产出

注:表中"最高含量"单位为颗/30kg,"异常面积"单位为 km²。

1. Ⅰ级异常主要特征

昌江石碌异常(2号)：异常区内钨矿物最高标准化含量1550颗/30kg，汇水盆地始于六级，异常面积588.37km²，不同部位有钼矿物、锡石和自然金等矿物异常伴生。异常区地质背景主要为二叠纪二长花岗岩和青白口系石英绢云片岩，有铁矿、钴矿和铜矿等矿点响应，成因多样。为矿致异常，未作检查。

东方大田异常(7号)：异常区内钨矿物最高标准化含量90颗/30kg，汇水盆地始于六级，异常面积16.75km²，有自然金等矿物异常伴生。异常区地质背景主要为二叠纪二长花岗岩和长城系黑云斜长片麻岩，有东方二甲矿区那都金矿响应，热液成因。为矿致异常，未作检查。

东方二甲异常(8号)：异常区内钨矿物最高标准化含量180颗/30kg，汇水盆地始于二级，异常面积64.04km²，有自然金、锡石和钼矿物异常伴生。异常区地质背景主要为奥陶系砂岩和二叠纪二长花岗岩，有东方亚要铅矿响应，热液成因。为矿致异常，未作检查。

白沙可任老村异常(12号)：异常区内钨矿物最高标准化含量2175颗/30kg，汇水盆地始于四级，异常面积247.43km²，不同部位有钼矿物、锡石和自然金等矿物异常伴生。异常区地质背景主要为二叠纪二长花岗岩，有白沙可任老村铅锌矿响应，热液成因。为矿致异常，未作检查。

琼中黎母岭异常(14号)：异常区内钨矿物最高标准化含量1624颗/30kg，汇水盆地始于六级，异常面积8.85km²，有锡石异常伴生。异常区地质背景主要为二叠纪二长花岗岩，有琼中黎母岭仁龙山钨矿响应，热液成因。为矿致异常，未作检查。

东方不磨异常(19号)：异常区内钨矿物最高标准化含量500颗/30kg，汇水盆地始于六级，异常面积120.59km²，有锡石、铋矿物、钼矿物等异常伴生。异常区地质背景主要为中元古界混合花岗岩，有东方公爱金矿等金矿点响应，热液成因。为矿致异常，未作检查。

乐东丁司山异常(30号)：异常区内钨矿物最高标准化含量1314颗/30kg，汇水盆地始于六级，异常面积65.26km²，有锡石、钼矿物、铅矿物异常伴生。异常区地质背景主要为二叠纪二长花岗岩，有乐东丁司山钨矿和乐东红门岭铅矿响应，热液成因。为矿致异常，未作检查。

乐东九所异常(40号)：异常区内钨矿物最高标准化含量225颗/30kg，汇水盆地始于六级，异常面积30.22km²，无其他矿物异常伴生。异常区地质背景主要为白垩纪二长－正长花岗岩，有乐东九所看树岭金银矿响应，热液成因。为矿致异常，未作检查。

2. 主要Ⅱ级异常特征

最高含量值最大的Ⅱ级异常——保亭加茂异常(46号)：异常区内钨矿物最高标准化含量5075颗/30kg，汇水盆地始于六级，异常面积23.60km²，异常区局部伴生有钼矿物异常。区内地质背景主要为白垩纪二长花岗岩，无已知矿床或矿(化)点响应，有钨、铜、钼化探异常产出，有进一步找矿指示意义。异常未检查。

海南岛钨矿物异常虽然为数众多，但Ⅰ级异常仅有8处。与锡石异常一样，大部分异常均有不同的有色金属矿物和相应的化探元素异常对应。

(七)其他有色矿物异常分布特征

海南岛自然重砂其他有色金属矿物辰砂和砷矿物、铋矿物的异常数量较少，基本没有专属的矿床对应，只作为金矿(元素)等的伴生矿物(元素)出现，在前面讨论自然金等矿物异常特征时基本已有述及。特别值得一提的是辰砂，其形成可能与海南岛热带气候条件关系更密切，主要分布于琼北和琼东地区，如海口市区等地，矿化作用强烈的琼西和琼南地区异常甚微，与水系沉积物、土壤甚至地表水中Hg元素的分布如出一辙，可见表生作用已掩盖了原生作用辰砂的实际分布情况。各伴生矿物异常分布特征如表4-13～表4-15所示，在此不作详述。异常均未作检查。

表 4-13 海南岛自然重砂砷矿物异常基本特征

异常编号	异常名称	最高含量	异常分级	汇水盆地	异常面积	推断矿种	地质矿产与化探异常
1	海口长流异常	1	Ⅲ级	六级	25.47		异常区地质背景主要为第四系基性火山岩,无已知矿床或矿(化)点响应
2	海口琼山异常	2	Ⅲ级	五级	48.62		异常区地质背景主要为第四系砂土质沉积物,无已知矿床或矿(化)点响应
3	海口云龙异常	1	Ⅲ级	五级	25.17		异常区地质背景主要为第四系基性火山岩,无已知矿床或矿(化)点响应
4	海口土桥异常	1	Ⅱ级	五级	33.68	铁矿	异常区地质背景主要为第四系基性火山岩,有琼山土桥褐铁矿响应,异常点位于褐铁矿矿床下游,该异常是由矿化引起,有进一步找矿指示意义
5	文昌锦山异常	1	Ⅱ级	五级	116.44	铁矿	异常区地质背景主要为第四系砂土质沉积物,有文昌铺前褐铁矿响应,但异常点位于褐铁矿矿床上游,该异常是由矿化引起,异常区同时有砷、金、汞和锑等化探异常产出,有进一步找矿指示意义
6	临高波莲异常	1	Ⅱ级	六级	77.74	金矿	异常区地质背景主要为第四系基性火山岩,无已知矿床或矿(化)点响应,但异常区有金、汞、锑和锌化探异常产出,有进一步找矿意义
7	临高多文异常	1	Ⅱ级	三级	31.66	多金属矿	异常区地质背景主要为第四系基性火山岩,无已知矿床或矿(化)点响应,异常区有铜、钼、锑和锌化探异常产出,有进一步找矿意义
8	琼山大坡异常	1	Ⅲ级	五级	62.00		异常区地质背景主要为新近系基性火山岩,无已知矿床或矿(化)点响应
9	文昌东阁异常	1	Ⅲ级	五级	27.18		异常区地质背景主要为第四系砂土质沉积物,无已知矿床或矿(化)点响应,也无化探异常产出
10	昌江海尾异常	1540	Ⅲ级	五级	43.52		异常区地质背景主要为第四系更新统和三叠纪黑云母二长花岗岩,无已知矿床或矿(化)点响应,也无化探异常产出
11	白沙查苗异常	1	Ⅰ级	五级	4.24	锡矿	异常区地质背景主要为二叠纪花岗闪长岩,有白沙查苗锡矿响应,有进一步找矿意义
12	文昌重兴异常	25	Ⅲ级	五级	23.63		异常区地质背景主要为白垩纪花岗闪长岩和新近系上新统,无已知矿床或矿(化)点响应
13	昌江金炳异常	1	Ⅱ级	三级	21.47	铅锌矿	异常区地质背景主要为二叠纪英云闪长岩,无已知矿床或矿(化)点响应,但异常区有金、铜、锌和汞化探异常产出,具有一定找矿意义
14	昌江洪水异常	45	Ⅲ级	五级	3.69		异常区地质背景主要为白垩系紫红色砂页岩,无已知矿床或矿(化)点响应

续表 4-13

异常编号	异常名称	最高含量	异常分级	汇水盆地	异常面积	推断矿种	地质矿产与化探异常
15	琼海文市异常	1	Ⅲ级	六级	8.00		异常区地质背景主要为白垩系紫红色砂页岩,无已知矿床或矿(化)点响应
16	琼海会山异常	1	Ⅲ级	五级	12.82		异常区地质背景主要为白垩系紫红色砂页岩和志留系变质石英砂岩,无已知矿床或矿(化)点响应
17	琼海阳江异常	1	Ⅲ级	六级	7.44		异常区地质背景主要为白垩系紫红色砂页岩和志留系变质石英砂岩,无已知矿床或矿(化)点响应
18	万宁龙滚异常	1	Ⅲ级	六级	7.31		异常区地质背景主要为石炭系砂岩和志留系变质石英砂岩,无已知矿床或矿(化)点响应
19	昌江牛笛岭异常	1	Ⅲ级	五级	17.65		异常区地质背景主要为三叠纪正长花岗岩,无已知矿床或矿(化)点响应
20	昌江猴弥岭异常	5	Ⅱ级	五级	14.65	金矿	异常区地质背景主要为奥陶系砂砾岩和志留系变质石英砂岩,无已知矿床或矿(化)点响应,异常区有砷、金、汞和锑异常产出,具有一定找矿意义
21	五指山市异常	5	Ⅲ级	六级	5.15		异常区地质背景主要为二叠纪花岗闪长岩,无已知矿床或矿(化)点响应,有金、钼一级异常产出
22	琼中新建异常	1	Ⅰ级	六级	18.01	金矿	异常区地质背景主要为二叠纪花岗闪长岩,有琼中新建金矿化点响应,异常位于矿点下游,表明异常是由金矿引起,异常区内有金和铅化探异常产出,有进一步找矿指示意义
23	万宁兴隆异常	1	Ⅲ级	四级	6.29		异常区地质背景主要为三叠纪正长花岗岩,无已知矿床或矿(化)点响应
24	万宁三更罗异常	1	Ⅲ级	四级	13.61		异常区地质背景主要为三叠纪和二叠纪正长花岗岩,无已知矿床或矿(化)点响应
25	陵水大坡异常	1	Ⅲ级	四级	5.52		异常区地质背景主要为三叠纪黑云母花岗岩,无已知矿床或矿(化)点响应
26	乐东千家异常	5	Ⅱ级	六级	24.17	金矿	异常区地质背景主要为二叠纪二长花岗岩,无已知矿床或矿(化)点响应,异常上游有金、铅和锌化探异常产出,具有一定找矿意义
27	陵水田仔异常	1	Ⅲ级	五级	18.09		异常区地质背景主要为三叠纪二长花岗岩,无已知矿床或矿(化)点响应

注:表中"最高含量"单位为颗/30kg,"异常面积"单位为 km²。

表 4-14 海南岛自然重砂铋矿物异常基本特征

异常编号	异常名称	最高含量	异常分级	汇水盆地	异常面积	推断矿种	地质矿产与化探异常
1	昌江石碌异常	5	Ⅱ级	五级	51.15	钨矿	异常区地质背景是二叠纪二长花岗岩,无已知矿床响应,但有化探锑、铜、钨、钼异常,有进一步找矿指示意义
2	白沙七坊异常	5	Ⅱ级	五级	9.11	钨矿	异常区地质背景是二叠纪闪长岩,无已知矿床响应,但有化探铅、钨、钼异常,有进一步找矿指示意义
3	定安岭口异常	5	Ⅰ级	五级	41.07	硫铁矿	异常区地质背景是白垩纪花岗斑岩,有定安岭口五林区黄铁矿矿床响应,有进一步找矿指示意义
4	东方抱板异常	1	Ⅱ级	五级	26.81	金矿	异常区地质背景是二叠纪二长花岗岩,无已知矿床响应,但有化探锡、铅、金、砷异常,有进一步找矿指示意义
5	昌江叉河异常	5	Ⅰ级	二级	17.14	金矿	异常区地质背景是二叠纪二长花岗岩,有昌江叉河镇土外山金矿响应,有进一步找矿指示意义
6	昌江乌烈异常	1	Ⅰ级	六级	17.04	铜矿	异常区地质背景是三叠纪二长花岗岩,有昌江乌烈铜矿响应,有进一步找矿指示意义
7	东方南在异常	45	Ⅰ级	五级	9.30	金矿	异常区地质背景是二叠纪二长花岗岩,有东方南在金银矿响应,有进一步找矿指示意义
8	昌江王下异常	5	Ⅰ级	三级	15.95	金矿	异常区地质背景是二叠系石英砂岩和灰岩,有昌江王下Ⅴ1-1矿体响应,有进一步找矿指示意义
9	东方所岭异常	45	Ⅰ级	二级	184.76	多金属矿	异常区地质背景是三叠纪二长花岗岩,有东方所岭多金属矿响应,有进一步找矿指示意义
10	昌江牛笛岭异常	45	Ⅱ级	二级	74.97	多金属矿	异常区地质背景是三叠纪二长花岗岩,无已知矿床响应,但有化探砷、锑、铜、钨、钼、锡异常,有进一步找矿指示意义
11	乐东豪岗岭异常	5	Ⅱ级	六级	22.86	多金属矿	异常区地质背景是三叠纪二长花岗岩,无已知矿床响应,但有化探铅、钨、锡异常,有进一步找矿指示意义
12	琼中新建异常	5	Ⅲ级	六级	6.85		异常区地质背景是二叠纪石英闪长岩,无已知矿床响应。异常区无铋等化探异常,无找矿指示意义
13	保亭什岭异常	5	Ⅱ级	六级	11.58	钨矿	异常区地质背景是白垩纪正长花岗岩,无已知矿床响应,但有化探钼、钨、锌异常,有进一步找矿指示意义

续表 4-14

异常编号	异常名称	最高含量	异常分级	汇水盆地	异常面积	推断矿种	地质矿产与化探异常
14	三亚雅亮异常	3	Ⅰ级	二级	5.09	金矿	异常区地质背景是二叠纪二长花岗岩,有三亚雅亮金银矿响应,有进一步找矿指示意义
15	保亭新村异常	26	Ⅰ级	五级	119.02	钼矿	异常区地质背景是白垩系酸性火山岩,有保亭新村钼矿响应,有进一步找矿指示意义
16	三亚藤桥异常	1	Ⅱ级	六级	13.43		异常区地质背景是三叠纪黑云母花岗岩,有无已知矿床响应,但有化探锑异常,有进一步找矿指示意义
17	陵水老龙村异常	1	Ⅰ级	四级	12.79	铜矿	异常区地质背景是三叠纪二长花岗岩,有陵水老龙村铜铅矿响应,有进一步找矿指示意义
18	三亚天涯异常	1	Ⅱ级	六级	10.78	钨矿	异常区地质背景是白垩纪正长花岗岩,无已知矿床响应,但有化金、钨、钼异常,有进一步找矿指示意义

注:表中"最高含量"单位为颗/30kg,"异常面积"单位为 km^2。

表 4-15　海南岛自然重砂辰砂异常基本特征

异常编号	异常名称	最高含量	异常分级	汇水盆地	异常面积	推断矿种	地质矿产与化探异常
1	儋州中和异常	2	Ⅱ级	一级	14.24	金矿	异常区地质背景是第四系基性火山岩,无已知矿床响应,但有化探汞、金异常,有进一步找矿指示意义
2	临高光村异常	45	Ⅱ级	一级	128.61	钨矿	异常区地质背景是第四系砂土质沉积物,无已知矿床响应,但有化探钨异常,有进一步找矿指示意义
3	临高博厚异常	2	Ⅲ级	六级	34.04		异常区地质背景是第四系砂土质沉积物,无已知矿床响应,异常区无汞等化探异常,无找矿指示意义
4	澄迈长安异常	2	Ⅱ级	一级	18.69	铜矿	异常区地质背景是第四系砂土质沉积物,无已知矿床响应,但有化探锑、铜异常,有进一步找矿指示意义
5	琼山异常	13	Ⅱ级	五级	219.42	金矿	异常区地质背景是第四系砂土质沉积物,无已知矿床响应,但有化探汞、锑、金、铜、锡异常,有进一步找矿指示意义
6	海口云龙异常	3	Ⅲ级	六级	78.98		异常区地质背景是第四系砂土质沉积物,无已知矿床响应。异常区无汞等化探异常,无找矿指示意义

续表 4-15

异常编号	异常名称	最高含量	异常分级	汇水盆地	异常面积	推断矿种	地质矿产与化探异常
7	文昌翁田异常	5	Ⅱ级	六级	19.46	锡矿	异常区地质背景是第四系砂土质沉积物,无已知矿床响应,但有化探砷、汞、锑、锡异常,有进一步找矿指示意义
8	儋州排浦异常	40	Ⅲ级	五级	32.77		异常区地质背景是第四系砂土质沉积物,无已知矿床响应,异常区无汞等化探异常,无找矿指示意义
9	儋州东风农场异常	2	Ⅱ级	六级	10.09	铜矿	异常区地质背景是二叠纪二长花岗岩,无已知矿床响应,但有化探汞、砷、铜、钨、铋异常,有进一步找矿指示意义
10	海口三门坡异常	4	Ⅲ级	六级	44.37		异常区地质背景是新近系基性火山岩,无已知矿床响应,异常区无汞等化探异常,无找矿指示意义
11	海口大致坡异常	5	Ⅲ级	六级	20.99		异常区地质背景是第四系砂土质沉积物,无已知矿床响应,异常区无汞等化探异常,无找矿指示意义
12	海口三门坡异常	2	Ⅲ级	六级	31.03		异常区地质背景是新近系基性火山岩,无已知矿床响应,异常区无汞等化探异常,无找矿指示意义
13	海口大坡异常	2	Ⅲ级	六级	14.00		异常区地质背景是新近系基性火山岩,无已知矿床响应,异常区无汞等化探异常,无找矿指示意义
14	文昌东阁异常	36	Ⅱ级	六级	27.19	钼矿	异常区地质背景是第四系砂土质沉积物,无已知矿床响应,但有化探钼异常,有进一步找矿指示意义
15	文昌迈号异常	3	Ⅲ级	六级	81.45		异常区地质背景是第四系砂土质沉积物,无已知矿床响应,异常区无汞等化探异常,无找矿指示意义
16	文昌白延异常	2	Ⅱ级	六级	27.44	钨矿	异常区地质背景是新近系基性火山岩和二叠纪二长花岗岩,无已知矿床响应,但有化探汞、铜、钨、钼、铋异常,有进一步找矿指示意义
17	文昌重兴异常	35	Ⅱ级	六级	23.63	铜矿	异常区地质背景是三叠纪二长花岗岩,无已知矿床响应,但有化探汞、锑、铜、金、锌异常,有进一步找矿指示意义
18	琼海异常	3	Ⅱ级	六级	15.98	金矿	异常区地质背景是白垩系紫红色砂页岩,无已知矿床响应,但有化探铜、金、汞异常,有进一步找矿指示意义
19	琼海谭门异常	2	Ⅱ级	六级	22.24	钼矿	异常区地质背景是第四系砂土质沉积物,无已知矿床响应,但有化探汞、钼异常,有进一步找矿指示意义

续表 4-15

异常编号	异常名称	最高含量	异常分级	汇水盆地	异常面积	推断矿种	地质矿产与化探异常
20	东方抱板异常	2	Ⅱ级	六级	11.00	金矿	异常区地质背景是长城系云母石英片岩,有东方大田岩金矿响应,有化探砷、金、铜、铅异常,有进一步找矿指示意义
21	五指山异常	3	Ⅱ级	六级	5.23	多金属矿	异常区地质背景是二叠纪二长花岗岩,无已知矿床响应,但有化探金、锌、钨、锡、钼异常,有进一步找矿指示意义
22	万宁中兴异常	4	Ⅱ级	六级	19.85	金矿	异常区地质背景是二叠纪二长花岗岩,无已知矿床响应,但有化探金、锑、钨、锡异常,有进一步找矿指示意义
23	万宁万城异常	2	Ⅲ级	二级	5.59		异常区地质背景是第四系砂土质沉积物,无已知矿床响应,异常区内无汞等化探异常,无找矿指示意义
24	万宁北坡异常	2	Ⅱ级	一级	56.43	钼矿	异常区地质背景是第四系砂土质沉积物,无已知矿床响应,但有化探钼、锌异常,有进一步找矿指示意义
25	保亭大坡异常	49	Ⅱ级	四级	5.51	多金属矿	异常区地质背景是白垩纪二长花岗岩,无已知矿床响应,但有化探铜、铅、钨、钼异常,有进一步找矿指示意义
26	三亚藤桥异常	5	Ⅱ级	五级	33.58	锡矿	异常区地质背景是第四系砂土质沉积物,无已知矿床响应,但有化探锡、锑、砷异常,有进一步找矿指示意义

注:表中"最高含量"单位为颗/30kg,"异常面积"单位为 km²。

三、其他矿物类异常特征

海南岛其他自然重砂矿物包括萤石、磷灰石、重晶石、稀土和锆钛等矿物。矿物异常分布如图4-4所示。

(一)萤石异常分布特征

海南岛自然重砂萤石异常仅4处,基本上分布于江河入海口,只有1处分布于内陆(表4-16)。

自然重砂萤石没有Ⅰ级异常,唯一的1个Ⅱ级异常为昌江石碌异常(4号),异常区内萤石最高标准化含量5颗/30kg,汇水盆地始于六级,异常面积13.69km²。异常区地质背景主要为青白口系石英绢云片岩和二叠纪二长花岗岩,无已知矿床或矿(化)点响应。但位于异常区南9km的相同地质背景条件下有昌江七叉萤石矿产出(热液型),此异常有一定找矿意义。

其他萤石异常均为Ⅲ级,分布于江河入海口。海南岛不乏大型萤石矿床,沿白沙盆地南缘呈北东向分布有乐东孔南坡、乐东抱尾、乐东志爱山、乐东道柴林、乐东坡拉村、五指山番阳和琼中部什统(大型)等热液型萤石矿,沿昌化江上游河段西北岸展布,距干流河道不足4km,但这些矿床均无自然重砂萤石检出。这可能与当地山高水急的地形和萤石自身的密度较小有关。

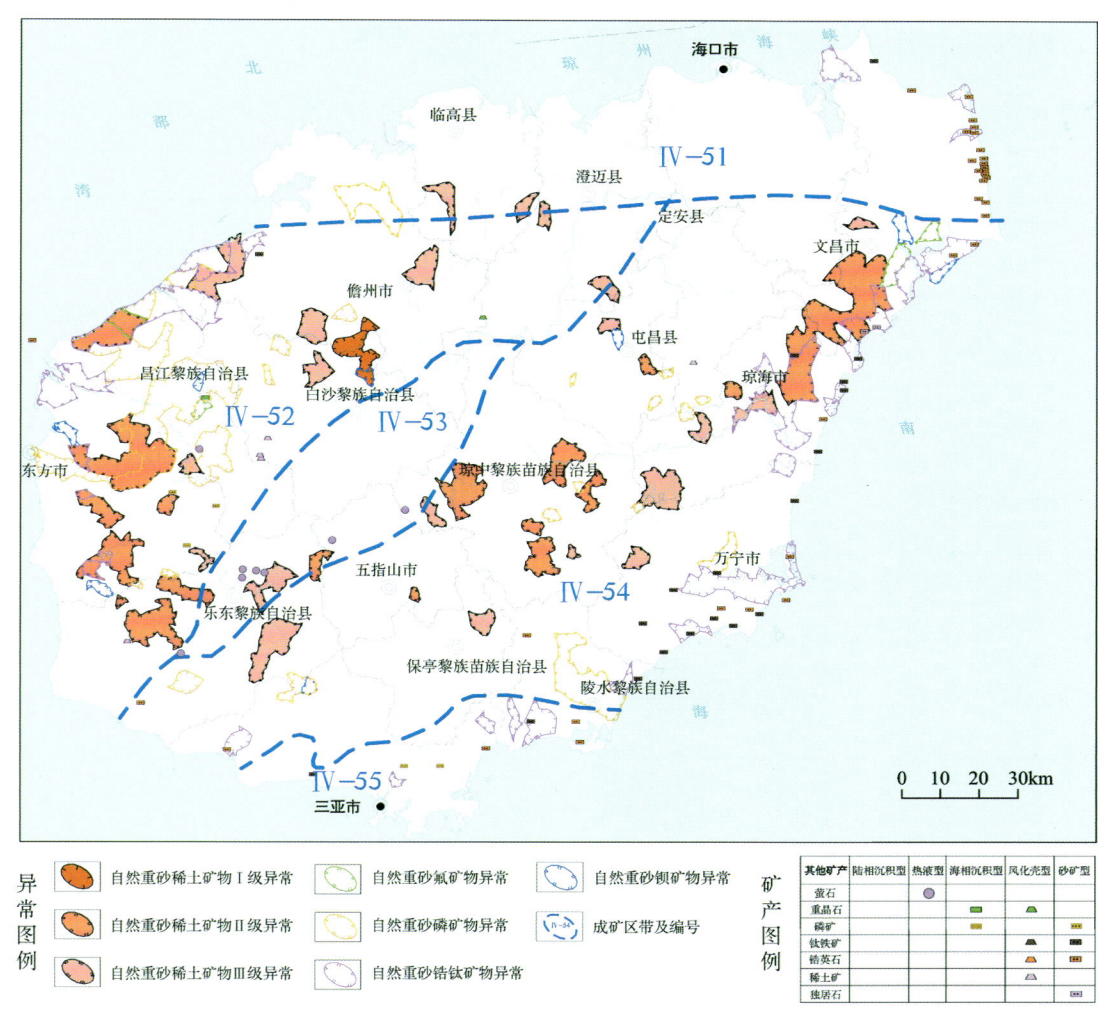

图 4-4 海南岛自然重砂其他矿物异常图

表 4-16 海南岛自然重砂萤石异常基本特征

异常编号	异常名称	最高含量	异常分级	汇水盆地	异常面积	推断矿种	地质矿产与化探异常
1	文昌东阁异常	5	Ⅲ级	五级	19.98		异常区地质背景主要为第四系砂土质沉积物,无已知矿床或矿(化)点响应
2	文昌迈号异常	2	Ⅲ级	五级	43.78		异常区地质背景主要为第四系砂土质沉积物,无已知矿床或矿(化)点响应
3	昌江海尾异常	1	Ⅲ级	五级	43.55		异常区地质背景主要为第四系砂土质沉积物,无已知矿床或矿(化)点响应
4	昌江石碌异常	5	Ⅱ级	六级	13.69	萤石	异常区的地质背景为青白口系石英绢云片岩和二叠纪二长花岗岩,无已知矿床或矿(化)点响应。但位于异常区南9km的相同地质背景条件下有昌江七叉萤石矿产出,此异常有一定找矿指示意义

注:表中"最高含量"单位为颗/30kg,"异常面积"单位为 km²。

(二)磷灰石异常分布特征

海南岛自然重砂磷灰石异常共 23 处,主要分布于琼西及琼西南地区,多数为 Ⅱ 级异常(表 4-17)。

表 4-17 海南岛自然重砂磷灰石异常基本特征

异常编号	异常名称	最高含量	异常分级	汇水盆地	异常面积	推断矿种	地质矿产与化探异常
1	儋州长坡异常	45	Ⅲ级	三级	115.85		异常区地质背景主要为第四系砂土质沉积物,无已知矿床响应,异常区无磷、汞等化探异常,无找矿指示意义
2	儋州海头异常	45	Ⅲ级	二级	46.43		异常区地质背景主要为白垩纪花岗斑岩,无已知矿床响应,异常区无磷、汞等化探异常,无找矿指示意义
3	昌江海尾异常	20	Ⅰ级	四级	293.40	铁矿	异常区地质背景主要为第四系砂土质沉积物和二叠纪二长花岗岩,有昌江军营铁钴矿响应
4	东方二甲异常	124	Ⅰ级	二级	521.01	金矿	异常区地质背景主要为长城纪花岗闪长岩和二叠纪钾长花岗岩,有石碌铁矿和东方二甲北牛金矿段等多处矿床响应
5	昌江金炳村异常	194	Ⅰ级	二级	111.49	铅锌矿	异常区地质背景主要为二叠纪二长花岗闪长岩和二叠纪英云闪长岩,有昌江金炳村铅锌矿响应
6	白沙金波异常	5	Ⅱ级	六级	9.78	钨矿	异常区地质背景主要为二叠纪花岗闪长岩,无已知矿床响应,但有化探铅、钨、钼异常,有进一步找矿指示意义
7	白沙查苗异常	45	Ⅱ级	六级	18.99	金矿	异常区地质背景主要为二叠纪花岗闪长岩,无已知矿床响应,但有化探砷、金、铜异常,有进一步找矿指示意义
8	儋州高眼村异常	5	Ⅰ级	五级	19.41	金矿	异常区地质背景主要为二叠纪二长—钾长花岗岩,有儋州高眼村砂金矿响应
9	屯昌南坤异常	5	Ⅱ级	六级	4.20	钨矿	异常区地质背景主要为二叠纪二长花岗岩,无已知矿床响应,但有化探铅、钨、钼异常,有进一步找矿指示意义
10	定安翰林异常	5	Ⅱ级	四级	7.24	钨矿	异常区地质背景主要为二叠纪二长花岗岩,无已知矿床响应,但有化探钨、锡异常,有进一步找矿指示意义
11	屯昌中建农场异常	45	Ⅲ级	六级	8.58		异常区地质背景主要为二叠纪二长花岗岩,无已知矿床响应,但有化探砷异常,有进一步找矿指示意义
12	琼海万泉异常	5	Ⅱ级	二级	7.24	钨矿	异常区地质背景主要为二叠纪二长花岗岩,无已知矿床响应,但有化探钨、钼异常,有进一步找矿指示意义

续表 4-17

异常编号	异常名称	最高含量	异常分级	汇水盆地	异常面积	推断矿种	地质矿产与化探异常
13	琼海石壁异常	5	Ⅱ级	六级	14.73	钼矿	异常区地质背景主要为长城系云母石英片岩,无已知矿床响应,但有化探锑、铜、钼异常,有进一步找矿指示意义
14	东方打磨岗异常	5	Ⅱ级	二级	8.72	铅锌矿	异常区地质背景主要为奥陶系千枚岩和变质粉砂岩,无已知矿床响应,但有化探铅、锌异常,有进一步找矿指示意义
15	乐东尖峰岭异常	5	Ⅱ级	六级	4.37	钼矿	异常区地质背景主要为三叠纪正长花岗岩,无已知矿床响应,但有化探砷、铅、锡、钼异常,有进一步找矿指示意义
16	昌江牛笛岭异常	45	Ⅱ级	六级	6.68	多金属矿	异常区地质背景主要为三叠纪正长花岗岩,无已知矿床响应,但有化探铜、铅、钨、钼、锡异常,有进一步找矿指示意义
17	琼中长征异常	45	Ⅱ级	五级	12.57	锌矿	异常区地质背景主要为二叠纪二长花岗岩,无已知矿床响应,但有化探砷、锌异常,有进一步找矿指示意义
18	琼中中平异常	45	Ⅱ级	六级	8.32	铜矿	异常区地质背景主要为二叠纪二长花岗岩,无已知矿床响应,但有化探铜异常,有进一步找矿指示意义
19	牛路岭水库异常	5	Ⅲ级	一级	5.31		异常区地质背景主要为白垩纪二长—正长花岗岩,无已知矿床响应,异常区无磷、铋等化探异常,无找矿指示意义
20	万宁长安异常	5	Ⅲ级	六级	42.48		异常区地质背景主要为三叠纪石英正长岩,无已知矿床响应,异常区无磷、铋等化探异常,无找矿指示意义
21	乐东看树岭异常	45	Ⅰ级	六级	33.35	金矿	异常区地质背景主要为白垩纪二长—正长花岗岩,有乐东九所看树岭金银矿响应
22	三亚雅亮异常	5	Ⅱ级	二级	41.12	金矿	异常区地质背景主要为白垩纪二长花岗岩和三叠纪正长花岗岩,无已知矿床响应,但有化探砷、金、铜、钨、钼异常,有进一步找矿指示意义
23	陵水大坡异常	355	Ⅱ级	二级	200.79	金矿	异常区地质背景为第四系砂土质沉积物和白垩纪二长花岗岩,无已知矿床响应,但有化探金、钼异常,有进一步找矿指示意义

注:表中"最高含量"单位为颗/30kg,"异常面积"单位为 km²。

1. Ⅰ级异常主要特征

昌江海尾异常(3 号):异常区内磷灰石最高标准化含量 20 颗/30kg,汇水盆地始于四级,异常面积 293.40km²,无其他矿物异常伴生。异常区地质背景主要为第四系砂土质沉积物(异常区西北部)和二叠纪二长花岗岩(异常区东南部),有昌江军营铁钴矿响应,为风化壳型矿床。该异常可能与原生铁钴矿化有关。异常未作检查。

东方二甲异常(4号):异常区内磷灰石最高标准化含量124颗/30kg,汇水盆地始于二级,异常面积521.01km²,伴生其他各类有色金属矿物异常。异常区地质背景主要为长城纪花岗闪长岩和二叠纪钾长花岗岩,有石碌铁矿和东方二甲北牛金矿段等多处矿床响应。该异常的出现表明磷灰石也是东方二甲矿集区热液成矿作用的伴生产物,也有矿化指示意义。异常未作检查。

昌江金炳村异常(5号):异常区内磷灰石最高标准化含量194颗/30kg,汇水盆地始于二级,异常面积111.49km²,伴生有锡石和铅矿物异常。异常区地质背景主要为二叠纪二长花岗闪长岩和二叠纪英云闪长岩,有昌江金炳村铅锌矿响应,为热液成因,磷灰石异常应是热液成矿作用的伴生矿物。异常未作检查。

儋州高眼村异常(8号):异常区内磷灰石最高标准化含量5颗/30kg,汇水盆地始于五级,异常面积19.41km²,伴生有钼矿物、自然金等矿物异常。异常区地质背景主要为二叠纪二长—钾长花岗岩,有儋州高眼村砂金矿响应,为热液成因,磷灰石异常应是热液成矿作用的伴生矿物。异常未作检查。

乐东看树岭异常(21号):异常区内磷灰石最高标准化含量45颗/30kg,汇水盆地始于六级,异常面积33.35km²,外围伴生有锡石、铅矿物、钼矿物、自然金等矿物异常。异常区地质背景主要为白垩纪二长—正长花岗岩,有乐东九所看树岭金银矿响应,为热液成因,磷灰石异常应是热液成矿作用的伴生矿物。异常未作检查。

2. 主要Ⅱ级异常特征

最高含量值最大的Ⅱ级异常——陵水大坡异常(23号):异常区内磷灰石最高标准化含量355颗/30kg,也是全岛含量最高的异常和面积最大的Ⅱ级异常。汇水盆地始于二级,异常面积200.79km²,上游有自然金异常相邻。区内地质背景主要为第四系砂土质沉积物和白垩纪二长花岗岩,无已知矿床响应,但有化探金、钼异常,有进一步找矿指示意义,但异常主体受干流河道控制。异常未作检查。

面积次大的Ⅱ级异常——三亚雅亮异常(22号):异常区内磷灰石最高标准化含量5颗/30kg,汇水盆地始于二级,异常面积41.12km²,局部有锡石、铋矿物、钼矿物、铅矿物等异常伴生。区内地质背景主要为白垩纪二长花岗岩和三叠纪正长花岗岩,无已知矿床响应,但有化探砷、金、铜、钨、钼异常,有进一步找矿指示意义。异常未作检查。

海南岛有不成规模的磷矿床,为海相或生物沉积成因,但均无磷灰石异常。从东方二甲异常以及其他伴生有有色金属矿物异常的磷灰石异常可知,磷灰石不只是广谱的造岩矿物,同时也是贵金属和有色金属矿化作用的伴生产物,因此,磷灰石可以成为贵金属和有色金属矿化的伴生指示矿物。异常均未作检查。

(三)重晶石异常分布特征

海南岛自然重砂重晶石异常共8处,主要分布于琼西南地区,一般为Ⅲ级异常(表4-18)。

表4-18 海南岛自然重砂重晶石异常基本特征

异常编号	异常名称	最高含量	异常分级	汇水盆地	异常面积	推断矿种	地质矿产与化探异常
1	文昌文城异常	1	Ⅲ级	五级	25.09		异常区地质背景主要为第四系砂土质沉积物,无已知矿床或矿(化)点响应
2	文昌清澜异常	5	Ⅲ级	六级	17.38		异常区地质背景主要为第四系砂土质沉积物,无已知矿床或矿(化)点响应

续表 4-18

异常编号	异常名称	最高含量	异常分级	汇水盆地	异常面积	推断矿种	地质矿产与化探异常
3	昌江石碌异常	33 320	Ⅰ级	三级	8.93	重晶石	引起异常的地质背景为青白口系石英绢云片岩,异常区上游东南支流有石碌枫树下重晶石矿响应,应是该异常的成因
4	白沙牙叉异常	45	Ⅱ级	六级	14.37	金矿	异常区地质背景主要为二叠纪二长花岗岩,无已知矿床响应,但异常区上游有化探二级金异常存在,北东向水系流域内有白沙可任老铅锌矿产出,该异常可能具有热液型金矿指示意义
5	屯昌屯城异常	1	Ⅲ级	六级	11.55		异常区地质背景主要为二叠纪二长花岗岩,无已知矿床响应,无元素化探异常存在,异常无找矿指示作用
6	东方新街异常	5	Ⅲ级	一级	20.70		异常区地质背景主要为第四系更新统,无已知矿床或矿(化)点响应
7	东方板桥异常	1	Ⅰ级	六级	17.41	铅锌矿	异常区地质背景为三叠纪钾长花岗岩,有已知铜铅锌多金属矿床响应,异常有中低温热液矿床指示意义
8	陵水提蒙异常	190	Ⅲ级	三级	13.11		异常区地质背景为三叠纪钾长花岗岩,无已知矿床响应,异常区内无金等化探异常存在,不具有找矿指示意义

注:表中"最高含量"单位为颗/30kg,"异常面积"单位为 km^2。

1. Ⅰ级异常主要特征

昌江石碌异常(3号):异常区内重晶石最高标准化含量 33 320 颗/30kg,为全岛最高含量,汇水盆地始于三级,异常面积 $8.93km^2$。异常区地质背景主要为青白口系石英绢云片岩,异常区上游东南支流有石碌枫树下重晶石矿(热液型)响应,应是该异常的成因。异常未作检查。

东方板桥异常(7号):异常区内重晶石最高标准化含量 1 颗/30kg,汇水盆地始于六级,异常面积 $17.41km^2$。异常区地质背景主要为三叠纪钾长花岗岩,有已知铜铅锌多金属矿床响应,异常有中低温热液矿床指示意义。异常未作检查。

2. 主要Ⅱ级异常特征

具有一定指示意义的Ⅱ级异常——白沙牙叉异常(4号):异常区内重晶石最高标准化含量 45 颗/30kg,汇水盆地始于六级,异常面积 $14.37km^2$。异常区地质背景主要为二叠纪二长花岗岩,无已知矿床响应,但异常区上游有化探二级金异常存在,北东向水系流域内有白沙可任老铅锌矿产出,该异常具有热液型金矿指示意义。

海南岛有几处重晶石矿床,主要为热液型,矿床规模小,难以形成自然重砂异常。重晶石同时也是热液型有色金属矿床成矿的伴生矿物,具有一定的指示意义。

(四)稀土矿物异常分布特征

海南岛稀土矿物异常共 40 处,主要分布于琼西南地区,主要为Ⅱ、Ⅲ级异常(表4-19)。

表 4-19 海南岛自然重砂稀土矿物异常基本特征

异常编号	异常名称	最高含量	异常分级	汇水盆地	异常面积	推断矿种	地质矿产与化探异常
1	临高武郎异常	24 070	Ⅲ级	五级	38.96		异常区地质背景主要为第四系砂土质沉积物,无相应的矿床或矿(化)点响应
2	临高东江异常	22 980	Ⅲ级	五级	22.85		异常区地质背景主要为第四系砂土质沉积物,无相应的矿床或矿(化)点响应
3	澄迈山口异常	88 079	Ⅲ级	六级	19.17		异常区地质背景主要为第四系砂土质沉积物,无相应的矿床或矿(化)点响应
4	文昌潭牛异常	48 640	Ⅲ级	六级	16.65		异常区地质背景主要为新近系橄榄玄武岩,无相应的矿床或矿(化)点响应
5	儋州红岭异常	41 540	Ⅲ级	六级	112.21		异常区地质背景主要为第四系砂土质沉积物,无相应的矿床或矿(化)点响应
6	儋县洛南异常	21 761	Ⅲ级	六级	58.72		异常区地质背景主要为二叠纪二长花岗岩和志留系变质石英砂岩,无相应的矿床或矿(化)点响应
7	澄迈文儒异常	14 797	Ⅲ级	六级	29.82		异常区地质背景主要为二叠系石英砂岩和二叠纪二长花岗岩,无相应的矿床或矿(化)点响应
8	文昌白延异常	131 680	Ⅱ级	五级	441.47	稀土矿	异常区地质背景主要为三叠纪二长花岗岩和新近系橄榄玄武岩,无相应的矿床或矿(化)点响应,有镧、钇化探异常伴生
9	昌江海尾异常	132 000	Ⅱ级	五级	112.64	稀土矿	异常区地质背景主要为三叠纪二长花岗岩和第四系砂土质沉积物,无相应的矿床或矿(化)点响应,有镧、钇、铌化探异常伴生
10	儋州雅星异常	22 220	Ⅲ级	六级	55.78		异常区地质背景主要为奥陶系砂砾岩,无相应的矿床或矿(化)点响应
11	白沙浪九异常	210 520	Ⅲ级	三级	39.33		异常区地质背景主要为二叠纪二长花岗岩,无相应的矿床或矿(化)点响应
12	白沙芽苞异常	79 200	Ⅰ级	三级	87.21	稀土矿	异常区地质背景主要为二叠纪二长花岗岩,有白沙芽苞独居石矿响应
13	屯昌西昌异常	26 895	Ⅲ级	五级	17.94		异常区地质背景主要为二叠纪二长花岗岩,无相应的矿床或矿(化)点响应
14	屯昌中建异常	35 550	Ⅱ级	三级	16.65	稀土矿	异常区地质背景主要为二叠纪二长花岗岩,无相应的矿床或矿(化)点响应,有镧、铌化探异常伴生

续表 4-19

异常编号	异常名称	最高含量	异常分级	汇水盆地	异常面积	推断矿种	地质矿产与化探异常
15	琼海万泉异常	37 255	Ⅱ级	六级	17.98	稀土矿	异常区地质背景主要为白垩纪花岗斑岩,无相应的矿床或矿(化)点响应,有镧、钇化探异常伴生
16	琼海石壁异常	56 080	Ⅲ级	六级	28.51		异常区地质背景主要为白垩系砂泥岩,无相应的矿床或矿(化)点响应
17	琼海七客岭异常	50 008	Ⅲ级	一级	46.9		异常区地质背景主要为第四系砂土质沉积物,无相应的矿床或矿(化)点响应
18	东方大田异常	57 960	Ⅱ级	四级	266.71	稀土矿	异常区地质背景主要为长城纪片麻状花岗岩和二叠纪二长花岗岩,无相应的矿床或矿(化)点响应,有镧、钇化探异常伴生
19	东方邦敬异常	31 250	Ⅲ级	三级	20.29		异常区地质背景主要为石炭系砾岩、砂岩、板岩、结晶灰岩,无相应的矿床或矿(化)点响应
20	琼中白石岭异常	283 064	Ⅲ级	三级	25.36		异常区地质背景主要为二叠纪二长花岗岩,无相应的矿床或矿(化)点响应
21	琼中红毛异常	96 750	Ⅱ级	三级	107.89	稀土矿	异常区地质背景主要为二叠纪二长花岗岩,无相应的矿床或矿(化)点响应,有镧化探异常伴生
22	琼中长流水异常	1 080 000	Ⅱ级	六级	69.81	稀土矿	异常区地质背景主要为二叠纪二长花岗岩和白垩纪花岗斑岩,无相应的矿床或矿(化)点响应,有镧化探异常伴生
23	琼中银岭顶异常	64 110	Ⅱ级	五级	36.89	稀土矿	异常区地质背景主要为二叠纪二长花岗岩和二叠纪二长-钾长花岗岩,无相应的矿床或矿(化)点响应,有镧化探异常伴生
24	琼海会山异常	253 440	Ⅲ级	五级	96.87		异常区地质背景主要为志留系变质石英砂岩,无相应的矿床或矿(化)点响应
25	东方公爱异常	66 855	Ⅱ级	六级	54.75	铌矿	异常区地质背景主要为长城系云母石英片岩和二叠纪二长花岗岩,无相应的矿床或矿(化)点响应,有铌化探异常伴生
26	东方广坝异常	18 025	Ⅱ级	六级	20.58	铌矿	异常区地质背景主要为二叠纪二长花岗岩,无相应的矿床或矿(化)点响应,有铌化探异常伴生
27	东方毛沟村异常	46 020	Ⅱ级	四级	118.82	稀土矿	异常区地质背景主要为三叠纪正长花岗岩和奥陶系砂砾岩,无相应的矿床或矿(化)点响应,有镧、铌化探异常伴生

续表 4-19

异常编号	异常名称	最高含量	异常分级	汇水盆地	异常面积	推断矿种	地质矿产与化探异常
28	昌江牛笛岭异常	32 068	Ⅲ级	一级	15.38		异常区地质背景主要为志留系变质石英砂岩和第四系砂土质沉积岩,无相应的矿床或矿(化)点响应
29	乐东山荣异常	60 775	Ⅱ级	四级	55.71	稀土矿	异常区地质背景主要为三叠纪正长花岗岩,无相应的矿床或矿(化)点响应,有镧、钇、铌化探异常伴生
30	乐东抱由异常	59 640	Ⅲ级	一级	64.18		异常区地质背景主要为第四系砂土质沉积物和三叠纪黑云正长花岗岩,无相应的矿床或矿(化)点响应
31	五指山番阳异常	15 085	Ⅱ级	六级	26.58	稀土矿	异常区地质背景主要为三叠纪正长花岗岩,无相应的矿床或矿(化)点响应,有镧、钇、铌化探异常伴生
32	五指山南圣异常	15 045	Ⅱ级	六级	8.09	稀土矿	异常区地质背景主要为二叠纪二长花岗岩,无相应的矿床或矿(化)点响应,有镧、钇化探异常伴生
33	保亭什岭异常	21 135	Ⅲ级	五级	32.59		异常区地质背景主要为二叠纪二长－钾长花岗岩和白垩纪花岗闪长岩,无相应的矿床或矿(化)点响应
34	琼中长征异常	25 925	Ⅱ级	五级	17.67	稀土矿	异常区地质背景主要为二叠纪二长花岗岩,无相应的矿床或矿(化)点响应,有镧化探异常伴生
35	琼中新建异常	92 200	Ⅱ级	六级	62.43	稀土矿	异常区地质背景主要为二叠纪二长花岗岩和二叠纪二云花岗岩,无相应的矿床或矿(化)点响应,有镧化探异常伴生
36	琼中乘坡异常	25 300	Ⅲ级	六级	7.79		异常区地质背景主要为二叠纪二云花岗岩,无相应的矿床或矿(化)点响应
37	万宁三更罗异常	50 530	Ⅲ级	六级	28.74		异常区地质背景主要为二叠纪花岗闪长岩和二长花岗岩,无相应的矿床或矿(化)点响应
38	乐东尖峰岭异常	19 980	Ⅱ级	六级	6.50	稀土矿	异常区地质背景主要为三叠纪正长花岗岩和二叠纪石英闪长岩,无相应的矿床或矿(化)点响应,有镧、钇、化探异常伴生
39	乐东南寨异常	86 760	Ⅱ级	四级	113.22	稀土矿	异常区地质背景主要为二叠纪二长花岗岩,无相应的矿床或矿(化)点响应,有镧、钇、铌化探异常伴生
40	乐东志忠异常	52 155	Ⅲ级	六级	106.54		异常区地质背景主要为二叠纪二长花岗岩,无相应的矿床或矿(化)点响应

注:表中"最高含量"单位为颗/30kg,"异常面积"单位为 km^2。

1. Ⅰ级异常主要特征

白沙芽苞异常（12号）：异常区内稀土矿物最高标准化含量79 200颗/30kg，汇水盆地始于三级，异常面积87.21km²。异常区地质背景主要为二叠纪二长花岗岩，有白沙芽苞独居石矿响应。异常未作检查。

2. 主要Ⅱ级异常基本特征

最高含量值最大的Ⅱ级异常——琼中长流水异常（22号）：异常区内稀土矿物最高标准化含量1 080 000颗/30kg，也是全岛含量最高的，汇水盆地始于六级，异常面积69.81km²。异常区地质背景主要为二叠纪二长花岗岩和白垩纪花岗斑岩，无相应的矿床或矿（化）点响应，有镧化探异常伴生。有一定指示意义。

面积最大的Ⅱ级异常——文昌白延异常（8号）：异常区内稀土矿物最高标准化含量131 680颗/30kg，汇水盆地始于五级，异常面积441.47km²。异常区地质背景主要为三叠纪二长花岗岩和新近系橄榄玄武岩，无相应的矿床或矿（化）点响应，有镧、钇化探异常伴生。

海南岛的稀土矿床均为风化壳型，零星分布于琼西南地区，有用组分均呈离子吸附态存在，与自然重砂所反映的原生稀土矿物没有关系，再加上已发现的矿床数量少，故极少有Ⅰ级异常，Ⅱ级异常也只是基于相应元素化探异常而定义的。异常均未作检查。

（五）锆钛矿物异常分布特征

海南岛沿海第四系锆钛矿物异常共24处，主要为Ⅰ级异常（表4-20）。

表4-20 海南岛自然重砂锆钛矿物异常基本特征

异常编号	异常名称	最高含量	异常分级	汇水盆地	异常面积	推断矿种	地质矿产与化探异常
1	文昌铺前异常	97 165	Ⅱ级	六级	53.31	锆矿	异常区地质背景为第四系砂土质沉积物，无已知矿床或矿（化）点响应，异常区内有锆、钛化探异常存在
2	文昌翁田内六异常	186 365	Ⅰ级	六级	25.51	锆矿	异常区地质背景为第四系砂土质沉积物，有已知矿床或矿（化）点响应
3	文昌白坪异常	116 895	Ⅰ级	四级	14.21	锆矿	异常区地质背景为第四系砂土质沉积物，有已知矿床或矿（化）点响应
4	文昌东郊异常	421 480	Ⅰ级	六级	70.28	锆矿	异常区地质背景为第四系砂土质沉积物，有已知矿床或矿（化）点响应
5	文昌清澜异常	127 566	Ⅱ级	五级	50.15	锆矿	异常区地质背景为第四系砂土质沉积物，无已知矿床或矿（化）点响应，异常区内有锆化探异常存在
6	文昌烟墩异常	7 865 600	Ⅰ级	六级	104.14	钛矿	异常区地质背景为第四系砂土质沉积物，有文昌长坡三更峙砂钛矿、文昌烟墩砂钛矿响应

续表 4-20

异常编号	异常名称	最高含量	异常分级	汇水盆地	异常面积	推断矿种	地质矿产与化探异常
7	琼海异常	2 504 784	Ⅱ级	六级	259.86	锆矿	异常区地质背景为第四系砂土质沉积物,无已知矿床或矿(化)点响应,异常区内有锆、钛化探异常存在
8	琼海龙湾异常	109 207	Ⅰ级	三级	22.22	锆矿	异常区地质背景为第四系砂土质沉积物,有琼海龙湾钛锆砂矿区响应
9	万宁龙滚异常	113 848	Ⅱ级	六级	28.65	锆矿	异常区地质背景为第四系砂土质沉积物,无已知矿床或矿(化)点响应,异常区内有锆化探异常存在
10	万宁异常	1 511 824	Ⅰ级	六级	178.28	锆矿	异常区地质背景为第四系砂土质沉积物,有已知矿床或矿(化)点响应
11	陵水海田异常	159 965	Ⅰ级	六级	29.88	锆矿	异常区地质背景为第四系砂土质沉积物,有已知矿床或矿(化)点响应
12	陵水光坡异常	148 370	Ⅱ级	四级	22.27	锆矿	异常区地质背景为第四系砂土质沉积物,无已知矿床或矿(化)点响应,异常区内有锆、钛化探异常存在
13	陵水龙门异常	964 759	Ⅰ级	五级	59.77	锆矿	异常区地质背景为第四系砂土质沉积物,有已知矿床或矿(化)点响应
14	陵水英州异常	187 213	Ⅱ级	六级	21.22	锆矿	异常区地质背景为第四系砂土质沉积物,无已知矿床或矿(化)点响应,异常区内有锆、钛化探异常存在
15	三亚海棠湾异常	115 290	Ⅱ级	五级	14.81	锆矿	异常区地质背景为第四系砂土质沉积物,无已知矿床或矿(化)点响应,异常区内有锆化探异常存在
16	三亚荔枝沟异常	97 981	Ⅲ级	五级	8.74	锆矿	异常区地质背景为第四系砂土质沉积物,无已知矿床或矿(化)点响应,异常区无锆、钛化探异常存在
17	三亚崖城异常	322 800	Ⅰ级	三级	32.37	锆矿	异常区地质背景为第四系砂土质沉积物,有已知矿床或矿(化)点响应
18	东方毛沟异常	103 573	Ⅱ级	四级	27.50	锆矿	异常区地质背景为第四系砂土质沉积物,无已知矿床或矿(化)点响应,异常区内有锆化探异常存在
19	东方新龙异常	152 385	Ⅲ级	五级	9.22		异常区地质背景为第四系砂土质沉积物,无已知矿床或矿(化)点响应,异常区无锆、钛化探异常存在

续表 4-20

异常编号	异常名称	最高含量	异常分级	汇水盆地	异常面积	推断矿种	地质矿产与化探异常
20	东方小岭异常	100 240	Ⅲ级	三级	25.58		异常区地质背景为第四系砂土质沉积物,无已知矿床或矿(化)点响应,异常区无锆、钛化探异常存在
21	昌江四更异常	127 444	Ⅲ级	六级	121.42		异常区地质背景为第四系砂土质沉积物,无已知矿床或矿(化)点响应,异常区无锆、钛化探异常存在
22	儋州海尾异常	344 340	Ⅲ级	六级	272.95		异常区地质背景为第四系砂土质沉积物,无已知矿床或矿(化)点响应,异常区无锆、钛化探异常存在
23	儋州新洋异常	301 852	Ⅱ级	六级	87.21	锆矿	异常区地质背景为第四系砂土质沉积物,无已知矿床或矿(化)点响应,异常区内有锆化探异常存在
24	儋州排浦异常	139 900	Ⅱ级	六级	19.90	钛矿	异常区地质背景为第四系砂土质沉积物,无已知矿床或矿(化)点响应,异常区内有钛化探异常存在

注:表中"最高含量"单位为颗/30kg,"异常面积"单位为 km²。

1. Ⅰ级异常主要特征

文昌翁田内六异常(2号):异常区内锆钛矿物最高标准化含量 186 365 颗/30kg,汇水盆地始于六级,异常面积 25.51km²。异常区地质背景主要为第四系砂土质沉积物,有已知矿床或矿(化)点响应。异常为矿致异常,未检查。

文昌昌洒白坪异常(3号):异常区内锆钛矿物最高标准化含量 116 895 颗/30kg,汇水盆地始于四级,异常面积 14.21km²。异常区地质背景主要为第四系砂土质沉积物,有已知矿床或矿(化)点响应。异常为矿致异常,未作检查。

文昌东郊异常(4号):异常区内锆钛矿物最高标准化含量 421 480 颗/30kg,汇水盆地始于六级,异常面积 70.28km²。异常区地质背景主要为第四系砂土质沉积物,有已知矿床或矿(化)点响应。异常为矿致异常,未作检查。

文昌烟墩异常(6号):异常区内锆钛矿物最高标准化含量 7 865 600 颗/30kg,为全岛最高。汇水盆地始于六级,异常面积 104.14km²。异常区地质背景主要为第四系砂土质沉积物,有已知矿床或矿(化)点响应。异常为矿致异常,未作检查。

琼海龙湾异常(8号):异常区内锆钛矿物最高标准化含量 109 207 颗/30kg,汇水盆地始于三级,异常面积 22.22km²。异常区地质背景主要为第四系砂土质沉积物,有已知矿床或矿(化)点响应。异常为矿致异常,未作检查。

万宁异常(10号):异常区内锆钛矿物最高标准化含量 1 511 824 颗/30kg,汇水盆地始于六级,异常面积 178.28km²。异常区地质背景主要为第四系砂土质沉积物,有已知矿床或矿(化)点响应。异常为矿致异常,未作检查。

陵水海田异常(11号):异常区内锆钛矿物最高标准化含量 159 965 颗/30kg,汇水盆地始于六级,异常面积 29.88km²。异常区地质背景主要为第四系砂土质沉积物,有已知矿床或矿(化)点响应。异常为矿致异常,未作检查。

陵水龙门异常(13号)：异常区内锆钛矿物最高标准化含量964 759颗/30kg，汇水盆地始于五级，异常面积59.77km²。异常区地质背景主要为第四系砂土质沉积物，有已知矿床或矿(化)点响应。异常为矿致异常，未作检查。

三亚崖城异常(17号)：异常区内锆钛矿物最高标准化含量322 800颗/30kg，汇水盆地始于三级，异常面积32.37km²。异常区地质背景主要为第四系砂土质沉积物，有已知矿床或矿(化)点响应。异常为矿致异常，未作检查。

2. 主要Ⅱ级异常特征

最高含量值最大的Ⅱ级异常——琼海异常(7号)：异常区内锆钛矿物最高标准化含量2 504 784颗/30kg，汇水盆地始于六级，异常面积259.86km²，也是面积最大的Ⅱ级异常。区内地质背景主要为第四系砂土质沉积物，无已知矿床或矿(化)点响应，异常区内有锆、钛化探异常存在。

面积次大的Ⅱ级异常——儋州新洋异常(23号)：异常区内锆钛矿物最高标准化含量301 852颗/30kg，汇水盆地始于六级，异常面积87.21km²。区内地质背景主要为第四系砂土质沉积物，无已知矿床或矿(化)点响应，异常区内有锆、钛化探异常存在。

海南岛锆钛砂矿资源基本上完全集中于东海岸，因此Ⅰ级异常也在此区域产出，但这并不能完全认定西部海岸就不存在锆钛砂矿资源。此外，东海岸尚有不少Ⅱ级异常，有相关化探元素异常但没有已知矿床响应，值得开展进一步工作。

四、自然重砂矿物异常的矿产资源指示和预测意义

(一)贵金属和有色金属及其共生、伴生矿物异常

贵金属和有色金属及其共生、伴生矿物主要包括自然金、铜矿物、铅锌矿物、铋矿物、钼矿物、钨矿物、锡石、砷矿物、辰砂9种(辉锑矿不计入)，其综合异常如图4-5所示，61处综合异常的异常矿物组合和对应的已知矿产地如表4-21所示。

海南省已发现的贵金属和有色金属矿产地共157处。其中，有贵金属和有色金属矿物自然重砂综合异常响应的94处(每处综合异常有1处以上已知矿产地存在)，约占60%；有30处综合异常无已知矿产地响应，约占61处综合异常的49%，就异常地质背景而言，均不乏贵金属和有色金属矿找矿预测意义。说明贵金属和有色金属自然重砂综合异常对相应矿产具有较好的指示和预测意义。

(二)其他矿物异常

(1)氟矿物，即萤石。已知8处萤石矿产地均无异常存在；4处异常均无已知矿产地响应，且只有1处可能有萤石矿指示意义。因此，萤石异常的矿产指示和预测意义不明显。

(2)钡矿物，即重晶石。已知2处重晶石矿产地其中1处有异常存在，另1处无自然重砂资料；8处异常中有1处与已知矿产地响应，其他7处异常的地质背景均不具备重晶石矿产出条件。因此，重晶石异常的矿产指示意义较好，但预测意义较差。

(3)磷矿物，即磷灰石。已知5处磷灰石矿产地均无异常存在；23处异常的地质背景均不具备磷灰石矿(主要为沉积变质型)的产出条件。因此，磷灰石异常的矿产指示意义和预测意义均较差。但是，磷灰石同时可以是贵金属和有色金属矿化作用的伴生产物，也可以成为相应成矿作用的伴生指示矿物。

(4)铬矿物，包括铬铁矿和铬尖晶石。已知3处铬矿产地均有异常存在(为同一异常)；5处异常中除1处有铬矿产地外，其他4处有3处的地质背景均可能具备铬矿产出条件(基性火山岩区或其风化后形成的第四系)。因此，铬矿物异常的矿产指示意义和预测意义均较好。

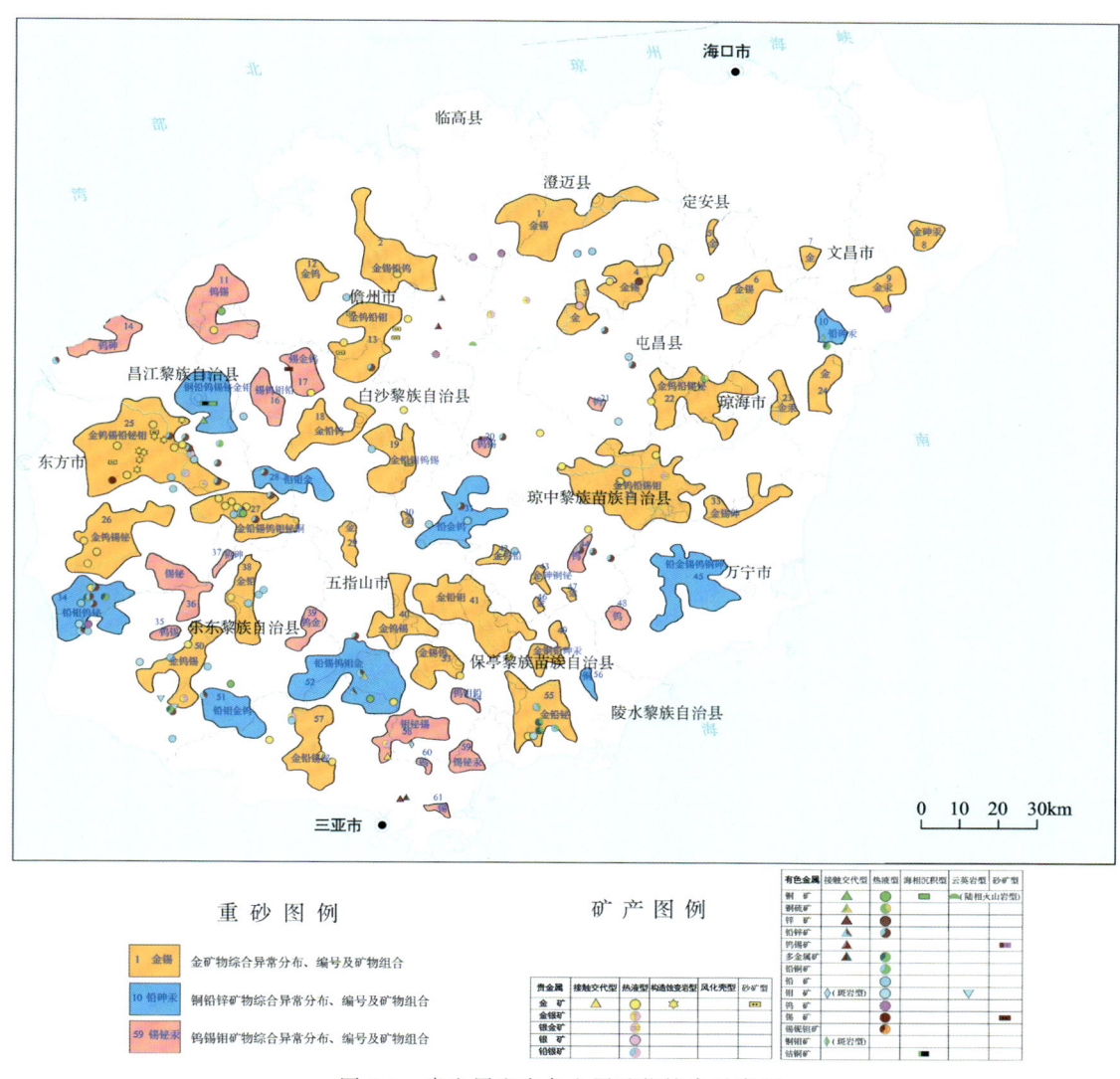

图 4-5 贵金属和有色金属矿物综合异常图

表 4-21 贵金属和有色金属矿物综合异常基本特征

综合异常编号	主异常矿物	异常面积/km²	所辖异常矿物	已知矿种
1	金	308.02	金/锡	
2	金	245.03	金/锡/铅/钨	金
3	金	76.09	金	银
4	金	136.86	金/锡	金、锌
5	金	18.08	金	
6	金	117.27	金/锡	
7	金	23.73	金	
8	金	52.18	金/砷/汞	
9	金	80.43	金/汞	钨
10	铅	46.62	铅/砷/汞	铜、钼

续表 4-21

综合异常编号	主异常矿物	异常面积/km²	所辖异常矿物	已知矿种
11	钨	213.57	钨/锡	铜、金
12	金	68.72	金/钨	
13	金	231.30	金/钨/铅/钼	金、铅锌
14	钨	94.04	钨/砷	
15	铜	176.47	铜/铅/钨/锡/铋/金/钼	铜
16	锡	77.94	锡/钨/钼/铅	
17	锡	86.75	锡/金/钨	锡、金
18	金	153.91	金/铅/钨	
19	金	165.97	金/铅/钼/钨/锡	金、铅
20	钨	20.21	钨/锡	钨、锡
21	钨	11.24	钨	
22	金	250.82	金/钨/铅/锡/铋	金、铜
23	金	63.36	金/汞	
24	金	82.39	金	
25	金	575.99	金/钨/锡/铅/铋/钼	金、铅锌、锡等
26	金	273.54	金/钨/锡/铋	金
27	金	213.61	金/铅/锡/钨/钼/铋/铜	金、铜、铅锌
28	铅	104.36	铅/钼/金	铅锌
29	金	38.90	金	
30	金	9.21	金	
31	铅	174.32	铅/金/钨	铅锌
32	金	490.07	金/钨/铅/锡/钼	金、铅
33	金	113.53	金/锡/砷	
34	铅	225.71	铅/钼/钨/铋	金、铅锌、钨
35	钨	22.30	钨/锡	
36	锡	125.79	锡/铋	
37	钨	15.24	钨/砷	
38	金	131.58	金/铅	金、铅
39	钨	53.75	钨/金	
40	金	141.11	金/钨/锡	
41	金	294.11	金/铅/钼	金
42	金	26.91	金/钨/铅	金
43	金	20.73	金/砷/铜/铋	金
44	钨	32.77	钨	铅锌
45	铅	253.19	铅/金/锡/钨/铜/砷	

续表 4-21

综合异常编号	主异常矿物	异常面积/km²	所辖异常矿物	已知矿种
46	金	7.62	金	
47	金	8.35	金	
48	钨	29.64	钨	
49	金	72.17	金/铜/铅/砷/汞	
50	金	172.89	金/钨/锡	金、铅
51	铅	134.91	铅/钼/金/钨	铅锌
52	铅	354.71	铅/锡/钨/钼/金	金、铜、铅锌
53	金	97.79	金/锡/钨	金
54	钨	23.35	钨/钼/铅	
55	金	208.03	金/铅/铋	金、铅锌等
56	铜	19.35	铜	
57	金	170.99	金/铅/锡/铋	金
58	钼	122.82	钼/铋/锡	钼、金
59	锡	52.67	锡/铋/汞	
60	钨	9.60	钨	
61	锡	14.23	锡	

(5) 铁矿物，包括针铁矿、蓝铁矿、白铁矿、铁矿、钛磁铁矿、镜铁矿、磁铁矿、菱铁矿、黄铁矿、褐铁矿和赤铁矿。已知 46 处铁矿产地有 21 处有异常响应；37 处铁矿物异常除 8 处有铁矿产地响应外，其他 29 处的地质背景均可能具备贵金属和有色金属矿产出条件，但有 16 处无任何相应元素异常出现。因此，铁矿物异常的矿产指示意义较好，预测意义一般。

(6) 稀土矿物，包括褐帘石、褐钇铌矿、磷钇矿和独居石。已知 6 处稀土矿产地有 1 处独居石砂矿有异常响应；40 处稀土矿物异常，除 1 处有独居石砂矿响应、5 处的地质背景无稀土矿产出条件外，其他 34 处的地质背景均可能具备稀土矿产出条件（包括 8 处有第四系地质背景）。鉴于海南岛稀土矿均为风化壳离子吸附型，因此，稀土矿物异常的矿产指示需结合稀土元素的化探异常再行判定，此项工作将在独居石砂矿预测工作区自然重砂工作中体现。

(7) 锆钛矿物，包括曲晶石、板钛矿、白钛矿、金红石、锐钛矿、钛铁矿和锆石等。已知 55 处锆钛砂矿矿产地约有 32 处有异常响应（每处异常有 1 处以上的已知矿产地存在）；24 处稀土矿物异常有 9 处有已知矿产地产出，其他 15 处的地质背景（均为沿海第四系）均具备稀土矿产出条件。因此，锆钛矿物异常的矿产指示意义和预测意义均较好。

(8) 锰矿物，包括软锰矿、硬锰矿和褐锰矿。已知的 1 处锰矿矿产地无锰矿物异常；12 处锰矿物异常均无锰矿产地响应，但有 6 处具有贵金属和有色金属矿床指示意义，也具备相应的地质背景，其他 6 处的地质背景也有贵金属和有色金属矿床指示意义，但无相应元素异常。因此，锰矿物异常的矿产指示意义一般，预测意义较好。

综上所述，18 种有用矿物的已知矿产指示意义以贵金属和有色金属及其共生、伴生矿物、重晶石、铬矿物、铁矿物和锆钛矿物相对最为显著，均可以成为相应预测矿种的重要预测要素；萤石、磷灰石和稀土矿物的指示和预测意义均较差，不足以成为相应预测矿种的预测要素。此外，铁矿物在一定程度上可以成为贵金属和有色金属矿床的预测指标之一。

第四节 异常区带划分及特征

海南岛自然重砂共圈定 18 种（组合或单）矿物异常 424 处，不同矿物不同级别异常统计如表 4-22 所示。

表 4-22 自然重砂矿物异常分级统计

矿物	Ⅰ级异常数（共 97 处）	Ⅱ级异常数（共 162 处）	Ⅲ级异常数（共 165 处）	合计
辉锑矿	0	1	0	1
萤石	0	1	3	4
重晶石	2	1	5	8
锰矿物	1	5	6	12
砷矿物	2	7	18	27
铜矿物	2	4	2	8
铋矿物	9	8	1	18
钼矿物	8	15	0	23
铅锌矿物	14	7	21	42
磷灰石	5	13	5	23
辰砂	0	17	9	26
自然金	16	13	19	48
铬矿物	1	0	4	5
锡石	8	17	6	31
钨矿物	8	15	24	47
铁矿物	11	10	16	37
稀土矿物	1	18	21	40
锆钛矿物	9	10	5	24

自然重砂矿物异常是各种地质作用的产物，与地质背景存在必然的成因联系。海南岛的地质背景按岩性可分为六大类，即第四系松散沉积物（同时包括极少量的新近系和古近系碎屑岩类）、新生代的基性火山岩（第四纪和新近纪的玄武岩类）、中生代红层盆地砂页岩类（以白垩系为主）、中生代酸性火山岩（以安山岩类为主，元古宙—古生代沉积-变质岩（多为变质碎屑岩类）、元古宙—中生代中酸性侵入岩（以花岗岩类为主），以矿物的异常面积统计其在六大类岩性地质背景区的分布情况，并以满分 10 分大致估算出各矿物异常在各地质背景区中所占的分值，统计结果如表 4-23 所示。

表 4-23 自然重砂矿物异常在不同地质背景区的面积分布

矿物	第四系	基性火山岩区	中生代红层区	酸性火山岩区	变质岩区	花岗岩区
辉锑矿						10
萤石	2					8

续表 4-23

矿物	第四系	基性火山岩区	中生代红层区	酸性火山岩区	变质岩区	花岗岩区
重晶石	3					7
锰矿物		1	1		2	6
砷矿物	0.5	6			2	1.5
铜矿物	1				1	8
铋矿物				2	2	6
钼矿物			0.5	0.5	1	8
铅锌矿物			0.5	0.5	2.5	6.5
磷灰石	3				2	5
辰砂	0.5	8.5			0.5	0.5
自然金	1		0.5	0.5	6	2
铬矿物	0.5	9	0.5			
锡石	1.5		0.5	0.5	2	5.5
钨矿物					3	7
铁矿物	0.5	2	5	1.5	0.5	0.5
稀土矿物	1.5		0.5		2	6
锆钛矿物	只在第四系范围内圈定异常					
合计/%	8.82	15.59	5.29	3.24	15.59	51.47

由表 4-23 可知：

(1) 从总数来看，全部矿物的异常有一半以上分布于花岗岩区，其次为变质岩区和基性火山岩区，酸性火山岩区异常最少。

(2) 从地质背景来看，变质岩区以自然金异常最发育，基性火山岩区以铬矿物、辰砂和砷矿物异常最发育，中生代红层区以铁矿物异常最发育，花岗岩区除铬矿物、辰砂、铁矿物外其他矿物异常均非常发育，第四系发育大多数矿物异常。

(3) 从矿物来看，铁矿物异常在各种地质背景中广泛发育，其次是自然金和锡石。钨矿物、重晶石和萤石异常发育范围相对较小。

以上异常分布特征表明海南岛区域自然重砂矿物异常的分布与地质背景结合十分紧密，也充分反映了矿物自身在表生环境中的物理化学性质，说明海南省省级自然重砂异常圈定合理，符合客观实际情况。

自然重砂矿物异常多为有价值的矿致异常，与已知矿床点、成矿区带存在必然的空间对应关系。海南岛共分为 5 个四级成矿区带，各成矿区带自然重砂矿物异常统计结果如表 4-24 所示。

表 4-24 自然重砂矿物异常在不同四级成矿区带的个数分布

矿物	Ⅳ-51	Ⅳ-52	Ⅳ-53	Ⅳ-54	Ⅳ-55
辉锑矿	0	0	0	1	0
萤石	0	2	0	2	0
重晶石	0	4	0	4	0

续表 4-24

矿物	Ⅳ-51	Ⅳ-52	Ⅳ-53	Ⅳ-54	Ⅳ-55
锰矿物	0	5	2	6	0
砷矿物	8	5	2	14	1
铜矿物	0	3	1	5	0
铋矿物	0	10	2	7	4
钼矿物	0	11	2	11	1
铅锌矿物	1	15	4	24	2
磷灰石	1	11	0	12	1
辰砂	9	3	0	14	1
自然金	4	15	10	33	2
铬矿物	4	0	0	3	0
锡石	4	11	5	18	3
钨矿物	0	18	6	29	1
铁矿物	5	17	5	20	2
稀土矿物	3	19	5	22	0
锆钛矿物	3	7	0	12	4
汇总	42	156	44	237	22

由表 4-24 可知：

(1) Ⅳ-51 雷琼裂谷石油、天然气、褐煤(油页岩)、高岭土成矿亚带内主要分布辰砂、毒砂、铁矿物、铬矿物、自然金、锆钛矿物等矿物异常。

(2) Ⅳ-52 琼西岩浆弧铁、钴(铜)、金、轻稀土、石墨、白云母、水晶、多金属成矿亚带内主要分布稀土矿物、钨矿物、铁矿物、铅锌矿物、自然金、钼矿物等矿物异常。

(3) Ⅳ-53 白沙盆地萤石、金、铅成矿亚带内主要分布自然金、钨矿物、稀土矿物、铁矿物、锡石、铅锌矿物等矿物异常。

(4) Ⅳ-54 琼东陆内盆地铁、铝(钴)、铀、水晶、宝石、褐煤、石墨、多金属成矿亚带内主要分布自然金、钨矿物、铅锌矿物、稀土矿物、铁矿物、锡石、砷矿物、辰砂等矿物异常。

(5) Ⅳ-55 三亚地体铁、磷、锰多金属成矿亚带内主要分布锆钛矿物、铋矿物、锡石、自然金、铅锌矿物等矿物异常。

以上异常分布特征表明海南岛区域自然重砂矿物异常的分布与根据已知矿床点划分的成矿区带空间对应较好，尤其是Ⅳ-52与Ⅳ-54成矿亚带。

基于以上认识，根据各自然重砂矿物异常空间分布(组合)，对 18 种自然重砂(组合)矿物异常进行区带划分(图 4-6)，各异常区带自然重砂异常个数见表 4-25，各区带异常集群属性分别如下。

1) 琼东北黑色金属异常区带(Ⅰ)

该异常区带位于Ⅳ-51与Ⅳ-54两个成矿亚带边缘，面积大约 $1500 km^2$，分布于云龙、三门坡、蓬莱、黄竹地区，地质背景主要为基性火山岩。由辰砂、砷矿物、铬矿物和铁矿物异常组成(综合异常见图 4-7)，除铁矿物、铬矿物异常外，砷矿物、辰砂均为三级异常，没有找矿指示意义。

图 4-6 海南岛自然重砂矿物异常区带图

表 4-25 不同重砂异常区带中自然重砂矿物异常个数分布

矿物	异常区带 I	异常区带 II	异常区带 III	异常区带 IV
辉锑矿	0	0	1	0
萤石	0	1	0	2
重晶石	0	4	1	1
锰矿物	1	6	4	0
砷矿物	4	5	11	2
铜矿物	0	3	5	0
铋矿物	0	10	8	0
钼矿物	0	13	11	0
铅锌矿物	2	18	23	0
磷灰石	0	11	9	0
辰砂	8	3	4	7
自然金	3	17	21	5

续表 4-25

矿物	异常区带 Ⅰ	异常区带 Ⅱ	异常区带 Ⅲ	异常区带 Ⅳ
铬矿物	3	0	1	1
锡石	2	13	12	1
钨矿物	0	19	25	1
铁矿物	2	17	14	1
稀土矿物	2	19	15	1
锆钛矿物	0	6	5	8
汇总	27	165	170	30

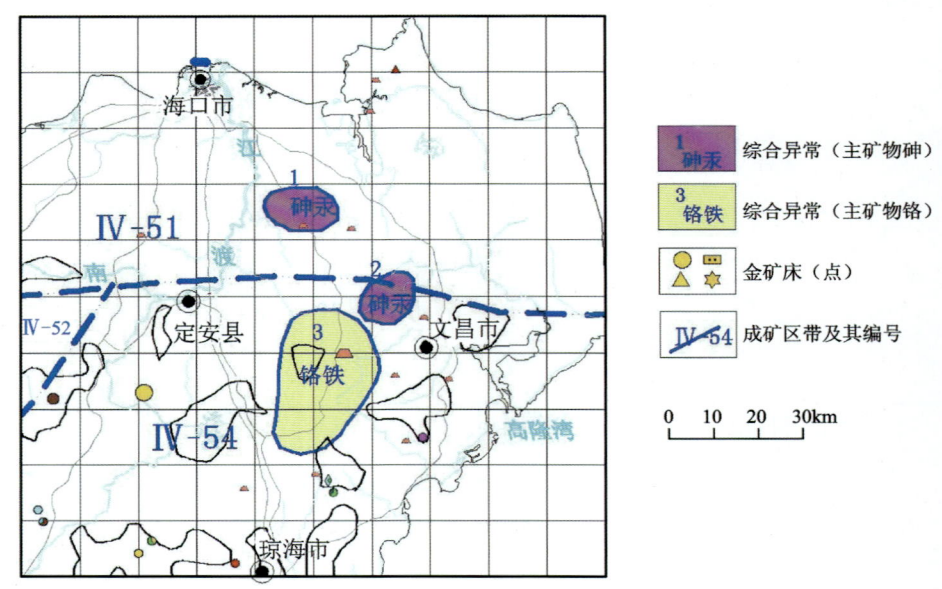

图 4-7 琼东北黑色金属异常区带自然重砂综合异常图

2）琼西贵金属与有色金属矿物异常区带（Ⅱ）

该异常区带覆盖Ⅳ-52与Ⅳ-53两个成矿亚带主体位置，面积大约 8500km²，分布于儋州、昌江、东方、乐东地区，地质背景主要为沉积-变质岩、花岗岩。由钨矿物、铅锌矿物、自然金、钼矿物等异常组成（综合异常见图 4-8）。多为Ⅰ级或Ⅱ级异常，矿床指示意义突出。

3）琼东贵金属与有色金属矿物异常区带（Ⅲ）

该异常区带位于Ⅳ-54成矿亚带，面积大约 7800km²，分布于琼海、万宁、陵水、保亭、三亚地区，地质背景主要为花岗岩、变质岩。由钨矿物、铅锌矿物、自然金、钼矿物、砷矿物等异常组成（综合异常见图4-9）。多为Ⅰ级或Ⅱ级异常，矿床指示意义突出。

4）琼东沿海砂矿型矿物异常区带（Ⅳ）

该异常区带位于Ⅳ-54成矿亚带，面积大约 1500km²，分布于东海岸第四系。大多为锆钛、辰砂、自然金和稀土矿物等异常（综合异常见图 4-10）。均为Ⅲ级异常，可指示次生砂矿型矿床。

总之，海南省中部的变质岩与花岗岩异常集群区是最重要的自然重砂矿物分布区，异常的意义与地质矿产和化探等资料吻合良好，对于贵金属和有色金属矿产等具有重要的指示意义。

不同异常区带的预测推断矿种如表 4-26 所示。

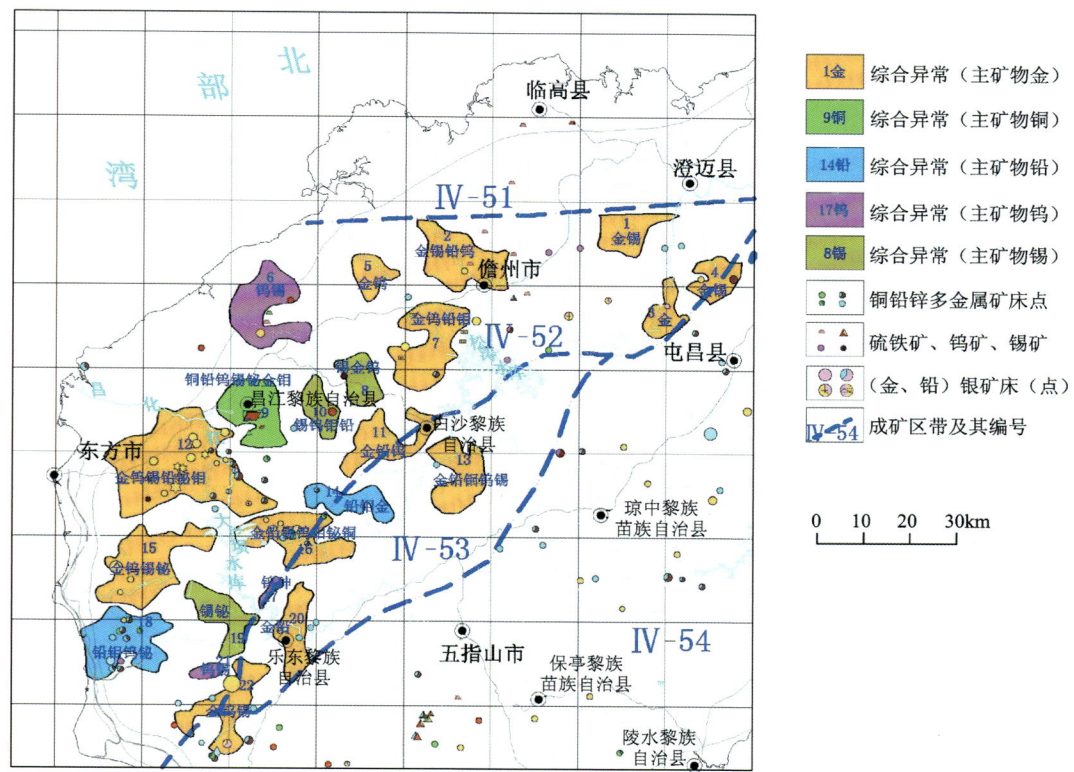

图 4-8　琼西贵金属与有色金属矿物异常区带自然重砂综合异常图

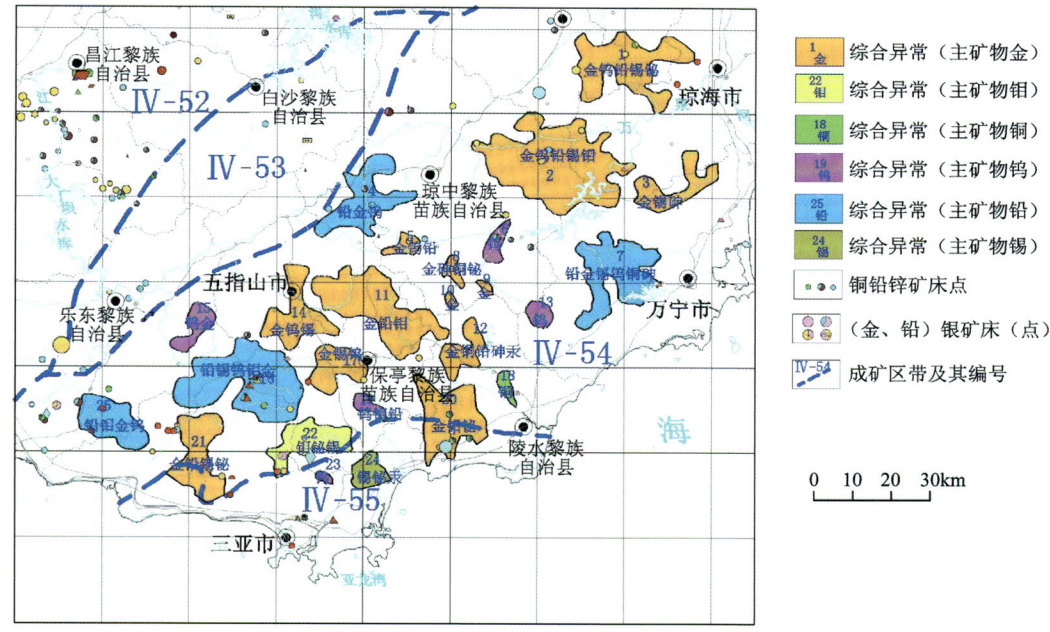

图 4-9　琼东贵金属与有色金属矿物异常区带自然重砂综合异常图

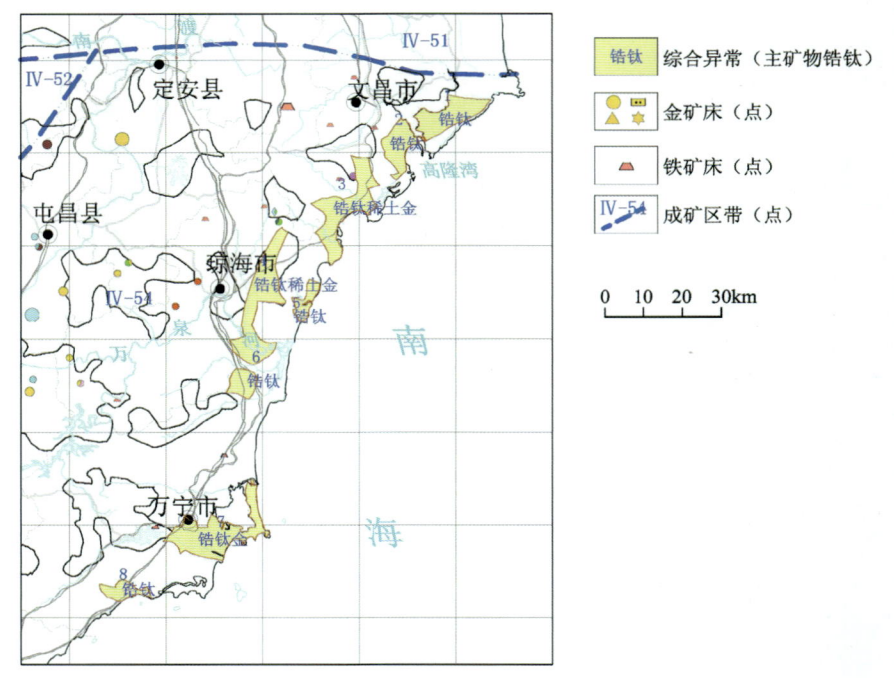

图 4-10　琼东沿海砂矿型矿物异常区带自然重砂综合异常图

表 4-26　海南岛自然重砂异常集群区带预测推断矿种一览表

异常区带名称	主要预测推断矿种
琼东北黑色金属异常区带（Ⅰ）	铁、铬
琼西贵金属与有色金属矿物异常区带（Ⅱ）	金（银）、铜、铅锌、钨、钼、锡、稀土、重晶石
琼东贵金属与有色金属矿物异常区带（Ⅲ）	
琼东沿海砂矿型矿物异常区带（Ⅳ）	锆钛、稀土

琼西贵金属与有色金属矿物异常区带是海南最重要的矿集区，异常区带自然重砂异常剖析图见图 4-11。结合典型矿床成矿要素、成因模式，基于典型矿床所在汇水盆地自然重砂矿物组合特征及周边区域自然重砂异常分布特征，项目组在本异常区带内建立了一系列自然重砂找矿模型（详见第六章），涉及金、银、铜、铅锌、钨锡、重晶石、稀土等矿种的 10 余个典型矿床。

第五节　预测工作区自然重砂矿物异常组合特征

海南岛矿产资源潜力评价自然重砂课题组进行预测评价的预测工作区共 25 个，涉及 28 个典型矿床，13 预测矿种（铅锌合一），典型矿床与预测工作区基本一一对应。以下即分矿种、成因类型，以圈定综合异常的方式总结预测工作区自然重砂矿物组合异常特征。其中，锰矿种预测工作区共有 1 处，基于典型矿床三亚大茅磷锰矿而提出，位于三亚大茅地区；预测工作区中的成矿地质背景为中寒武统大茅组变质岩；由于成矿地质背景及其周缘均无锰矿物与磷矿物出现，因此无法圈定综合异常并进行解释与评价工作。

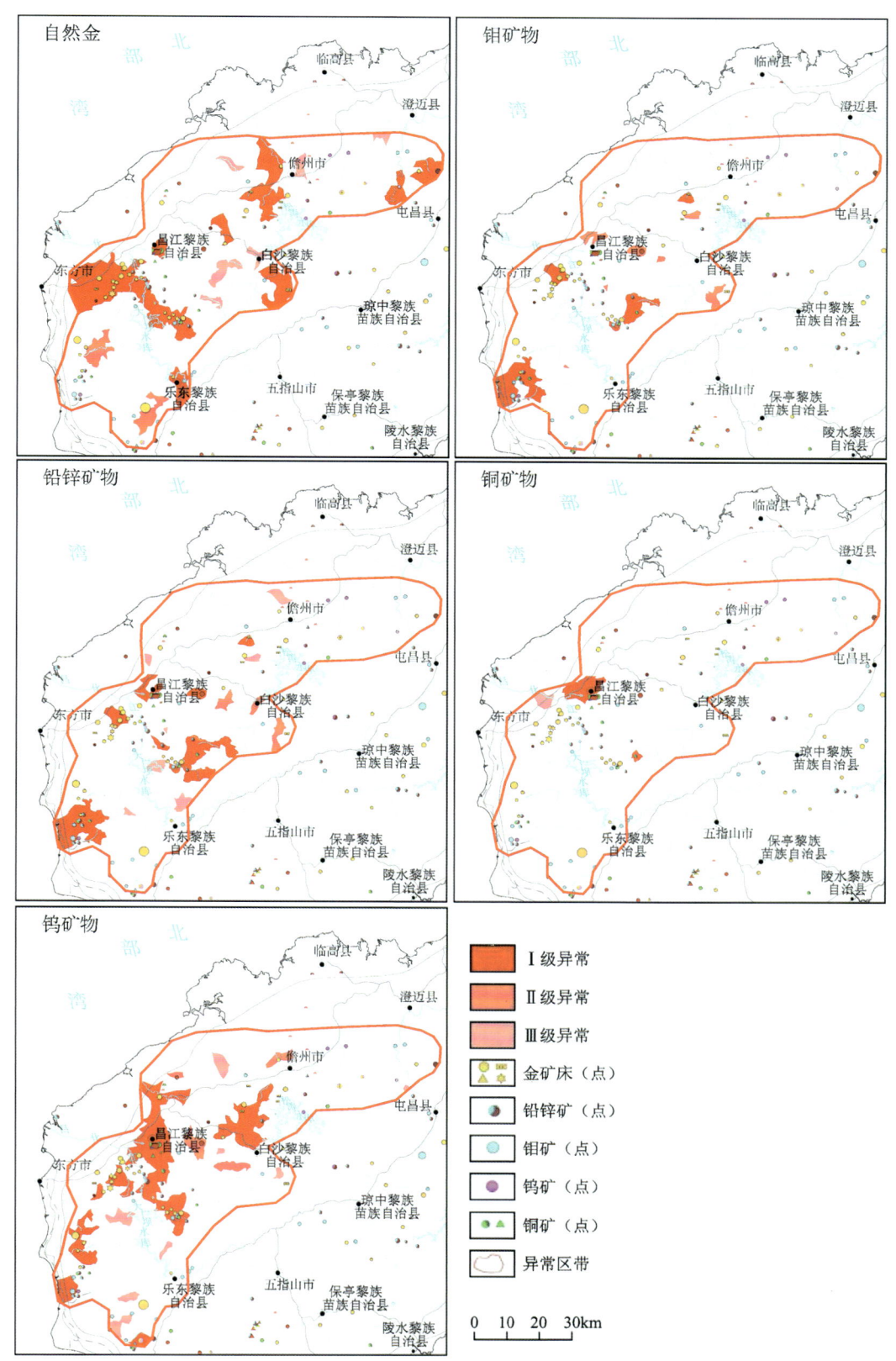

图 4-11 琼西贵金属与有色金属矿物异常带异常剖析图

一、铜矿自然重砂异常组合特征

铜矿种预测工作区是基于典型矿床三亚岭曲铜矿和昌江石碌铜钴矿提出的,分别位于琼南同安岭-牛腊岭火山岩盆地和昌江石碌地区。

(一)同安岭-牛腊岭预测工作区

1. 预测工作区概况

预测工作区内目标地质单元有下白垩统岭壳村组、汤他大岭组和六罗村组中酸性火山岩类沉积和后期侵入的花岗闪长岩类,结合典型矿床矿石矿物和区内存在的贵金属、有色金属矿物及其共生矿物的异常分布,全区共存在自然金、锡石、砷矿物、铋矿物、钼矿物、铅锌矿物、钨矿物 7 种与预测矿种成因密切相关的矿物异常。但在上述地质背景限定下,只有自然金、铋矿物、钼矿物、铅锌矿物、锡石和钨矿物 6 种矿物异常存在。这些异常均取自省级区域异常并重新编号和命名,对截取的局部异常重新计算异常面积和最高含量。

诸矿物异常大多为Ⅲ级或Ⅱ级,一般都存在不同元素区域化探异常组合。典型矿床无任何矿物异常显示。

2. 综合异常的圈定

综合异常的圈定,一是围绕典型矿床限定的成矿地质背景,对其他地质背景范围内的异常不圈定综合异常,突出综合异常对于预测矿种和典型矿床的针对性;二是该综合异常应是由相应地质背景可能存在的矿化作用引起的,也就是根据水系和汇水盆地分布特征,成矿地质背景必须位于异常区内或其上游;三是综合异常必须体现"综合性"和"异常性"的统一,也就是综合异常不可能完全反映每种矿物异常的全部异常范围,同时还要区别于"正常性",如果大面积地圈定综合异常,也就不能称其为"异常"。因此,综合异常的圈定基于三大素材,即单矿物异常、成矿地质背景和水系与汇水盆地,其边界以圆滑曲线圈定。对异常进行编号和异常矿物标示,并按综合异常面积、所辖异常矿物及其下限、面积、最高含量、级别等形成属性表。

据此共圈定 10 处综合异常(图 4-12,表 4-27)。异常多分布于酸性火山岩区外侧、与晚白垩世酸性侵入岩的接触部位,多覆盖其他地层如沉积变质岩;综合异常的矿物组合简单,但一般均有高温元素(Bi、Mo、Sn)对应矿物的异常组合其中;典型矿床所在地无异常,空间上最近的钨矿物异常位于典型矿床的上游,为非典型矿床所致;2、4、5、8、9 号综合异常有已知矿产地响应,为金、银、铅锌等矿种;除 1 号异常外,其他异常均不同程度地有区域地球化学元素异常存在;异常区面积适中,有利于自然重砂找矿预测区的圈定。

(二)昌江石碌预测工作区

1. 预测工作区概况

昌江石碌铜钴矿预测工作区位于昌江石碌,成矿地质背景为青白口系石碌群和震旦系石灰顶组。结合典型矿床矿石矿物和区内存在的贵金属、有色金属矿物及其共生矿物的异常分布,全区共存在自然金、铋矿物、铅锌矿物、铜矿物 4 种与预测矿种成因密切相关的矿物异常。但在上述地质背景限定下,只有自然金、铅锌矿物、铜矿物 3 种矿物异常,这些异常均取自省级区域异常并重新编号和命名,对截取的局部异常重新计算异常面积和最高含量属性。

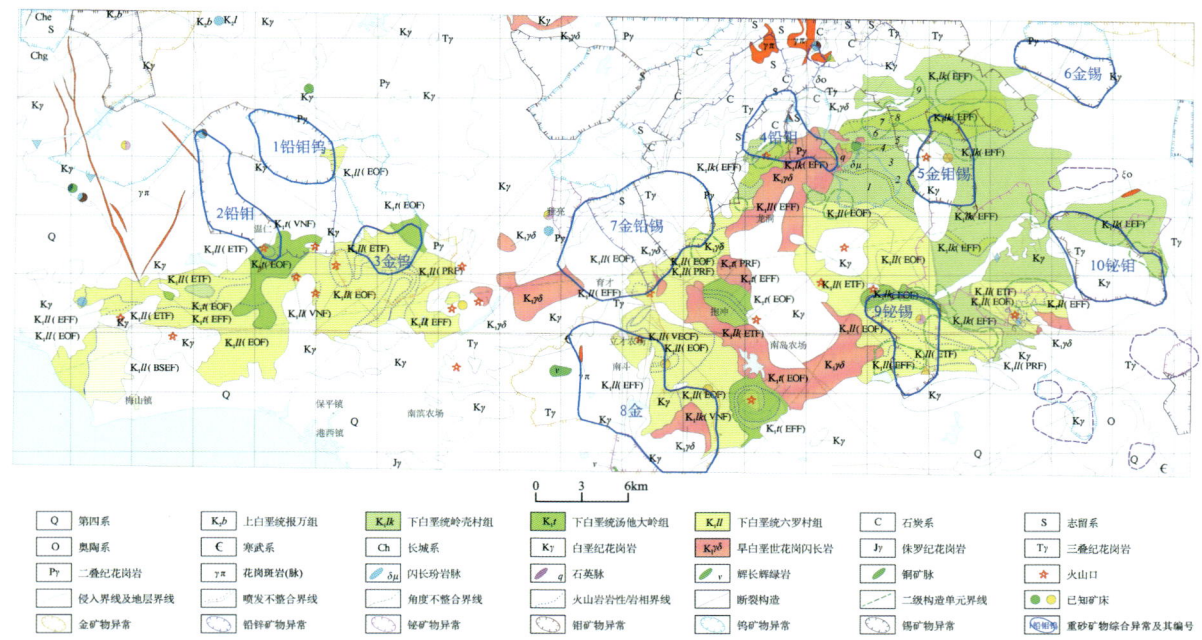

图 4-12 岭曲铜矿预测工作区自然重砂矿物综合异常图

表 4-27 岭曲铜矿预测工作区自然重砂矿物综合异常基本特征

编号	面积	所辖异常矿物	矿物异常下限	矿物异常面积	矿物最高含量	矿物异常分级	矿产与化探异常特征
1	19	铅/钼/钨	1/1/56	78/51/50	20/20/105	Ⅲ/Ⅲ/Ⅲ	无已知矿产地,无元素异常
2	21	铅/钼	1/1	78/51	20/20	Ⅰ/Ⅰ	有铅锌矿等矿产地,有 Pb、Zn、Bi、Mo、W、Sn 元素异常
3	11	金/钨	3/56	30/50	7/105	Ⅱ/Ⅲ	无已知矿产地,有 Au、Bi、Mo、W 元素异常
4	18	铅/钼	1/1	142/7	320/5	Ⅰ/Ⅰ	有铅锌矿等矿产地,有 Sb、Hg、Ag、Au、Cu、Bi、Mo、Sn 元素异常
5	19	金/钼/锡	3/1/300	20/20/398	14/13/14 220	Ⅰ/Ⅰ/Ⅰ	有金矿等矿产地,有 As、Sb、Au、Zn、Bi、Mo 元素异常
6	17	金/锡	1/300	90/17	3/497	Ⅲ/Ⅲ	无已知矿产地,有 Bi、Mo、Sn 元素异常
7	60	金/铅/锡	3/1/300	9/17/398	159/3/14 220	Ⅲ/Ⅲ/Ⅱ	无已知矿产地,有 As、Hg、Zn、Bi、Sn 元素异常
8	60	金	3	159	9	Ⅰ	有金矿等矿产地,有 Hg、Au、Pb、Bi、Mo 元素异常
9	21	铋/锡	1/300	119/21	26/300	Ⅰ/Ⅰ	有金、银矿等矿产地,有 Hg、Ag、Au、Bi、Mo、W 元素异常
10	40	铋/钼	1/1	119/29	26/1	Ⅱ/Ⅱ	无已知矿产地,有 Bi、Mo、W 元素异常

注:表中"矿物异常下限""矿物最高含量"单位为颗/30kg,"面积""矿物异常面积"单位为 km²。

诸矿物异常大多为Ⅲ级或Ⅱ级，一般都存在不同元素区域化探异常组合。典型矿床只有自然金矿物异常显示。

2. 综合异常的圈定

基于单矿物异常、成矿地质背景和水系与汇水盆地三大素材圈定综合异常，其边界以圆滑曲线圈定。对异常进行编号和异常矿物标示，并按综合异常面积、所辖异常矿物及其下限、面积、最高含量、级别等形成属性表。

共圈定2处综合异常（图4-13，表4-28）。异常分布于石碌群北部地区，典型矿床只分布于2号综合异常区内；矿物组合简单，分别只有铜矿物、铅矿物和自然金等矿物。

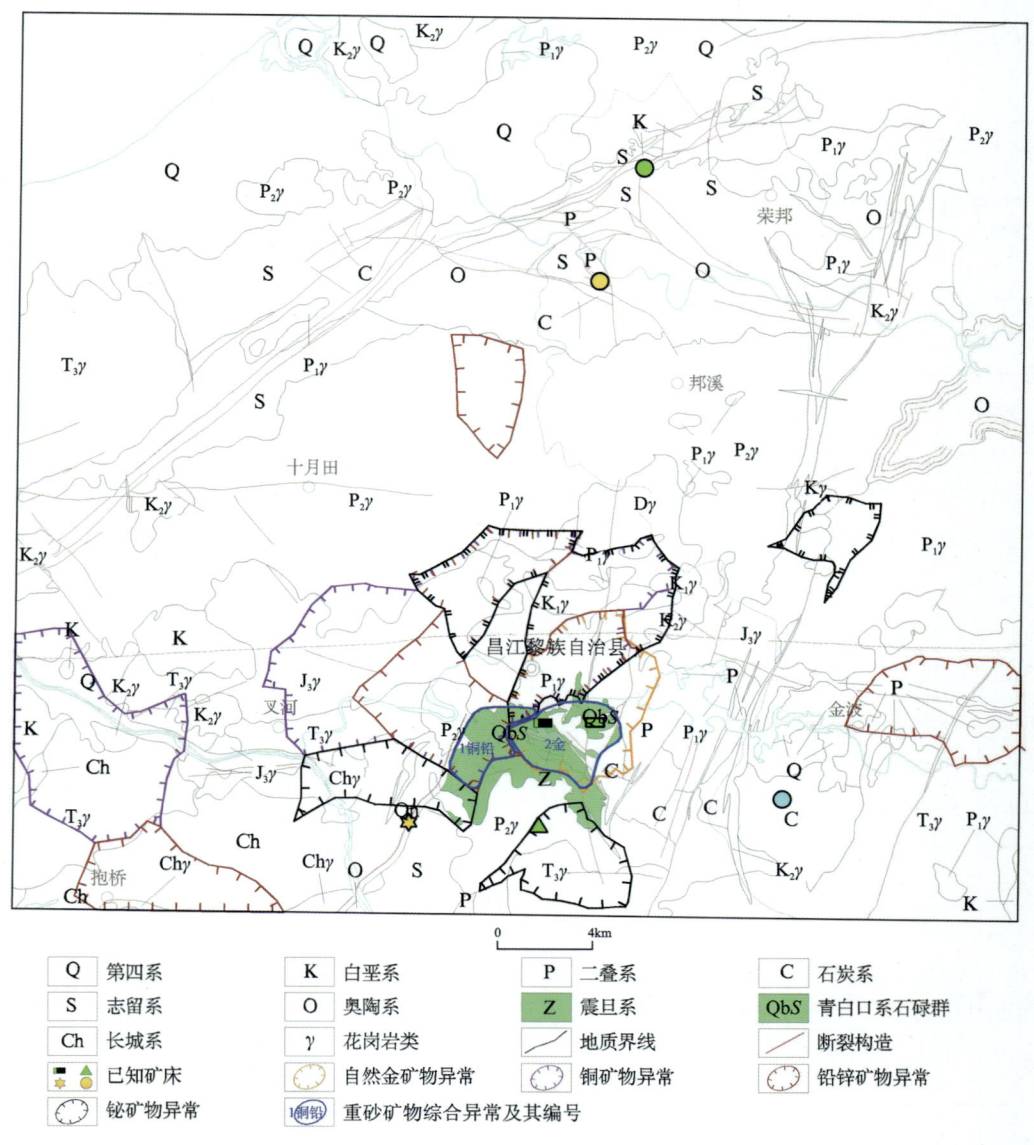

图4-13　石碌铜钴矿预测工作区自然重砂矿物综合异常图

表 4-28 石碌铜钴矿预测工作区自然重砂矿物综合异常基本特征

编号	面积	所辖异常矿物	矿物异常下限	矿物异常面积	矿物最高含量	矿物异常分级	矿产与化探异常特征
1	6	铜/铅	1/1	114/58	5610/50	Ⅰ/Ⅰ	无已知矿产地
2	11	金	3	34	8	Ⅰ	有铜、铜钴等矿产地

注:表中"矿物异常下限""矿物最高含量"单位为颗/30kg,"面积""矿物异常面积"单位为 km^2。

二、铅锌矿自然重砂异常组合特征

铅锌矿种预测工作区是基于典型矿床乐东后万岭铅锌矿提出的,预测工作区范围为全岛的岩浆弧。

1. 预测工作区概况

预测工作区内,基于典型矿床和海南岛大多数已知铅锌矿的产状,预测范围扩大至包括泥盆纪、二叠纪、三叠纪、侏罗纪和白垩纪的全部中酸性侵入岩类(包括钾长侵入岩);结合典型矿床矿石矿物和区内存在的贵金属、有色金属矿物及其共生矿物异常分布,选择预测评价的异常矿物为辰砂、自然金、锡石、砷矿物、铜矿物、铅锌矿物、铋矿物、钼矿物、钨矿物共 9 种。这些矿物的异常,出现即为异常的矿物完全取自省级区域异常,基于含量分级而圈定异常的矿物包括钨矿物、锡矿物、自然金 3 种,需重新圈定。在全部中酸性侵入岩类范围内,该 3 种矿物按累频 90%～95% 作为异常下限,钨矿物下限为 55 颗/30kg,锡矿物为 310 颗/30kg,自然金依然取 3 颗/30kg,与省级异常相比,钨矿物少了 1 个样品点(含量为 56 颗/30kg 的样品点为 1 个),锡矿物多了 2 个样品点(含量分别为 303 颗/30kg 和 310 颗/30kg),自然金样品点不变,因此,该 3 种矿物异常依然取自省级区域异常。各矿物异常按目标地质背景进行必要裁剪,异常的属性作相应调整。

诸矿物异常大多为Ⅱ级或Ⅲ级,相应化探元素异常差异性存在。典型矿床所在位置有铅锌矿物、钼矿物、钨矿物等异常存在。

2. 综合异常的圈定

基于单矿物异常、成矿地质背景和水系与汇水盆地三大素材圈定综合异常,其边界以圆滑曲线圈定。对异常进行编号和异常矿物标示,并按综合异常面积、所辖异常矿物及其下限、面积、最高含量、级别等形成属性表。

此外,9 种矿物异常中,辰砂异常多分布于海南岛东部,可能与表生地球化学环境有关,不能真实反映自然地质作用,因此,对单一的辰砂异常不作圈定,但与其他矿物异常组合存在时同时作为组合矿物。

如此共圈定出 81 处综合异常(图 4-14,表 4-29)。其中:

共有 24 处综合异常有已知贵金属或有色金属矿床响应;

有铅锌矿物异常存在的综合异常 37 处(包括单一的铅锌矿物异常 9 处),其中 15 处有已知贵金属或有色金属矿床响应;

18 处综合异常只有自然金、钨矿物或铜矿物单矿物异常,4 处综合异常只有铋矿物或砷矿物异常;

不包括铅锌矿物组合但有其他不同种类矿物组合的综合异常 22 处,大多数以砷矿物、自然金、钨矿物和锡石为主;

有 4 处综合异常无相应的地球化学元素异常;

异常面积最大者为 237km², 次大者为 126km², 一般为 10~50km², 有利于自然重砂找矿预测区圈定。

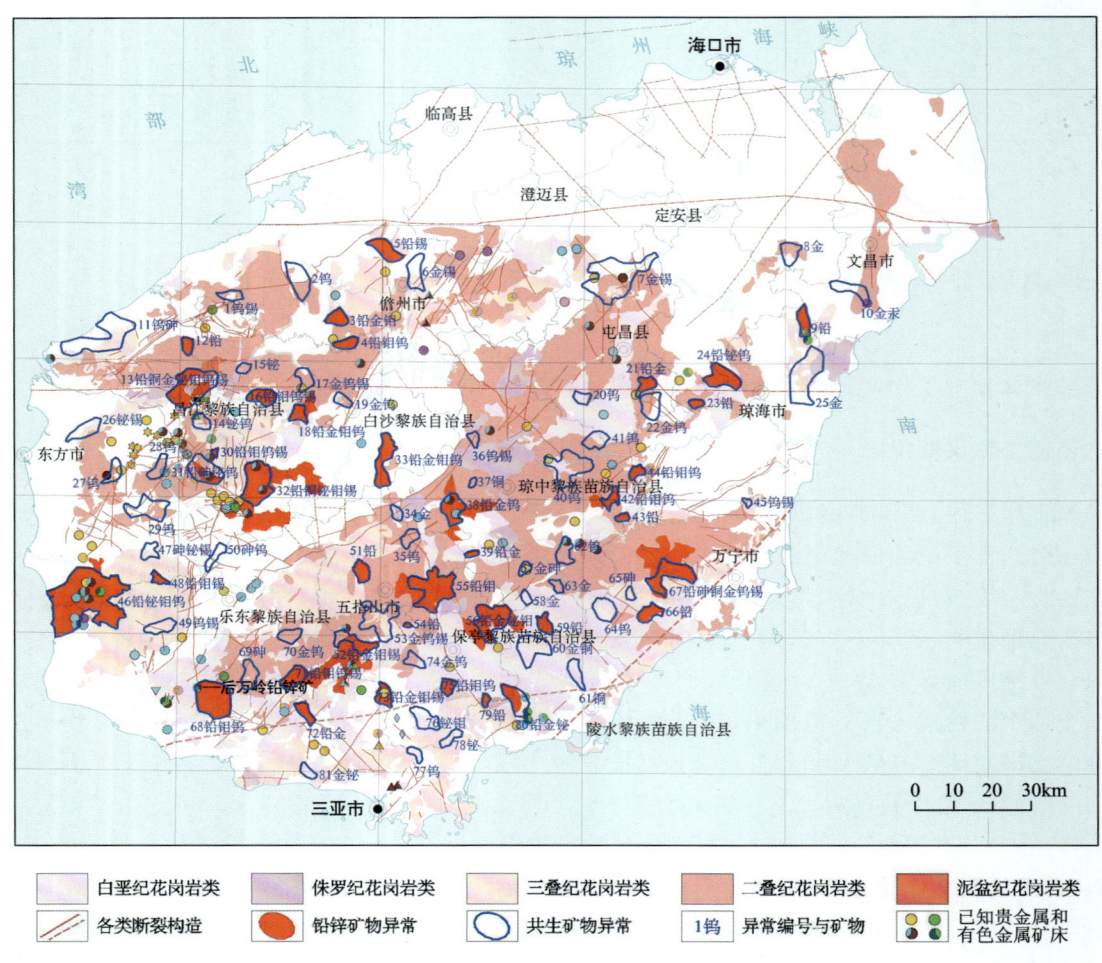

图 4-14　后万岭铅锌矿预测工作区自然重砂矿物综合异常图

表 4-29　后万岭铅锌矿预测工作区自然重砂矿物综合异常基本特征

编号	面积	所辖异常矿物	矿物异常下限	矿物异常面积	矿物最高含量	矿物异常分级	矿产与化探异常特征
1	14	钨/锡	56/300	14/104	500/8790	Ⅲ/Ⅲ	无已知矿产地,有 As、Sb、Bi 元素异常
2	41	钨	56	41	380	Ⅲ	无已知矿产地,无元素异常
3	19	铅/金/钼	1/3/1	19/255/19	7/22/7	Ⅲ/Ⅲ/Ⅲ	无已知矿产地,有 Sb、Cu、Bi 元素异常
4	15	铅/钼/钨	1/1/56	16/16/247	1/1/2175	Ⅰ/Ⅰ/Ⅰ	有金矿产地,有 Bi、Sn 元素异常
5	30	铅/锡	1/300	30/330	500/7260	Ⅲ/Ⅲ	无已知矿产地,有 As、Sb、Cu 元素异常

续表 4-29

编号	面积	所辖异常矿物	矿物异常下限	矿物异常面积	矿物最高含量	矿物异常分级	矿产与化探异常特征
6	31	金/锡	3/300	32/330	3/7260	Ⅲ/Ⅱ	无已知矿产地,有 As、Cu、Bi、Mo、W、Sn 元素异常
7	126	金/锡	3/300	125/49	21/672	Ⅰ/Ⅰ	有金、铅矿矿产地,有 As、Sb、Ag、Au、Cu、Pb、Zn、Bi、Mo、W、Sn 元素异常
8	23	金	3	24	16	Ⅲ	无已知矿产地,有 Hg、Cu 元素异常
9	21	铅	1	21	1	Ⅰ	有铜、钼矿矿产地,有 As、Ag、Au、Cu、Pb、Zn、Bi、Mo、W 元素异常
10	27	金/汞	3/2	58/27	80/2	Ⅰ/Ⅰ	有钨矿矿产地,有 As、Cu、Bi、Mo、W 元素异常
11	94	钨/砷	56/1	96/44	1080/1540	Ⅱ/Ⅲ	无已知矿产地,有 Ag、Pb、Zn、Mo、W 元素异常
12	12	铅	1	12	5	Ⅲ	无已知矿产地,无元素异常
13	89	铅/铜/金/铋/钼/钨/锡	1/1/3/1/1/56/300	58/114/34/51/33/588/340	50/5610/8/5/5/1550/114 300	Ⅰ/Ⅰ/Ⅰ/Ⅰ/Ⅰ/Ⅰ/Ⅰ	有铜钴矿矿产地,有 As、Sb、Hg、Ag、Au、Cu、Pb、Bi、Mo、W、Sn 元素异常
14	16	铋/钨	1/56	17/588	1/1550	Ⅰ/Ⅰ	有铜矿矿产地,有 As、Sb、Hg、Cu、Pb、Bi、W、Sn 元素异常
15	8	铋	1	9	5	Ⅲ	无已知矿产地,有 Pb、Mo、W 元素异常
16	26	铅/钼/钨/锡	1/1/56/300	26/26/59/306	4/4/220/8400	Ⅱ/Ⅱ/Ⅱ/Ⅱ	无已知矿产地,有 As、Sb、Ag、Pb、Zn、Bi、Mo、W、Sn 元素异常
17	20	金/钨/锡	3/56/300	51/247/306	8/2175/8400	Ⅰ/Ⅰ/Ⅰ	有金矿矿产地,有 Au、Bi 元素异常
18	16	铅/金/钼/钨	1/3/1/56	30/63/7/7	5/5/1/105	Ⅲ/Ⅱ/Ⅲ/Ⅲ	无已知矿产地,有 Au 元素异常
19	12	金/钨	3/56	27/247	16/2175	Ⅱ/Ⅲ	无已知矿产地,有 Au 元素异常
20	11	钨	56	11	240	Ⅲ	无已知矿产地,有 Bi、Mo 元素异常
21	16	铅/金	1/3	16/154	2/24	Ⅰ/Ⅰ	有金矿矿产地,有 As、Pb、Zn 元素异常

续表 4-29

编号	面积	所辖异常矿物	矿物异常下限	矿物异常面积	矿物最高含量	矿物异常分级	矿产与化探异常特征
22	31	金/钨	3/56	154/45	24/203	Ⅲ/Ⅲ	无已知矿产地,有 As 元素异常
23	7	铅	1	7	2	Ⅱ	无已知矿产地,有 As、Pb、Bi、Mo、W 元素异常
24	40	铅/铋/钨	1/1/56	41/41/85	1/5/420	Ⅲ/Ⅱ/Ⅱ	无已知矿产地,有 As、Hg、Ag、Au、Bi、W、Sn 元素异常
25	83	金	3	83	3	Ⅱ	无已知矿产地,有 As、Sb、Hg、Ag、Au 元素异常
26	27	铋/锡	1/300	27/340	1/114 300	Ⅱ/Ⅱ	无已知矿产地,有 Bi、Sn 元素异常
27	17	钨	56	17	90	Ⅰ	有锡矿矿产地,有 As、Au、Pb、W 元素异常
28	18	钨	56	64	180	Ⅰ	有铅矿矿产地,有 As、Sb、Au、W 元素异常
29	45	钨	56	45	260	Ⅲ	无已知矿产地,有 As、Sb、Cu、Mo 元素异常
30	3	铅/钼/钨/锡	1/1/56/300	3/3/588/39	10/10/1550/3480	Ⅰ/Ⅰ/Ⅰ/Ⅰ	有铅锌矿矿产地,有 Pb、Zn、Mo、W、Sn 元素异常
31	48	铅/砷/铋/钨	1/1/1/56	18/22/9/588	5/1/45/1550	Ⅰ/Ⅰ/Ⅰ/Ⅰ	有银、铅矿矿产地,有 Pb、Zn、Mo、Sn 元素异常
32	69	铅/铜/铋/钼/锡	1/1/1/1/300	208/13/16/89/109	100/5/5/100/4640	Ⅰ/Ⅰ/Ⅰ/Ⅰ/Ⅰ	有铅锌矿矿产地,有 As、Sb、Ag、Au 元素异常
33	44	铅/金/钼/钨	1/3/1/56	44/151/41/13	2/10/1/60	Ⅱ/Ⅱ/Ⅲ/Ⅱ	无已知矿产地,有 As、Sb、Hg、Ag、Au、Cu、Pb、W 元素异常
34	9	金	3	10	5	Ⅱ	无已知矿产地,有 Sb、Hg、Au、Cu、Pb、Zn、Bi、W 元素异常
35	15	钨	56	16	720	Ⅲ	无已知矿产地,有 Zn 元素异常
36	9	钨/锡	56/300	9/17	1624/1820	Ⅲ/Ⅱ	无已知矿产地,有 Pb、Sn 元素异常
37	4	铜	1	4	1	Ⅲ	无已知矿产地,有 Zn 元素异常
38	36	铅/金/钨	1/3/56	82/34/110	46 140/2905/720	Ⅰ/Ⅰ/Ⅰ	有铅锌矿矿产地,无元素异常

续表 4-29

编号	面积	所辖异常矿物	矿物异常下限	矿物异常面积	矿物最高含量	矿物异常分级	矿产与化探异常特征
39	5	铅/金	1/3	5/25	5/3	Ⅲ/Ⅱ	无已知矿产地，有 Au、Zn、Mo 元素异常
40	64	钨	56	64	1440	Ⅰ	有金矿矿产地，有 Hg、Au、Pb、Zn 元素异常
41	22	钨	56	23	105	Ⅲ	无已知矿产地，有 Hg、Ag、Cu、Zn 元素异常
42	15	铅/钼/钨	1/1/56	25/6/128	6/5/720	Ⅲ/Ⅱ/Ⅱ	无已知矿产地，有 Ag、Bi、Mo、W 元素异常
43	7	铅	1	7	3	Ⅲ	无已知矿产地，有 As、Ag、Bi 元素异常
44	11	铅/钼/钨	1/1/56	11/11/128	25/25/720	Ⅰ/Ⅰ/Ⅰ	有金、银矿矿产地，有 Sb、Ag、Au 元素异常
45	4	钨/锡	56/300	4/78	5805/6300	Ⅱ/Ⅱ	无已知矿产地，有 As、Sb、Hg、Ag、Au、Cu、Pb、Zn、Bi、Mo、W、Sn 元素异常
46	237	铅/铋/钼/钨	1/1/1/56	246/185/214/65	100/45/55/1314	Ⅰ/Ⅰ/Ⅰ/Ⅰ	有金、铅、钨矿等矿产地，有 As、Sb、Zn、Bi、Mo、W、Sn 元素异常
47	15	砷/铋/锡	1/1/300	18/75/924	1/45/95 970	Ⅱ/Ⅲ/Ⅱ	无已知矿产地，有 As、Sb、Cu、W、Sn 元素异常
48	9	铅/钼/锡	1/1/300	9/2/924	45/45/95 970	Ⅱ/Ⅲ/Ⅱ	无已知矿产地，有 Sb、Cu、Pb、Bi、W、Sn 元素异常
49	22	钨/锡	56/300	22/924	3585/95 970	Ⅱ/Ⅱ	无已知矿产地，有 As、Au、Pb、Zn、Bi、Mo、W、Sn 元素异常
50	15	砷/钨	1/56	15/15	5/90	Ⅱ/Ⅱ	无已知矿产地，有 As、Sb、Ag、Cu、Pb、Zn、Bi、Mo、W 元素异常
51	18	铅	1	18	1	Ⅱ	无已知矿产地，有 Cu、Pb、Zn、Bi、Sn 元素异常
52	31	铅/金/钼/锡	1/3/1/300	142/204/31/398	320/14/1/14 220	Ⅰ/Ⅰ/Ⅰ/Ⅰ	有铅锌矿产地，有 As、Sb、Ag、Au、Pb、Zn、Bi、Sn 元素异常
53	60	金/钨/锡	3/56/300	204/63/398	14/3536/14 220	Ⅱ/Ⅱ/Ⅱ	无已知矿产地，有 As、Sb、Au、Pb、Zn、Bi、W、Sn 元素异常
54	2	铅	1	2	2	Ⅱ	无已知矿产地，有 Pb、Zn、Bi、Sn 元素异常
55	80	铅/钼	1/1	110/80	45/45	Ⅱ/Ⅱ	无已知矿产地，有 Ag、Pb、Zn、Mo 元素异常

续表 4-29

编号	面积	所辖异常矿物	矿物异常下限	矿物异常面积	矿物最高含量	矿物异常分级	矿产与化探异常特征
56	61	铅/金/铋/钼	1/3/1/1	97/150/12/12	7/22/5/1	Ⅰ/Ⅰ/Ⅰ/Ⅰ	有金矿矿产地,有 Hg、Ag、Pb、Zn、Bi、Mo、W 元素异常
57	8	金/砷	3/1	17/18	6/1	Ⅰ/Ⅰ	有金矿矿产地,有 Pb、Zn 元素异常
58	8	金	3	7	5	Ⅲ	无已知矿产地,有 Pb、Mo 元素异常
59	16	铅	1	16	6	Ⅱ	无已知矿产地,有 Hg、Ag、Au、Cu、Pb、Bi、Mo、W 元素异常
60	46	金/铜	3/1	25/24	3/5	Ⅲ/Ⅲ	无已知矿产地,有 Hg、Ag、Mo 元素异常
61	19	铜	1	19	5	Ⅲ	无已知矿产地,有 Au 元素异常
62	22	钨	56	22	70	Ⅰ	有铅锌矿矿产地,有 Ag、Pb 元素异常
63	8	金	3	8	16	Ⅲ	无已知矿产地,有 Zn 元素异常
64	30	钨	56	29	662	Ⅲ	无已知矿产地,有 Hg、Mo、Sn 元素异常
65	6	砷	1	6	1	Ⅲ	无已知矿产地,有 Hg 元素异常
66	21	铅	1	21	1	Ⅲ	无已知矿产地,有 Hg、Mo 元素异常
67	53	铅/砷/铜/金/钨/锡	1/1/1/3/56/300	129/15/16/118/80/30	7/1/1/12/360/7380	Ⅱ/Ⅲ/Ⅲ/Ⅲ/Ⅱ/Ⅲ	无已知矿产地,有 Hg、Pb、Zn、Bi、Mo、W 元素异常
68	76	铅/钼/钨	1/1/56	78/51/50	20/20/105	Ⅰ/Ⅰ/Ⅰ	有铅锌矿矿产地,有 Pb、Mo 元素异常
69	25	砷	1	24	5	Ⅲ	无已知矿产地,有 Au、Pb、Zn 元素异常
70	18	金/钨	3/56	8/11	3/80	Ⅲ/Ⅲ	无已知矿产地,无元素异常
71	27	铅/钼/钨/锡	1/1/56/300	142/27/88/398	320/5/190/14 220	Ⅲ/Ⅱ/Ⅱ/Ⅱ	无已知矿产地,有 As、Sb、Au、Bi、Mo、W、Sn 元素异常
72	16	铅/金	1/3	17/159	3/9	Ⅲ/Ⅲ	无已知矿产地,有 As、Sb、Hg、Cu、Zn、Bi 元素异常

续表 4-29

编号	面积	所辖异常矿物	矿物异常下限	矿物异常面积	矿物最高含量	矿物异常分级	矿产与化探异常特征
73	20	铅/金/钼/锡	1/3/1/300	20/20/20/398	13/14/13/14 220	Ⅰ/Ⅰ/Ⅰ/Ⅰ	有金矿产地,有 As、Sb、Ag、Au、Zn、Bi、Mo 元素异常
74	14	金/钨	3/56	90/14	3/672	Ⅲ/Ⅲ	无已知矿产地,有 Bi、Mo、Sn 元素异常
75	13	铅/钼/钨	1/1/56	14/14/24	1/1/5075	Ⅲ/Ⅱ/Ⅱ	无已知矿产地,有 Cu、Zn、Mo、W 元素异常
76	29	铋/钼	1/1	119/29	26/1	Ⅱ/Ⅱ	无已知矿产地,有 Bi、Mo、W 元素异常
77	9	钨	56	10	405	Ⅱ	无已知矿产地,有 Bi、W 元素异常
78	13	铋	1	13	1	Ⅲ	无已知矿产地,有 Hg 元素异常
79	6	铅	1	6	1	Ⅲ	无已知矿产地,有 Ag 元素异常
80	35	铅/金/铋	1/3/1	22/207/13	2/86/1	Ⅰ/Ⅰ/Ⅰ	有铅锌矿产地,有 Ag、Au、Mo、W 元素异常
81	10	金/铋	3/1	159/11	9/1	Ⅲ/Ⅲ	无已知矿产地,有 Mo、W 元素异常

注:表中"矿物异常下限""矿物最高含量"单位为颗/30kg,"面积""矿物异常面积"单位为 km²。

三、钨矿自然重砂异常组合特征

钨矿种预测工作区共有 2 处,一是基于典型矿床儋州兰洋钨锡矿提出的,位于儋州兰洋地区,另一个是基于典型矿床乐东尖峰红门岭钨钼矿提出的,位于乐东尖峰地区。

（一）儋州兰洋预测工作区

1. 预测工作区概况

预测工作区中的石炭系包括青天峡组和南好组沉积-变质岩,海西—印支期花岗岩类包括二叠纪和三叠纪黑云母二长花岗岩、钾长花岗岩等。结合典型矿床矿石矿物和区内存在的贵金属、有色金属矿物及其共生矿物的异常分布实际情况,全区共存在自然金、铅锌矿物、钼矿物、锡石、钨矿物 5 种与预测矿种成因密切相关的矿物异常。在上述地质背景限定下,这 5 种矿物异常同时存在。这些异常均取自省级区域异常并重新编号和命名,对截取的局部异常重新计算异常面积和最高含量。

诸矿物异常大多为Ⅱ级或Ⅲ级,少有已知矿床响应,一般存在区域不同化探元素异常组合。钨矿物异常主要存在于花岗岩区内,极少数延伸至与石炭系青天峡组接触部位。

2. 综合异常的圈定

基于单矿物异常、成矿地质背景和水系与汇水盆地三大素材圈定综合异常，其边界以圆滑曲线圈定。对异常进行编号和异常矿物标示，并按综合异常面积、所辖异常矿物及其下限、面积、最高含量、级别等形成属性表。

共圈定6处综合异常（图4-15，表4-30）。其中：

典型矿床所在地因重砂资料缺失无任何矿物异常出现；

1号综合异常的钨矿物、自然金异常为并列综合；

2、3号综合异常为组合矿物相交圈出；

4、5、6号综合异常为组合矿物部分相交同时也有相并圈出；

各综合异常面积适中，有利于自然重砂找矿预测区圈定。

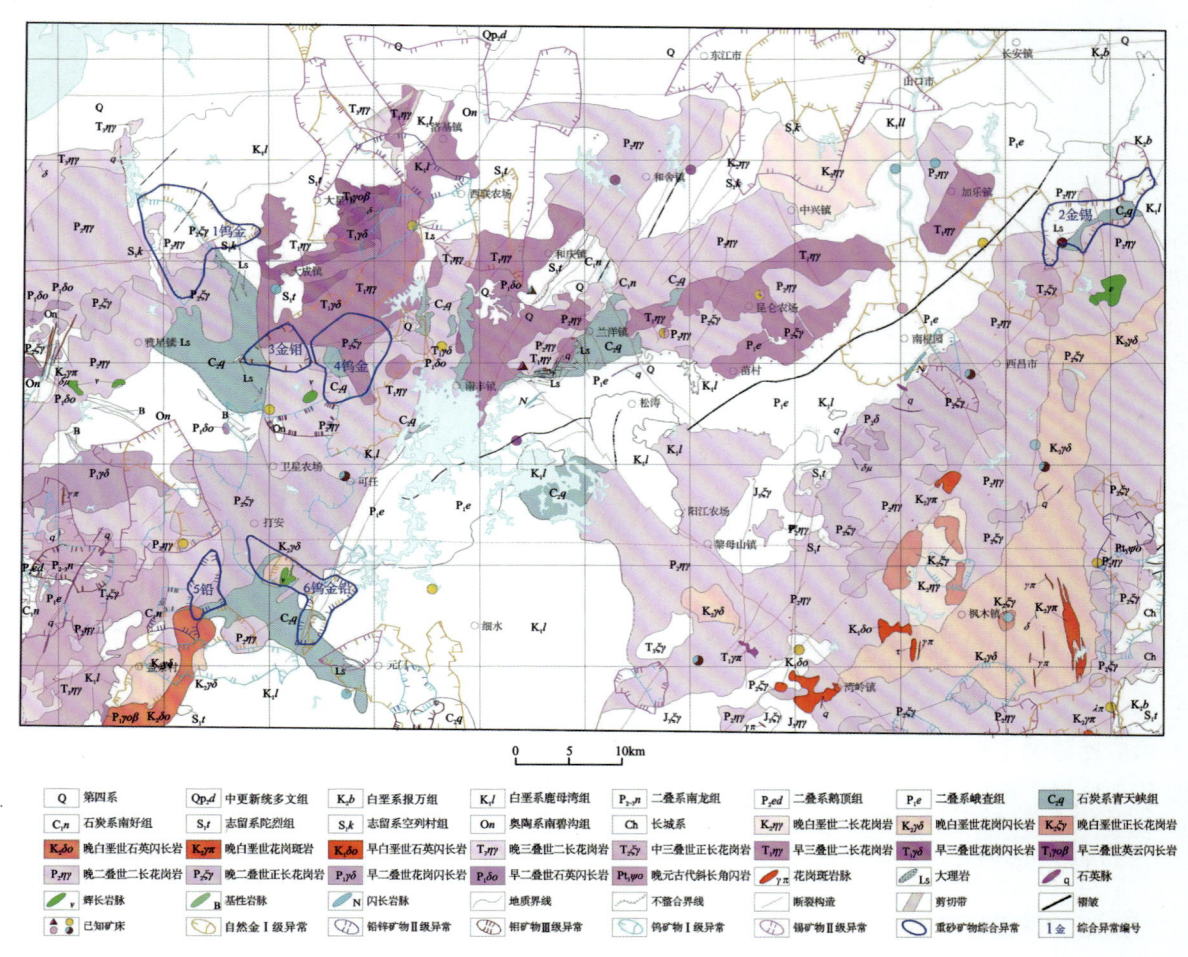

图 4-15　兰洋钨锡矿预测工作区自然重砂矿物综合异常图

表 4-30　兰洋钨锡矿预测工作区自然重砂矿物综合异常基本特征

编号	面积	所辖异常矿物	矿物异常下限	矿物异常面积	矿物最高含量	矿物异常分级	矿产与化探异常特征
1	67	钨/金	56/3	41/27	380/5	Ⅲ/Ⅲ	无已知矿产地，无元素异常

续表 4-30

编号	面积	所辖异常矿物	矿物异常下限	矿物异常面积	矿物最高含量	矿物异常分级	矿产与化探异常特征
2	39	金/锡	3/300	125/49	21/672	Ⅰ/Ⅰ	有铅锌矿等矿产地,有 Cu、Zn、Bi、Mo、W 元素异常
3	19	金/钼	3/1	255/19	22/7	Ⅱ/Ⅱ	无已知矿产地,有 Sb、Cu、Bi 元素异常
4	45	钨/金	56/3	247/255	2175/22	Ⅱ/Ⅱ	无已知矿产地,有 Au、Bi、W 元素异常
5	15	铅	1	30	5	Ⅲ	无已知矿产地,只有 Bi 元素异常
6	39	钨/金/铅	56/3/1	247/27/19	2175/16/1	Ⅲ/Ⅱ/Ⅲ	无已知矿产地,有 Sb、Au、Mo 元素异常

注:表中"矿物异常下限""矿物最高含量"单位为颗/30kg,"面积""矿物异常面积"单位为 km²。

(二)乐东尖峰预测工作区

1. 预测工作区概况

预测工作区中的海西—印支期花岗岩类包括二叠纪和三叠纪黑云母二长花岗岩、钾长花岗岩等。晚白垩世花岗岩类主要为花岗斑岩,区内构造十分发育,环尖峰岩体周边分布。结合典型矿床矿石矿物和区内存在的贵金属、有色金属矿物及其共生矿物的异常分布实际情况,全预测工作区有自然金、锡石、砷矿物、铅锌矿物、铋矿物、钼矿物、钨矿物 7 种与预测矿种成因密切相关的矿物异常。在典型矿床成矿地质背景限定下,这 7 种矿物异常同时存在。这些异常主要取自省级区域异常并重新编号和命名,但钨矿物和锡石异常均基于预测工作区内样品含量检出的分布情况重新圈定,异常下限分别为 46 颗/30kg 和 910 颗/30kg(标准化含量值,区域异常的下限值分别为 56 颗/30kg 和 300 颗/30kg),对截取的局部异常重新计算异常面积和最高含量。

诸矿物异常大多为Ⅰ级或Ⅱ级,自然金、钨矿物、锡石、铋矿物异常数量多、面积大,空间吻合程度一般;铅锌矿物、钼矿物、砷矿物异常数量少、面积小。预测工作区内相应化探元素异常十分显著。

2. 综合异常的圈定

基于单矿物异常、成矿地质背景和水系与汇水盆地三大素材圈定综合异常,其边界以圆滑曲线圈定。对异常进行编号和异常矿物标示,并按综合异常面积、所辖异常矿物及其下限、面积、最高含量、级别等形成属性表。

共圈定 12 处综合异常(图 4-16,表 4-31)。其中:

典型矿床所在地有钨矿物、钼矿物、铅矿物异常叠合出现(7 号异常),化探相应元素异常组合显著;除 1、2、5、6、12 号异常外(基于接触型构造线或断裂构造圈定),其他地区综合异常(包括典型矿床的综合异常)均表现出与花岗斑岩(时代不只是晚白垩世)的空间对应关系。

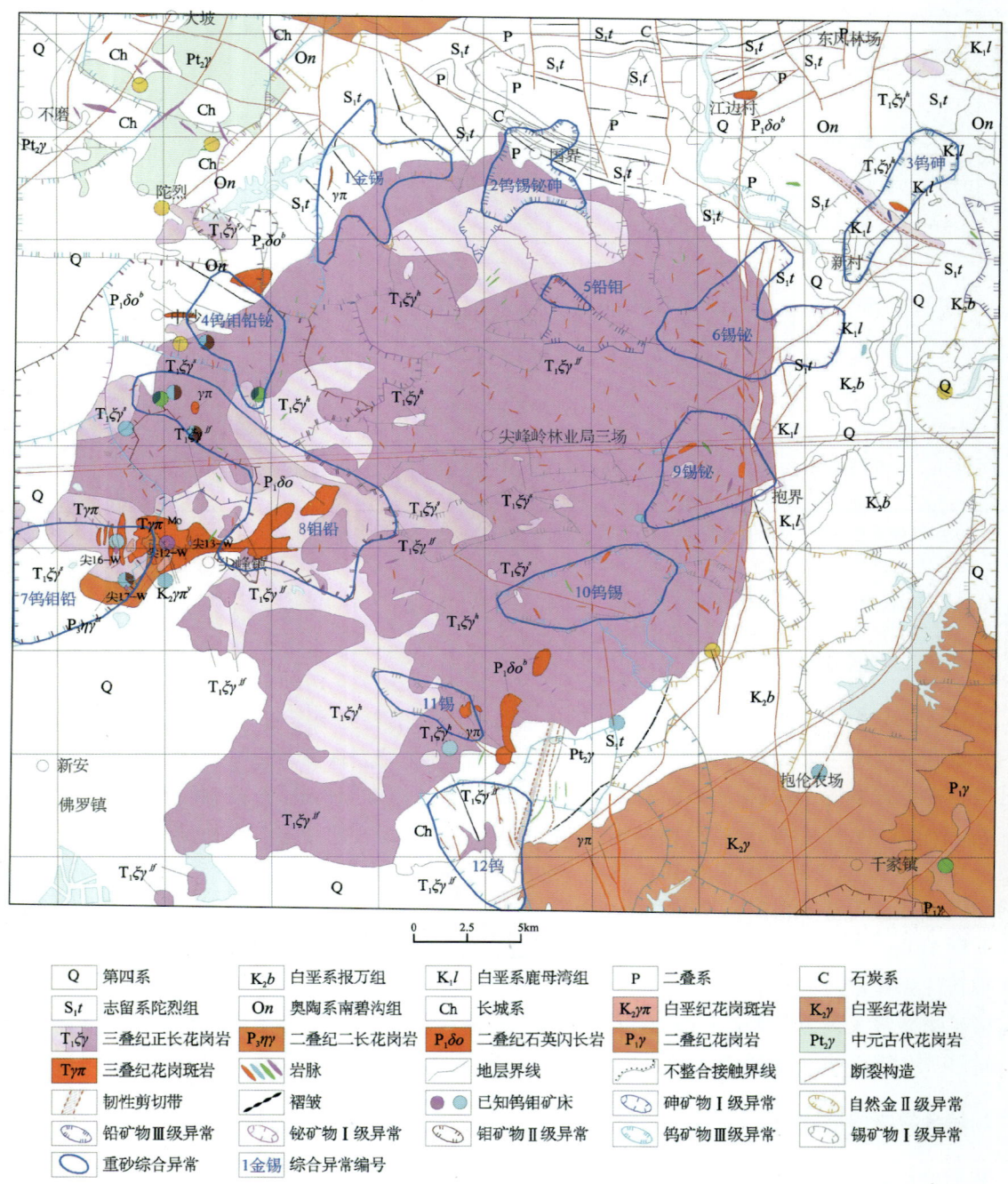

图 4-16　尖峰红门岭钨钼矿预测工作区自然重砂矿物综合异常图

表 4-31　尖峰红门岭钨钼矿预测工作区自然重砂矿物综合异常基本特征

编号	面积	所辖异常矿物	矿物异常下限	矿物异常面积	矿物最高含量	矿物异常分级	矿产与化探异常特征
1	22	金/锡	3/910	85/444	7/95 970	Ⅲ/Ⅱ	无已知矿产地,有 As、Sb、Cu、Pb、Zn、Mo、W、Sn 等元素异常

续表 4-31

编号	面积	所辖异常矿物	矿物异常下限	矿物异常面积	矿物最高含量	矿物异常分级	矿产与化探异常特征
2	15	钨/锡/铋/砷	46/910/1/1	15/444/75/18	55/95 970/45/1	Ⅱ/Ⅱ/Ⅲ/Ⅱ	无已知矿产地,有 As、Sb、Cu、W、Sn 等元素异常
3	17	钨/砷	46/1	15/15	90/5	Ⅱ/Ⅱ	无已知矿产地,有 As、Sb、Ag、Cu、Pb、Zn、Bi、Mo、W 等元素异常
4	17	钨/钼/铅/铋	46/1/1/1	173/200/231/174	200/55/100/45	Ⅰ/Ⅰ/Ⅰ/Ⅰ	有铅锌矿等矿产地,有 As、Au、Ag、Cu、Pb、Zn、Bi、Mo 等元素异常
5	2	铅/钼	1/1	9/2	45/45	Ⅲ/Ⅲ	无已知矿产地,有 Pb、W、Sn 等元素异常
6	30	锡/铋	910/1	444/75	95 970/45	Ⅱ/Ⅱ	无已知矿产地,有 Sb、Cu、Bi、W、Sn 等元素异常
7	30	钨/钼/铅	46/1/1	57/200/231	1314/55/100	Ⅰ/Ⅰ/Ⅰ	有铅锌、钼、钨矿等矿产地,有 Ag、Pb、Bi、Mo、W、Sn 等元素异常
8	53	钼/铅	1/1	200/231	55/100	Ⅰ/Ⅰ	有铅锌矿等矿产地,有 Ag、Pb、Zn、Bi、Mo、W、Sn 等异常
9	22	锡/铋	910/1	444/23	95 970/5	Ⅱ/Ⅱ	无已知矿产地,有 Ag、Au、Pb、Bi、Mo、W、Sn 等元素异常
10	22	钨/锡	46/910	28/30	3585/4650	Ⅱ/Ⅱ	无已知矿产地,有 Au、Pb、Zn、Bi、Mo、W、Sn 等元素异常
11	8	锡	910	8	3060	Ⅱ	无已知矿产地,有 Cu、Pb、Bi、Mo、W、Sn 等元素异常
12	21	钨	46	63	3480	Ⅱ	无已知矿产地,有 As、Cu、Bi、Mo、W、Sn 等元素异常

注:表中"矿物异常下限""矿物最高含量"单位为颗/30kg,"面积""矿物异常面积"单位为 km²。

四、金矿自然重砂异常组合特征

金矿种预测工作区共有 3 处,一是基于典型矿床东方二甲金矿提出的,位于琼西戈枕地区;一是基于典型矿床乐东抱伦金矿提出的,位于红岭-尖峰地区;一是基于典型矿床定安富文金矿提出的,位于定安雷鸣盆地。

(一)琼西戈枕预测工作区

1. 预测工作区概况

预测工作区中的元古宇长城系抱板群地层包括峨文岭组石英云母片岩和戈枕村组黑云斜长片麻岩等,长城纪变质花岗岩为片麻状花岗岩,主要分布于戈枕韧性剪切带西侧,三叠纪花岗岩类主要为黑云二长花岗岩等。结合典型矿床矿石矿物和区内存在的贵金属、有色金属矿物及其共生矿物的异常分布实际情况，全区共存在辰砂、自然金、锡石、砷矿物、铜矿物、铅锌矿物、铋矿物、钼矿物、钨矿物9种与预测矿种成因密切相关的矿物异常。在上述地质背景限定下，这些矿物异常均存在。这些异常大多取自省级区域异常并重新编号和命名，对截取的局部异常重新计算异常面积和最高含量。锡石异常下限重新确定为1100颗/30kg（标准化值）。

诸矿物异常大多为Ⅰ级或Ⅲ级，自然金、钨、锡石异常面积广大，含量高；已知矿床众多；异常区内存在显著的区域相应化探元素异常组合，特别是戈枕剪切带及其西侧，为全岛Au等元素异常最发育区域。

2. 综合异常的圈定

基于单矿物异常、成矿地质背景和水系与汇水盆地三大素材圈定综合异常，其边界以圆滑曲线圈定。对异常进行编号和异常矿物标示，并按综合异常面积、所辖异常矿物及其下限、面积、最高含量、级别等形成属性表。

据此共圈定6处综合异常（图4-17，表4-32）。其中：

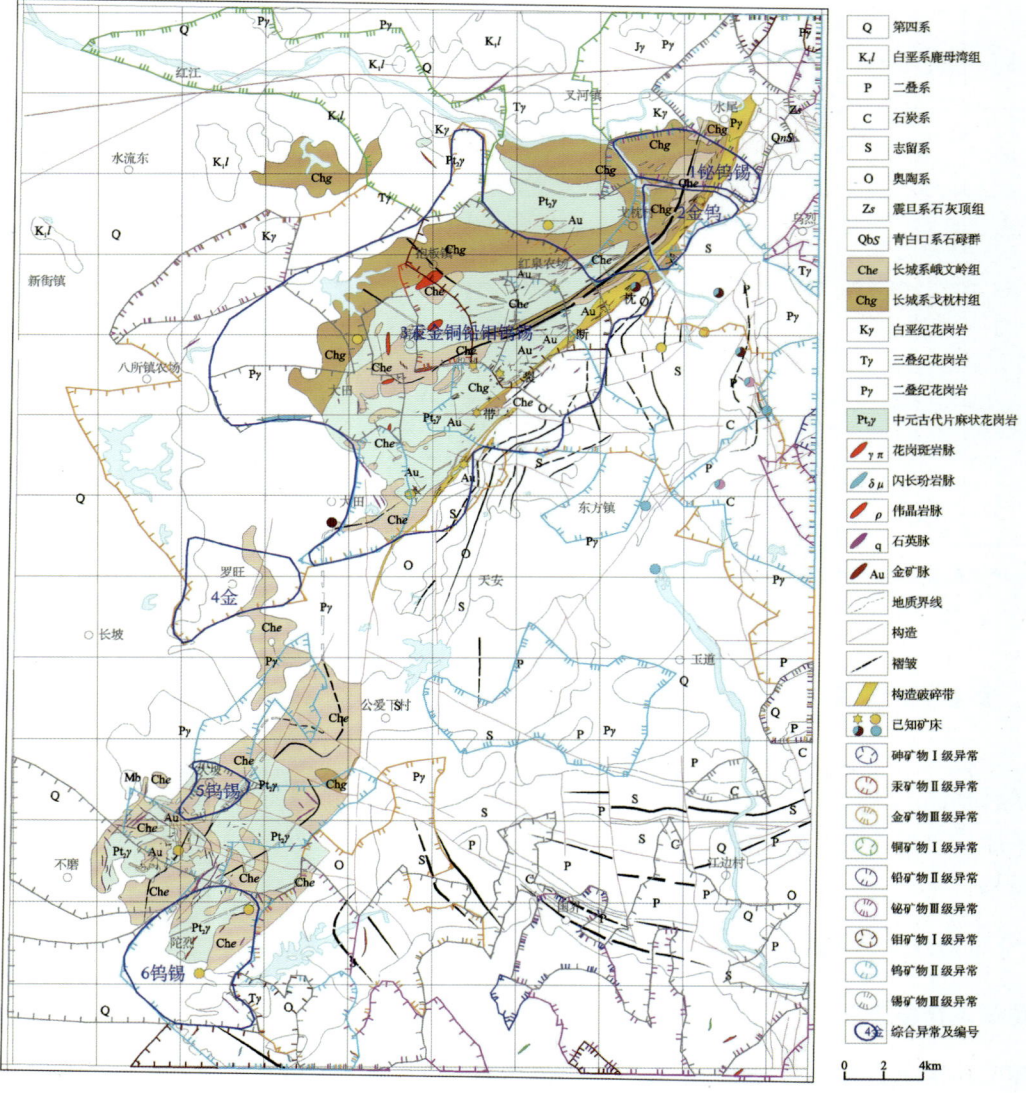

图4-17 二甲金矿预测工作区自然重砂矿物综合异常图

表 4-32 二甲金矿预测工作区自然重砂矿物综合异常基本特征

编号	面积	所辖异常矿物	矿物异常下限	矿物异常面积	矿物最高含量	矿物异常分级	矿产与化探异常特征
1	14	铋/钨/锡	1/56/1100	17/588/43	5/1550/1665	Ⅱ/Ⅱ/Ⅱ	无已知矿产地,有 As、Sb、Hg、Ag、Au、Cu、Pb、Bi、W、Sn 元素异常
2	11	金/钨	3/56	643/588	69/1550	Ⅰ/Ⅰ	有金等矿产地,有 As、Sb、Hg、Ag、Au、Cu、Pb、Bi、W、Sn 元素异常
3	209	汞/金/铜/铅/钼/钨/锡	2/3//1/1/1/56/1100	11/643/85/50/50/64/130	2/69/10/5/5/180/114 300	Ⅰ/Ⅰ/Ⅰ/Ⅰ/Ⅰ/Ⅰ/Ⅰ	有众多的金矿矿产地,有 As、Sb、Hg、Ag、Au、Cu、Pb、Bi、W、Sn 元素异常
4	19	金	3	643	69	Ⅲ	无已知矿产地,有 Pb、Sn 元素异常
5	6	钨/锡	56/1100	121/6	500/1440	Ⅲ/Ⅲ	无已知矿产地,无元素异常
6	32	钨/锡	56/1100	121/243	500/95 970	Ⅰ/Ⅰ	有金等矿产地,有 As、Sb、Cu、W、Sn 元素异常

注:表中"矿物异常下限""矿物最高含量"单位为颗/30kg,"面积""矿物异常面积"单位为 km²。

典型矿床所在地除砷矿物、铋矿物外,其他矿物均有异常出现;

4 号综合异常只有自然金异常,5、6 号综合异常只有钨矿物和锡石异常。

特别值得一提的是,3 号异常面积达 209km²,自然金、钨矿物、锡石异常几乎覆盖全区,辰砂、铜矿物、铅矿物、钼矿物异常只在局部地区出现(位于现异常区的北部),共同圈出了全部成矿地质背景。若基于以上全部矿物圈出一小面积的综合异常,则其他地区基于自然金、钨矿物、锡石圈定综合异常后,众多综合异常空间相连,有违综合异常固定的要求,而且各综合异常也并不具备特别的指示意义。因此,只以全区的自然金、钨矿物和锡石异常圈定出一处综合异常。如果有更高精度的自然重砂测量和水系、汇水盆地资料,可能会圈出更精细的综合异常区,从而形成更准确的预测区。

(二)红岭-尖峰预测工作区

1. 预测工作区概况

预测工作区中的志留系为陀烈组变质石英砂岩和绢云板岩,三叠纪花岗岩为黑云母二长(正长)花岗岩,晚白垩世花岗岩主要为黑云母二长花岗岩,成矿后陆内盆地沉积有白垩系报万组紫红色砂页岩(覆于志留系之上)。结合典型矿床矿石矿物和区内存在的贵金属、有色金属矿物及其共生矿物的异常分布实际情况,全预测工作区有砷矿物、自然金、铜矿物、铅锌矿物、铋矿物、钼矿物、锡石、钨矿物 8 种与预测矿种成因密切相关的矿物异常。在典型矿床成矿地质背景(志留系)以及其他古生界(奥陶系、石炭系和二叠系)分布范围的限定区域内,这 8 种矿物异常同时存在。这些异常均取自省级区域异常并重新编号和命名,对截取的局部异常重新计算异常面积和最高含量。

诸矿物异常大多为Ⅰ级或Ⅱ级,锡石、铋矿物异常数量多、面积大,大多分布于古生界周边的花岗岩地区,与自然金、钨矿物异常空间吻合程度较好;铜矿物、铅锌矿物、砷矿物异常数量少、面积小,一般分布于古生界与周边花岗岩接触部位;钼矿物异常极少分布于古生界中。预测工作区内相应化探元素异常较显著。

2. 综合异常的圈定

基于单矿物异常、成矿地质背景和水系与汇水盆地三大素材圈定综合异常,其边界以圆滑曲线圈定。对异常进行编号和异常矿物标示,并按综合异常面积、所辖异常矿物及其下限、面积、最高含量、级别等形成属性表。

共圈定11处综合异常(图4-18,表4-33)。其中:

典型矿床所在地的下游汇水盆地有自然金、锡石矿物异常叠合出现(11号异常),而且化探异常元素少,异常不显著,但该综合异常至少表明典型矿床的西南部同一地层也在下游汇水盆地引起了自然金异常;

1号、5号和10号异常的重砂矿物和化探元素异常组合较少,特别是成矿元素,难以分辨可能存在的主成矿元素;

4号和6号异常区内已知矿床众多,重砂矿物和化探元素异常指标众多,组合显著,特别是6号异常,在其西北边界与花岗岩接触部位存在高含量的接触交代矿物族,并沿接触带呈线状分布,有进一步找矿指示意义;

2号异常只有钨矿物异常,面积广大,化探元素异常以Au和Cu为主,异常中心均围绕已知金矿分布;

3号异常基本由赋存于青白口系石碌群中的铜钴矿引起,推测该铜矿可能共生有金组分;

7号异常的元素化探异常浓集中心明显,Cu、Mo元素异常强度最突出,组合有As、Sb等元素高强度异常,可能存在较显著的铜钼矿化作用;

8号异常重砂矿物异常组合明显,有较显著的Pb元素化探异常;

9号异常的多元素化探异常浓集中心集中于东北端外侧,As、Sb、Cu、Bi、Mo等异常显著,找矿指示意义明显。

(三)雷鸣盆地预测工作区

1. 预测工作区概况

预测工作区中的白垩系为鹿母湾组砂砾岩和长石石英砂岩,燕山晚期花岗岩为花岗闪长岩和黑云母二长花岗岩等。结合典型矿床矿石矿物和区内存在的贵金属、有色金属矿物及其共生矿物的异常分布实际情况,全预测工作区只有自然金、锡石和钨矿物3种与预测矿种成因密切相关的矿物异常。在典型矿床成矿地质背景限定下,这3种矿物异常同时存在。这些异常除锡石取自省级区域异常并重新编号和命名外,自然金、钨矿物异常均基于预测工作区内样品含量检出的分布情况重新圈定,异常下限均为1颗/30kg(标准化含量值,自然金、钨矿物区域异常的下限值分别为1颗/30kg和56颗/30kg)。

诸矿物异常大多为Ⅱ级,异常矿物样点少、含量低,但分布广,相互吻合程度一般。预测工作区内相应区域化探元素异常十分显著。

2. 综合异常的圈定

基于单矿物异常、成矿地质背景和水系与汇水盆地三大素材圈定综合异常,其边界以圆滑曲线圈定。对异常进行编号和异常矿物标示,并按综合异常面积、所辖异常矿物及其下限、面积、最高含量、级别等形成属性表。

共圈定6处综合异常(图4-19,表4-34)。

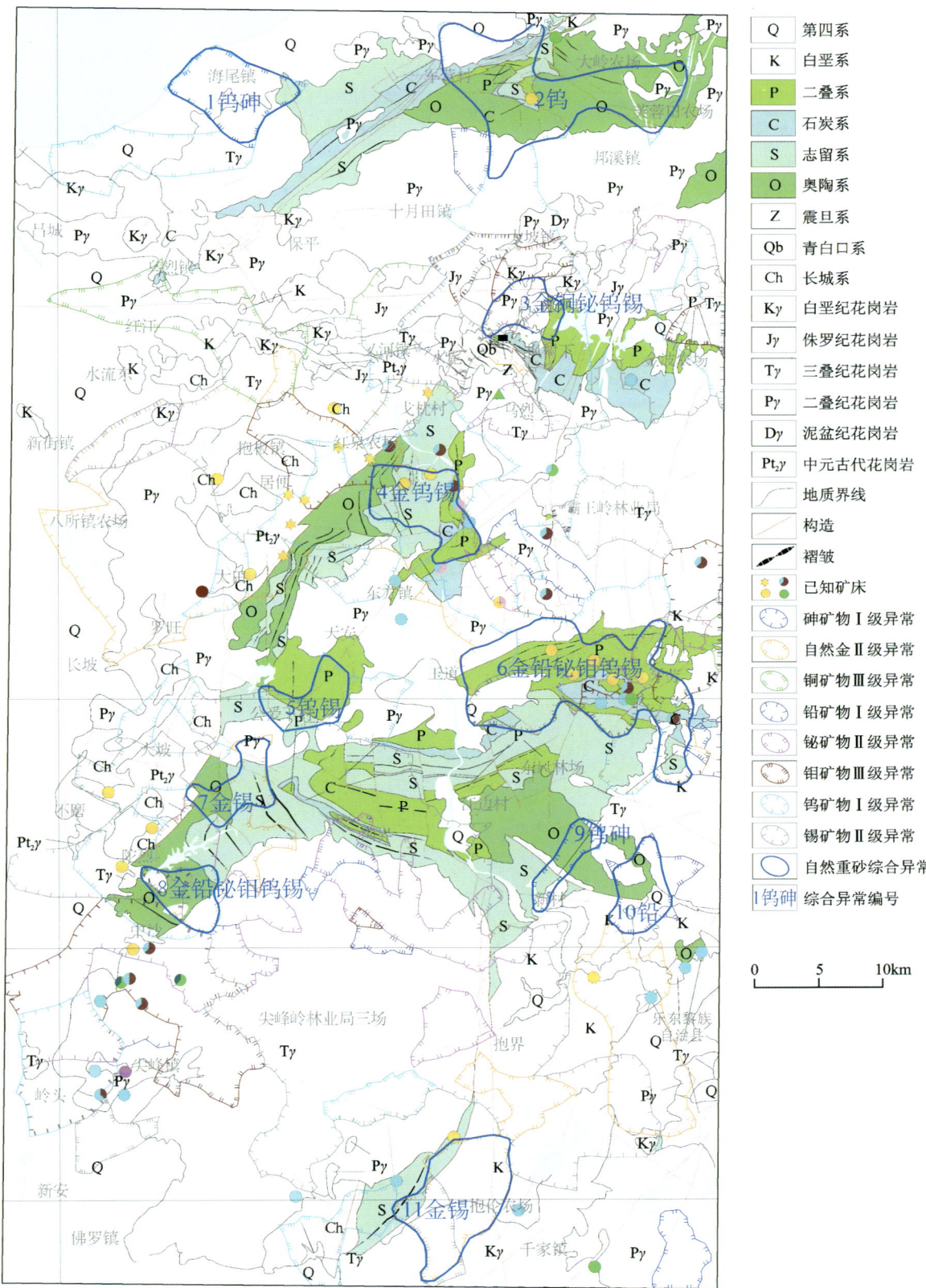

图 4-18 抱伦金矿预测工作区自然重砂矿物综合异常图

表 4-33 抱伦金矿预测工作区自然重砂矿物综合异常基本特征

编号	面积	所辖异常矿物	矿物异常下限	矿物异常面积	矿物最高含量	矿物异常分级	矿产与化探异常特征
1	43	钨/砷	56/1	96/44	1080/1540	Ⅱ/Ⅲ	无已知矿产地，有 Ag、Pb、W 等元素异常
2	104	钨	56	588	1550	Ⅰ	有金矿等矿产地，有 As、Sb、Au、Cu、Bi、W 等元素异常
3	20	金/铜/铋/钨/锡	3/1/1/56/300	34/114/51/588/306	8/5610/5/1550/8400	Ⅰ/Ⅰ/Ⅰ/Ⅰ/Ⅰ	有铜钴矿等矿产地，有 As、Sb、Hg、Ag、Au、Cu、Pb、Bi、Mo、W 等元素异常
4	40	金/钨/锡	3/56/300	643/588/340	69/1550/114 300	Ⅰ/Ⅰ/Ⅰ	有金、铅锌矿等矿产地，有 As、Sb、Ag、Au、Cu、Pb、Zn、W、Sn 等元素异常
5	23	钨/锡	56/300	45/924	260/95 970	Ⅲ/Ⅲ	无已知矿产地，有 As、Sb、Cu、Zn、Mo 等元素异常
6	128	金/铅/铋/钼/钨/锡	3/1/1/1/56/300	643/208/16/13/588/109	69/100/5/5/1550/4640	Ⅰ/Ⅰ/Ⅰ/Ⅰ/Ⅰ/Ⅰ	有金、铅锌矿等矿产地，有 As、Sb、Ag、Au、Cu、Zn、Bi、Mo、W、Sn 等元素异常
7	22	金/锡	3/300	88/924	7/95 970	Ⅲ/Ⅲ	无已知矿产地，有 As、Sb、Cu、Zn、Mo 等元素异常
8	21	金/铅/铋/钼/钨/锡	3/1/1/1/56/300	88/246/185/214/121/924	7/100/45/55/500/95 970	Ⅲ/Ⅱ/Ⅰ/Ⅲ/Ⅱ/Ⅲ	无已知矿产地，有 Ag、Pb、Zn、Bi、W 等元素异常
9	15	钨/砷	56/1	15/15	90/5	Ⅱ/Ⅱ	无已知矿产地，有 As、Sb、Ag、Au、Cu、Pb、Zn、Bi、Mo、W 等元素异常
10	25	铅	1	32	1	Ⅲ	无已知矿产地，有 As、Sb、Cu 等元素异常
11	61	金/锡	3/300	85/24	16/2710	Ⅰ/Ⅰ	有金矿等矿产地，有 Au、Cu、W 等元素异常

注：表中"矿物异常下限""矿物最高含量"单位为颗/30kg，"面积""矿物异常面积"单位为 km^2。

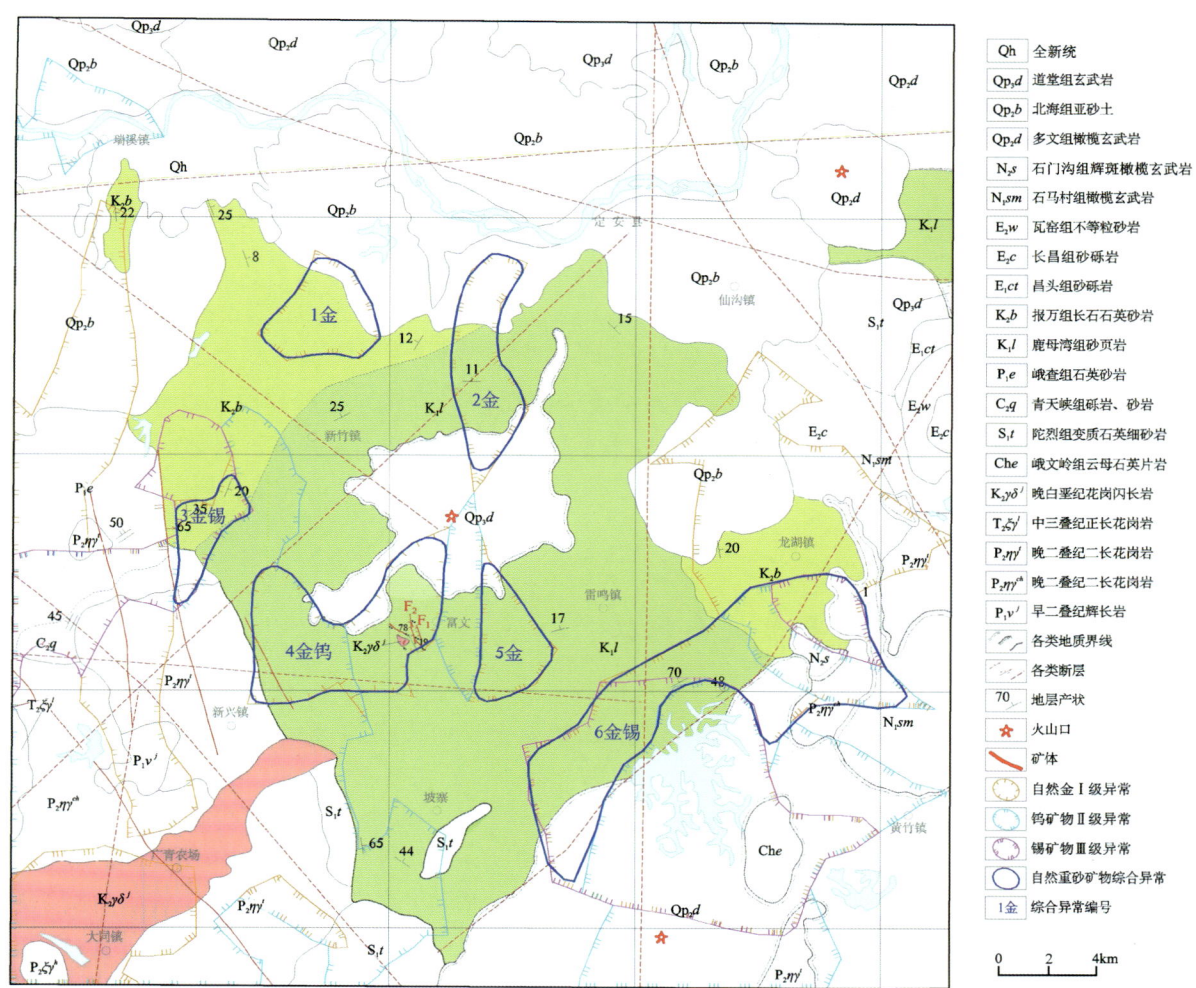

图 4-19 富文金矿预测工作区自然重砂矿物综合异常图

表 4-34 富文金矿预测工作区自然重砂矿物综合异常基本特征

编号	面积	所辖异常矿物	矿物异常下限	矿物异常面积	矿物最高含量	矿物异常分级	矿产与化探异常特征
1	14	金	1	14	1	Ⅱ	无已知矿产地，有 As、Ag、Au 等元素异常
2	18	金	1	18	4	Ⅱ	无已知矿产地，有 Au 元素异常
3	8	金/锡	1/300	101/49	6/672	Ⅱ/Ⅲ	无已知矿产地，有 As、Hg、Au 等元素异常
4	34	金/钨	1/1	35/263	1/210	Ⅰ/Ⅰ	有金矿等矿产地，有 As、Sb、Hg、Ag、Au、Pb 等元素异常

续表 4-34

编号	面积	所辖异常矿物	矿物异常下限	矿物异常面积	矿物最高含量	矿物异常分级	矿产与化探异常特征
5	11	金	1	12	1	Ⅱ	无已知矿产地，有 As、Sb、Hg、Ag、Au、Pb、Bi 等元素异常
6	64	金/锡	1/300	190/97	2/21 120	Ⅱ/Ⅲ	无已知矿产地，有 As、Sb、Hg、Ag、Au、Cu、Pb、Bi、Mo 等元素异常

注：表中"矿物异常下限""矿物最高含量"单位为颗/30kg，"面积""矿物异常面积"单位为 km²。

其中，典型矿床所在地有自然金、钨矿物异常叠合出现（4 号异常），化探相应元素异常组合显著；5号异常的化探元素异常集中于南端（水系下游），实为 6 号异常的化探元素异常扩散所致，同时自然金异常点（单点）位于中游，因此该异常意义不明显。6 号异常呈北东走向，异常点位于南北两端，并有大多数化探元素高级别异常对应。

五、稀土矿自然重砂异常组合特征

稀土矿种预测工作区是基于典型矿床昌江霸王岭稀土矿而提出的，预测工作区范围为全岛的岩浆弧。

霸王岭稀土矿为离子吸附型稀土矿床，矿石矿物为高岭土，不能形成自然重砂矿物。因此，自然重砂资料并不能直接应用于该类型稀土矿床的资源预测。但是，自然重砂矿物中的稀土矿物对原生的成矿母岩的成矿物质来源有利地段还是有指示意义的，尽管这种指示意义并不能指示可能的成矿具体位置，因为次生的环境条件也是成矿作用的主要因素之一。

以下即基于成矿地质背景范围内的自然重砂稀土矿物资料来指示成矿母岩有利地段，作为自然重砂资料应用于离子吸附型稀土矿床的预测成果。

1. 预测工作区概况

海南岛自然重砂样品检出的 5 种稀土矿物中，在三叠纪钾长花岗岩范围内，没有褐帘石矿物，少有褐钇铌矿和铌钽铁矿，主要为磷钇矿和独居石（图 4-20），图中的稀土组合矿物包括以上全部 5 种矿物。

2. 综合异常的圈定

以三叠纪钾长花岗岩区范围内的稀土组合矿物为资料，按累频 98% 对应的标准化值（5528 颗/30kg）为异常下限，编制异常图（图 4-21），共圈出 23 处稀土组合矿物异常（表 4-35）。由图可知，在三叠纪钾长花岗岩区，典型矿床并无稀土矿物异常，多数异常也没有已知矿床响应，这正是成矿物源与成矿现实差异于次生环境条件的具体反映。

23 处异常除 8 号异常外均为Ⅱ级或Ⅲ级异常；Ⅱ级异常包括 2、5、10、11、12、13、14、16、21 号异常，分别有区域水系沉积物地球化学 La、Y 元素异常或多目标区域地球化学调查表层土壤 Ce 元素异常；其他 13 处异常没有区域水系沉积物地球化学或多目标区域地球化学调查表层土壤 La、Y、Ce 元素异常。

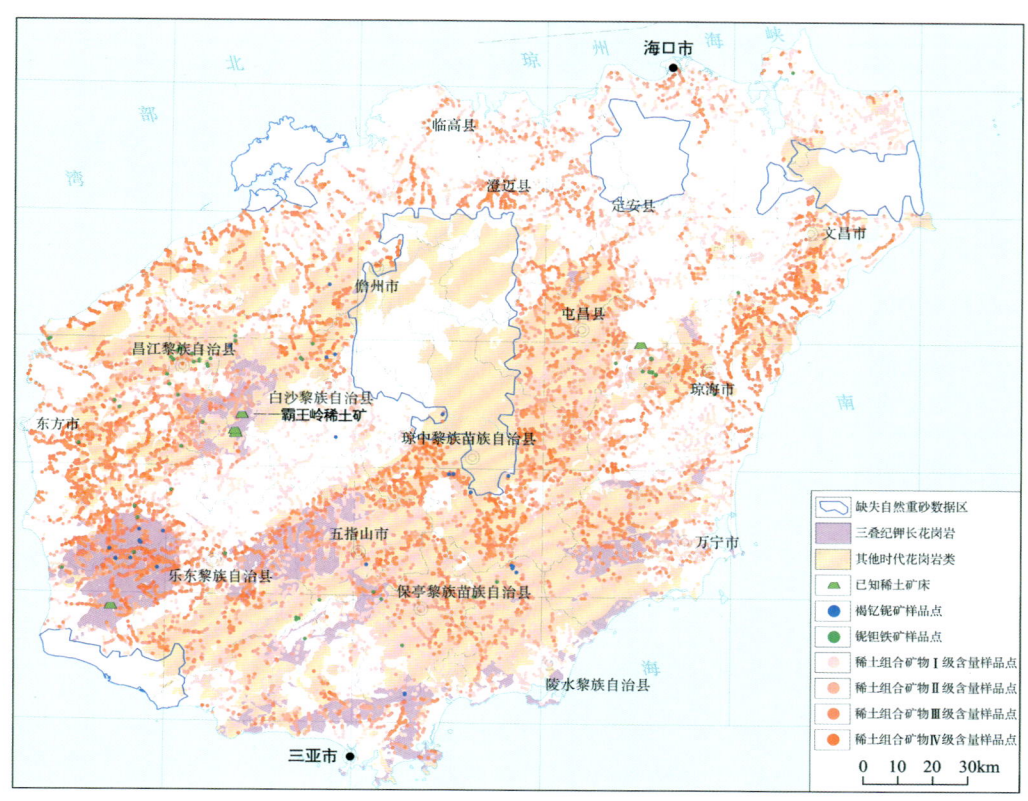

图 4-20　霸王岭稀土矿预测工作区稀土矿物检出样点分布图

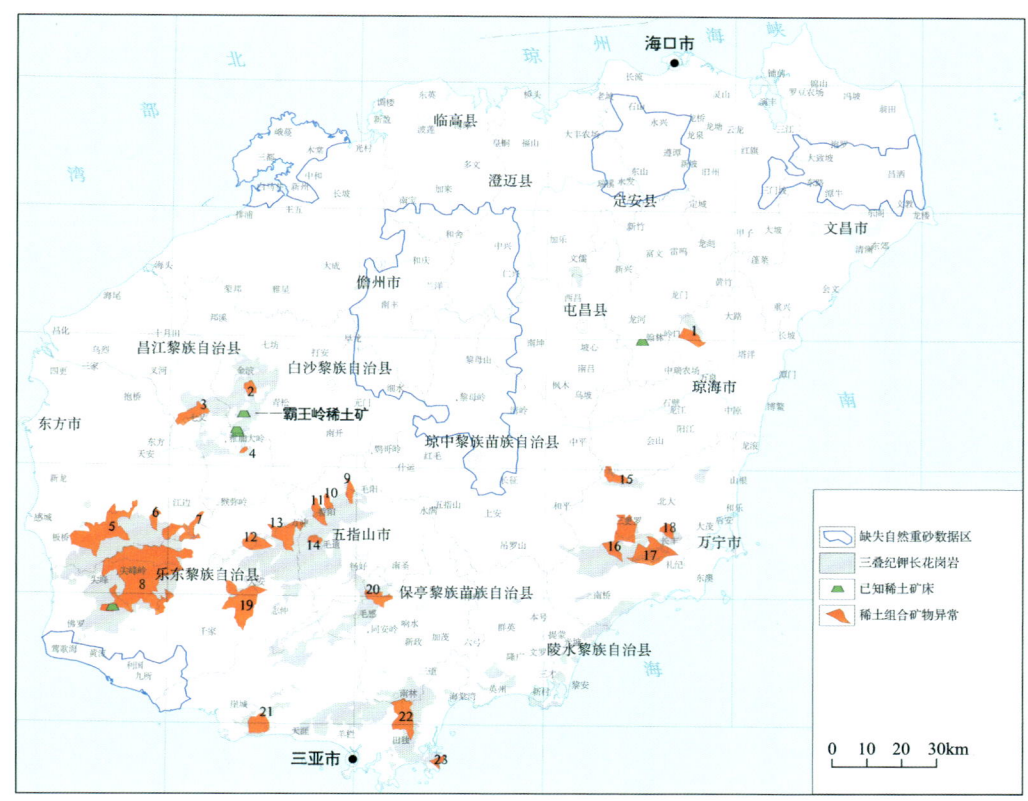

图 4-21　霸王岭稀土矿预测工作区三叠纪钾长花岗岩区稀土组合矿物异常图

表 4-35　霸王岭稀土矿预测工作区三叠纪钾长花岗岩区重砂稀土矿物异常基本特征

编号	面积	所辖异常矿物	矿物异常下限	矿物异常面积	矿物最高含量	矿物异常分级	矿产与化探异常特征
1	19.31	稀土组合矿物	5528	19.31	7950	Ⅲ	无已知稀土矿产地，无 La、Y 等元素异常
2	9.53	稀土组合矿物	5528	9.53	13 340	Ⅱ	无已知稀土矿产地，有 Y、Ce 元素异常
3	28.15	稀土组合矿物	5528	28.15	7040	Ⅲ	无已知稀土矿产地，无 La、Y 等元素异常
4	2.51	稀土组合矿物	5528	2.51	15 540	Ⅲ	无已知稀土矿产地，无 La、Y 等元素异常
5	102.85	稀土组合矿物	5528	102.85	46 020	Ⅱ	无已知稀土矿产地，有 La、Y、Ce 等元素异常
6	10.46	稀土组合矿物	5528	10.46	9100	Ⅲ	无已知稀土矿产地，无 La、Y 等元素异常
7	36.64	稀土组合矿物	5528	36.64	14 845	Ⅲ	无已知稀土矿产地，无 La、Y 等元素异常
8	282.34	稀土组合矿物	5528	282.34	86 760	Ⅰ	有已知稀土矿产地，有 La、Y、Ce 等元素异常
9	10.82	稀土组合矿物	5528	10.82	7805	Ⅲ	无已知稀土矿产地，无 La、Y 等元素异常
10	7.71	稀土组合矿物	5528	7.71	5855	Ⅱ	无已知稀土矿产地，有 La 元素异常
11	16.65	稀土组合矿物	5528	16.65	6700	Ⅱ	无已知稀土矿产地，有 La、Ce 元素异常
12	24.63	稀土组合矿物	5528	24.63	59 640	Ⅱ	无已知稀土矿产地，有 Ce 元素异常
13	39.05	稀土组合矿物	5528	39.05	15 085	Ⅱ	无已知稀土矿产地，有 La 元素异常
14	7.25	稀土组合矿物	5528	7.25	8025	Ⅱ	无已知稀土矿产地，有 La 元素异常
15	17.63	稀土组合矿物	5528	17.63	244 800	Ⅲ	无已知稀土矿产地，无 La、Y 等元素异常

续表 4-35

编号	面积	所辖异常矿物	矿物异常下限	矿物异常面积	矿物最高含量	矿物异常分级	矿产与化探异常特征
16	54.02	稀土组合矿物	5528	54.02	10 754	Ⅱ	无已知稀土矿产地,有 Ce 元素异常
17	57.20	稀土组合矿物	5528	57.20	5620	Ⅲ	无已知稀土矿产地,无 La、Y 等元素异常
18	11.03	稀土组合矿物	5528	11.03	8410	Ⅲ	无已知稀土矿产地,无 La、Y 等元素异常
19	75.30	稀土组合矿物	5528	75.30	52 155	Ⅲ	无已知稀土矿产地,无 La、Y 等元素异常
20	19.18	稀土组合矿物	5528	19.18	12 125	Ⅲ	无已知稀土矿产地,无 La、Y 等元素异常
21	26.86	稀土组合矿物	5528	26.86	13 365	Ⅱ	无已知稀土矿产地,有 Y 元素异常
22	46.64	稀土组合矿物	5528	46.64	8880	Ⅲ	无已知稀土矿产地,无 La、Y 等元素异常
23	7.54	稀土组合矿物	5528	7.54	5880	Ⅲ	无已知稀土矿产地,无 La、Y 等元素异常

注:表中"矿物异常下限""矿物最高含量"单位为颗/30kg,"面积""矿物异常面积"单位为 km²。

对三叠纪钾长花岗岩区范围内的稀土组合矿物异常开展评价,实现了典型矿床与自然重砂资料应用的密切关联性。但是,如前所述,自然重砂矿物中的稀土矿物对风化壳离子吸附型稀土矿并无直接的指示意义,因为次生的环境条件也是成矿作用的主要因素之一。从另外角度来讲,其他花岗岩区范围内的异常也可能存在风化壳离子吸附型稀土矿指示意义,如果次生的环境条件有利的话。基于此,按其他花岗岩区样品累频98%对应的标准化值(14 250 颗/30kg)为异常下限进行异常研究,也是有必要的。统计表明,以 14 250 颗/30kg 为异常下限的异常与省级以 14 220 颗/30kg 为下限的区域异常其实是一致的,两者仅仅相差1件样品。因此,其他花岗岩区的省级异常可直接作为离子吸附型稀土矿的预测对象,如此形成对典型矿床预测工作区预测研究的有益补充。

对省级区域异常进行如下处理,一是去掉图 4-21 23 处异常对应的异常,二是去掉非花岗岩区的异常,包括第四系分布区的异常,因为第四系分布区异常指示的是砂矿型稀土矿,与典型矿床有出入,如此余下 17 处异常(图 4-22),各异常的基本特征如表 4-36 所示,异常编号顺三叠纪钾长花岗岩区异常而编。

六、银矿自然重砂异常组合特征

银矿种预测工作区是基于典型矿床儋州南报银矿、昌江石碌银矿和定安富文银金矿而提出的,共 3 处,分别位于海南岛、昌江石碌地区和定安雷鸣盆地。

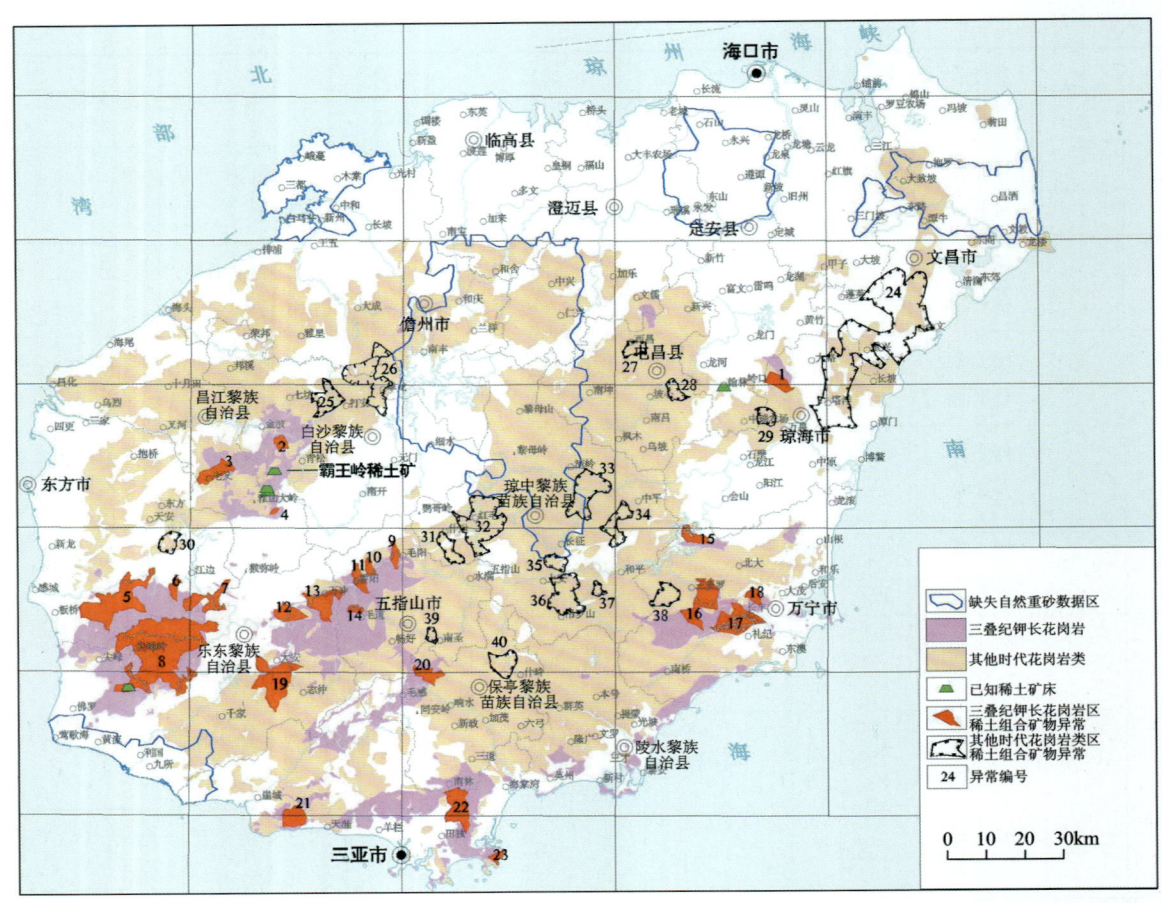

图 4-22 霸王岭稀土矿预测工作区全部花岗岩区稀土组合矿物异常图

表 4-36 霸王岭稀土矿预测工作区其他花岗岩区重砂稀土矿物异常基本特征

编号	面积	所辖异常矿物	矿物异常下限	矿物异常面积	矿物最高含量	矿物异常分级	矿产与化探异常特征
24	441.47	稀土组合矿物	14 220	441.47	131 680	Ⅱ	无已知稀土矿产地,有 La、Y 等元素异常
25	39.33	稀土组合矿物	14 220	39.33	210 520	Ⅲ	无已知稀土矿产地,无 La、Y、Ce 元素异常
26	87.21	稀土组合矿物	14 220	87.21	79 200	Ⅰ	有白沙芽苞独居石矿响应,有 La、Y 等元素异常
27	17.94	稀土组合矿物	14 220	17.94	26 895	Ⅲ	无已知稀土矿产地,无 La、Y 等元素异常
28	16.65	稀土组合矿物	14 220	16.65	35 550	Ⅱ	无已知稀土矿产地,有 La、Y、Ce 等元素异常

续表 4-36

编号	面积	所辖异常矿物	矿物异常下限	矿物异常面积	矿物最高含量	矿物异常分级	矿产与化探异常特征
29	17.98	稀土组合矿物	14 220	17.98	37 255	Ⅱ	无已知稀土矿产地,有 La、Y 等元素异常
30	20.58	稀土组合矿物	14 220	20.58	18 025	Ⅱ	无已知稀土矿产地,有 La、Y 等元素异常
31	25.36	稀土组合矿物	14 220	25.36	283 064	Ⅲ	无已知稀土矿产地,无 La、Y、Ce 等元素异常
32	107.89	稀土组合矿物	14 220	107.89	96 750	Ⅱ	无已知稀土矿产地,有 La、Y 等元素异常
33	69.81	稀土组合矿物	14 220	69.81	1 080 000	Ⅱ	无已知稀土矿产地,有 La 元素异常
34	36.89	稀土组合矿物	14 220	36.89	64 110	Ⅱ	无已知稀土矿产地,有 La、Ce 元素异常
35	17.67	稀土组合矿物	14 220	17.67	25 925	Ⅱ	无已知稀土矿产地,有 Ce 元素异常
36	62.43	稀土组合矿物	14 220	62.43	92 200	Ⅱ	无已知稀土矿产地,有 La 元素异常
37	7.79	稀土组合矿物	14 220	7.79	25 300	Ⅲ	无已知稀土矿产地,无 La 元素异常
38	28.74	稀土组合矿物	14 220	28.74	50 530	Ⅲ	无已知稀土矿产地,无 La、Y 等元素异常
39	8.09	稀土组合矿物	14 220	8.09	15 045	Ⅱ	无已知稀土矿产地,有 Ce 元素异常
40	32.59	稀土组合矿物	14 220	32.59	21 135	Ⅲ	无已知稀土矿产地,无 La、Y 等元素异常

注:表中"矿物异常下限""矿物最高含量"单位为颗/30kg,"面积""矿物异常面积"单位为 km²。

(一)海南岛预测工作区

1. 预测工作区概况

预测工作区内目标地质单元为晚二叠世、早三叠世花岗岩类,结合典型矿床矿石矿物和区内存在的贵金属、有色金属矿物及其共生矿物的异常分布,在上述地质背景限定下,只有砷矿物、自然金、铜矿物、铅矿物、铋矿物、钼矿物、钨矿物 7 种与预测矿种成因密切相关矿物异常存在。这些异常均取自省级区域异常并重新编号和命名,对截取的局部异常重新计算异常面积和最高含量。

诸矿物异常大多为Ⅱ级或Ⅲ级,自然金、铅矿物、铋矿物、钨矿物异常区较多、面积较大,含量较高;异常区内存在显著的 As、Ag、Au、Pb 等元素异常。

2. 综合异常的圈定

综合异常的圈定,一是围绕典型矿床限定的成矿地质背景,对其他地质背景范围内的异常不圈定综合异常,突出综合异常对于预测矿种典型矿床的针对性;二是异常应为相应地质背景可能存在的矿化作用引起,也就是根据水系和汇水盆地分布特征,成矿地质背景必须位于异常区内或其上游;三是综合异常必须体现"综合性"和"异常性"的统一,也就是综合异常不可能完全反映每种矿物异常的全部异常范围,同时还要区别于"正常性",如果大面积地圈定综合异常,也就不能称其为"异常"。因此,综合异常的圈定基于三大素材,即单矿物异常、成矿地质背景和水系与汇水盆地,其边界以圆滑曲线圈定。对异常进行编号和异常矿物标示,并按综合异常面积、所辖异常矿物及其下限、面积、最高含量、级别等形成属性表。

据此共圈定 18 处综合异常(图 4-23,表 4-37)。综合异常主要分布在尖峰岭、五指山等海南岛西南部地区。

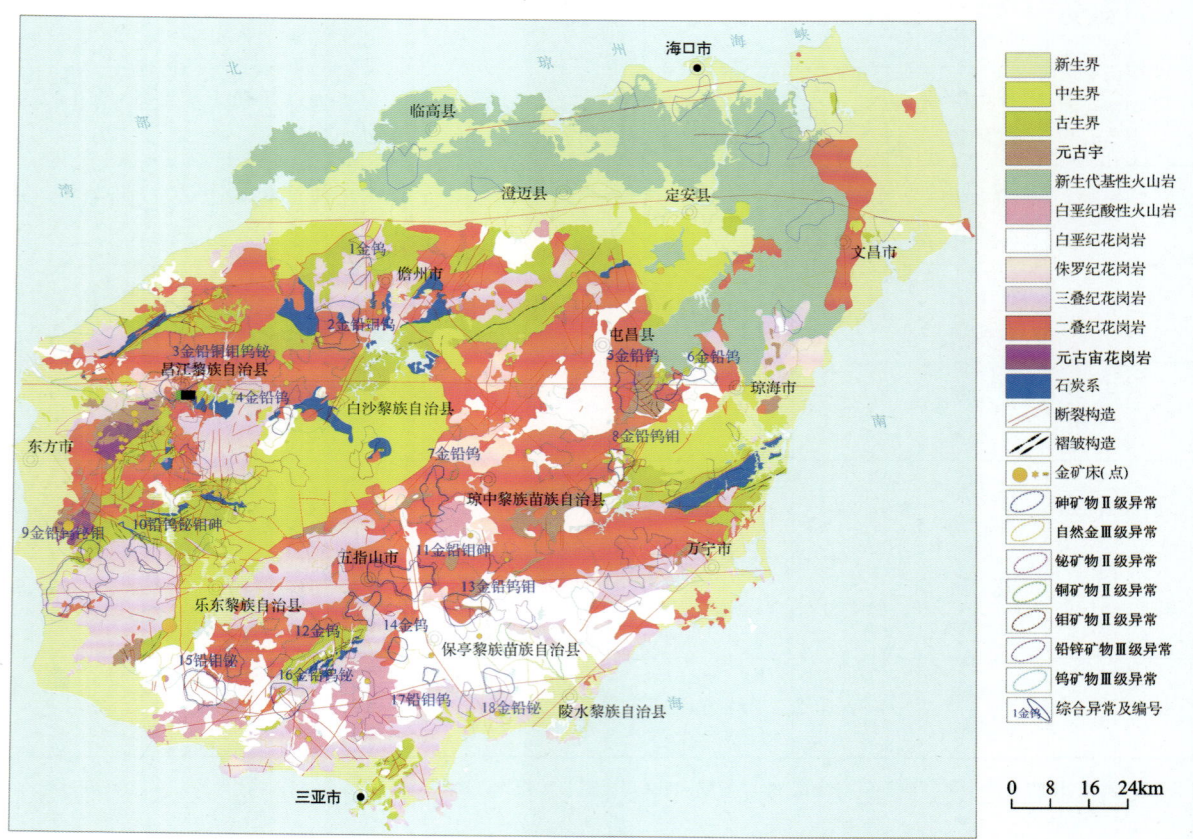

图 4-23 南报银矿海南岛预测工作区自然重砂矿物综合异常图

表 4-37 南报银矿海南岛预测工作区自然重砂矿物综合异常基本特征

编号	面积	所辖异常矿物	矿物异常下限	矿物异常面积	矿物最高含量	矿物异常分级	矿产与化探异常特征
1	28	金/钨	3/56	255/35	22/500	Ⅰ/Ⅱ	有金矿矿产地,有 As、Au、Pb 元素异常
2	131	金/铅锌/钼/钨	3/1/1/56	255/19/19/247	22/7/7/2175	Ⅰ/Ⅰ/Ⅰ/Ⅰ	有已知矿产地,有 As、Au、Pb、Bi 元素异常
3	71	金/铅锌/铜/钼/钨/铋	3/1/1/1/56/1	34/58/114/33/588/51	8/50/5610/5/1550/5	Ⅰ/Ⅰ/Ⅰ/Ⅱ/Ⅰ/Ⅱ	无已知矿产地,有 As、Ag、Au、Pb、Bi 元素异常
4	27	金/铅锌/钨	3/1/56	63/30/44	5/5/170	Ⅲ/Ⅱ/Ⅱ	无已知矿产地,有 As、Ag、Au、Bi 元素异常
5	57	金/铅锌/钨	3/1/56	154/16/45	24/2/203	Ⅰ/Ⅰ/Ⅲ	有已知金矿矿产地,有 As、Ag、Au、Pb 元素异常
6	38	金/铅锌/铋/钨	3/1/1/56	154/41/41/84	24/1/5/420	Ⅰ/Ⅰ/Ⅰ/Ⅱ	无已知矿产地,有 As、Ag、Au、Bi 元素异常
7	53	金/铅锌/钨	3/1/56	34/82/110	2905/46 140/720	Ⅰ/Ⅰ/Ⅱ	无已知矿产地,无元素异常
8	33	金/铅锌/钨/钼	3/1/56/1	124/11/128/11	39/25/720/25	Ⅰ/Ⅲ/Ⅱ/Ⅱ	有银金矿矿产地,有 As、Ag、Au、Pb 元素异常
9	200	金/铅锌/钨/铋/钼	3/1/56/1/1	88/246/65/185/214	7/100/1314/45/55	Ⅱ/Ⅰ/Ⅰ/Ⅰ/Ⅰ	有已知矿产地,有 As、Ag、Au、Pb、Bi 元素异常
10	38	铅锌/铋/钼/砷	1/1/1/1	9/75/2/18	45/45/45/1	Ⅲ/Ⅱ/Ⅱ/Ⅲ	无已知矿产地,有 As、Ag、Au、Bi 元素异常
11	106	金/铅锌/钼/砷	3/1/1/1	150/110/80/5	22/45/45/5	Ⅱ/Ⅱ/Ⅱ/Ⅲ	无已知矿产地,有 As、Ag、Au 元素异常
12	46	金/钨	3/56	204/63	14/3536	Ⅱ/Ⅱ	无已知矿产地,有 As、Ag、Au、Bi 元素异常
13	77	金/铅锌/钨/钼/铋	3/1/56/1/1	150/97/6/12/12	22/7/105/1/5	Ⅱ/Ⅱ/Ⅲ/Ⅱ/Ⅱ	无已知矿产地,有 As、Ag、Au、Bi 元素异常
14	26	金/钨	3/56	90/14	3/672	Ⅱ/Ⅲ	无已知矿产地,有 As、Bi 元素异常
15	79	铅锌/钼/钨	1/1/56	79/51/50	20/20/105	Ⅰ/Ⅰ/Ⅱ	无已知矿产地,有 Pb 元素异常
16	67	金/铅锌/钨/铋	3/1/56/1	159/17/88/5	9/3/190/3	Ⅱ/Ⅱ/Ⅲ/Ⅰ	有已知矿产地,有 As、Ag、Au、Pb、Bi 元素异常

续表 4-37

编号	面积	所辖异常矿物	矿物异常下限	矿物异常面积	矿物最高含量	矿物异常分级	矿产与化探异常特征
17	10	铅锌/钼/钨	1/1/56	14/14/24	1/1/5075	Ⅲ/Ⅱ/Ⅱ	无已知矿产地,有 Ag 元素异常
18	42	金/铅锌/铋	3/1/1	207/22/13	86/2/1	Ⅰ/Ⅲ/Ⅰ	无已知矿产地,有 Ag、Au 元素异常

注：表中"矿物异常下限""矿物最高含量"单位为颗/30kg，"面积""矿物异常面积"单位为 km²。

1、2、5、8、9、16 号综合异常有已知矿产地，1 号综合异常有自然金和钨矿物异常，有 As、Au、Pb 元素异常；2 号综合异常有自然金、铅锌矿物、钼矿物和钨矿物异常，有 As、Au、Pb、Bi 元素异常；5 号综合异常有自然金、铅锌矿物和钨矿物异常，有 As、Ag、Au、Pb 元素异常；8 号综合异常有自然金、铅锌矿物、钨矿物和钼矿物异常，有 As、Ag、Au、Pb 元素异常；9 号综合异常有自然金、铅锌矿物、钨矿物、铋矿物和钼矿物异常，有 As、Ag、Au、Pb、Bi 元素异常；16 号综合异常有自然金、铅锌矿物、钨矿物和铋矿物异常，有 As、Ag、Au、Pb、Bi 元素异常。以上综合异常具有显著的重砂、化探异常，异常可能由金矿、银矿等矿产地引起。

3 号和 13 号综合异常无已知矿产地，综合异常有自然金、铅锌矿物、钼矿物、钨矿物和铋矿物异常，有 As、Ag、Au、Pb、Bi 元素异常，成矿条件较好。

4、6、11、18 号综合异常重砂矿物异常主要是自然金和铅锌矿物异常，综合异常内有 As、Au 等元素异常，这些异常主要受花岗岩土壤母质影响。

7 号综合异常仅有自然金、铅锌矿物和钨矿物异常，无元素异常。

12 号和 14 号综合异常有自然金和钨矿物异常，有 As 和 Bi 等元素异常。

10、15、17 号综合异常主要是铅锌矿物、钼矿物等重砂矿物异常，地质背景主要是三叠纪花岗岩。

(二)昌江石碌预测工作区

1. 预测工作区概况

昌江石碌银矿预测工作区位于昌江石碌，成矿地质背景为青白口系石碌群和震旦系石灰顶组。结合典型矿床矿石矿物和区内存在的贵金属、有色金属矿物及其共生矿物的异常分布，在上述地质背景限定下，只有自然金、铜矿物、铅锌矿物、铋矿物共 4 种与预测矿种成因密切相关矿物异常，这些异常均取自省级区域异常并重新编号和命名，对截取的局部异常重新计算异常面积和最高含量属性。

诸矿物异常大多为Ⅱ级或Ⅲ级，铋矿物、铅矿物异常区较多，面积较大，自然金、铅矿物含量较高；有多个已知矿床；预测工作区有铋矿物异常 4 处（均为Ⅱ级），主要分布在昌江县附近、石碌群地层周围；铅锌矿物异常区 2 处（Ⅰ级 1 处，Ⅱ级 1 处），异常面积较大，预测区东西部各一处；自然金矿物异常有 2 处（Ⅰ级 1 处，Ⅱ级 1 处），主要分布在典型矿床周围；铜矿物异常区仅有一处，主要分布在昌江县西部。

2. 综合异常的圈定

基于单矿物异常、成矿地质背景和水系与汇水盆地三大素材圈定综合异常，其边界以圆滑曲线圈定。对异常进行编号和异常矿物标示，并按综合异常面积、所辖异常矿物及其下限、面积、最高含量、级别等形成属性表。

共圈定 3 处综合异常（图 4-24，表 4-38）。其中 1 号综合异常有自然金、铅锌矿物、铜矿物、铋矿物等异常，无已知矿产地；2 号综合异常有铅锌矿物和铜矿物异常，无已知矿产地；3 号综合异常仅有自然金矿物异常,有铜钴矿、铁矿等已知矿产地。

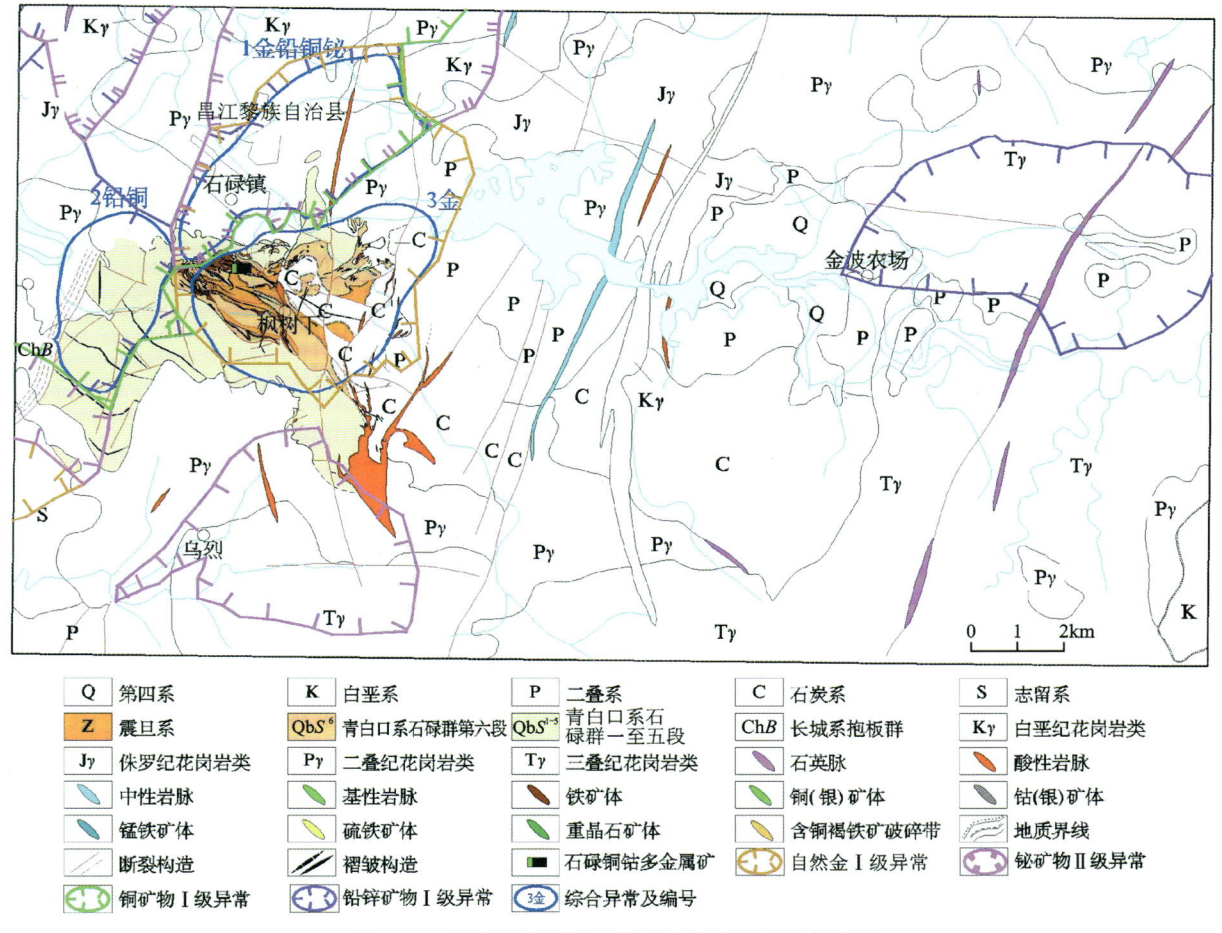

图 4-24 石碌银矿预测工作区自然重砂矿物异常图

表 4-38 石碌银矿预测工作区自然重砂矿物综合异常基本特征

编号	面积	所辖异常矿物	矿物异常下限	矿物异常面积	矿物最高含量	矿物异常分级	矿产与化探异常特征
1	11	金/铅锌/铜/铋	3/1/1/1	34/35/50/24	8/50/5610/5	Ⅰ/Ⅰ/Ⅰ/Ⅱ	无已知矿产地,有 As、Sb、Hg、Cu、Pb、Bi、Sn 元素异常
2	7	铅锌/铜	1/1	35/50	50/5610	Ⅰ/Ⅰ	无已知矿产地,有 As、Ag、Cu、Bi、Co 元素异常
3	16	金	3	34	8	Ⅰ	有铜钴矿、铁矿等多处矿产地,有 As、Sb、Hg、Ag、Au、Cu、Pb、Bi、W、Sn 元素异常

注:表中"矿物异常下限""矿物最高含量"单位为颗/30kg,"面积""矿物异常面积"单位为 km²。

(三)雷鸣盆地预测工作区

1. 预测工作区概况

预测工作区中的成矿地质背景为白垩系鹿母湾组砂砾岩和长石石英砂岩,燕山晚期花岗岩为花岗闪长岩和黑云母二长花岗岩等。结合典型矿床矿石矿物和区内存在的贵金属、有色金属矿物及其共生矿物的异常分布实际情况,在典型矿床成矿地质背景限定下,全预测工作区只有自然金1种与预测矿种成因密切相关的矿物异常存在。异常取自省级区域异常并重新编号和命名并完善其他相关属性。

自然金矿物异常共4处,其中Ⅱ级3处,Ⅲ级1处;异常区内存在显著的As、Au、Pb、Bi、Pb等元素异常。

2. 综合异常的圈定

基于单矿物异常、成矿地质背景和水系与汇水盆地三大素材圈定综合异常,其边界以圆滑曲线圈定。对异常进行编号和异常矿物标示,并按综合异常面积、所辖异常矿物及其下限、面积、最高含量、级别等形成属性表。

共圈定2处综合异常(图4-25,表4-39)。其中1号和2号综合异常均只有银矿物异常,且异常区内无已知矿床,2号综合异常内存在显著的Ag、Au等元素异常。典型矿床不在综合异常范围内。

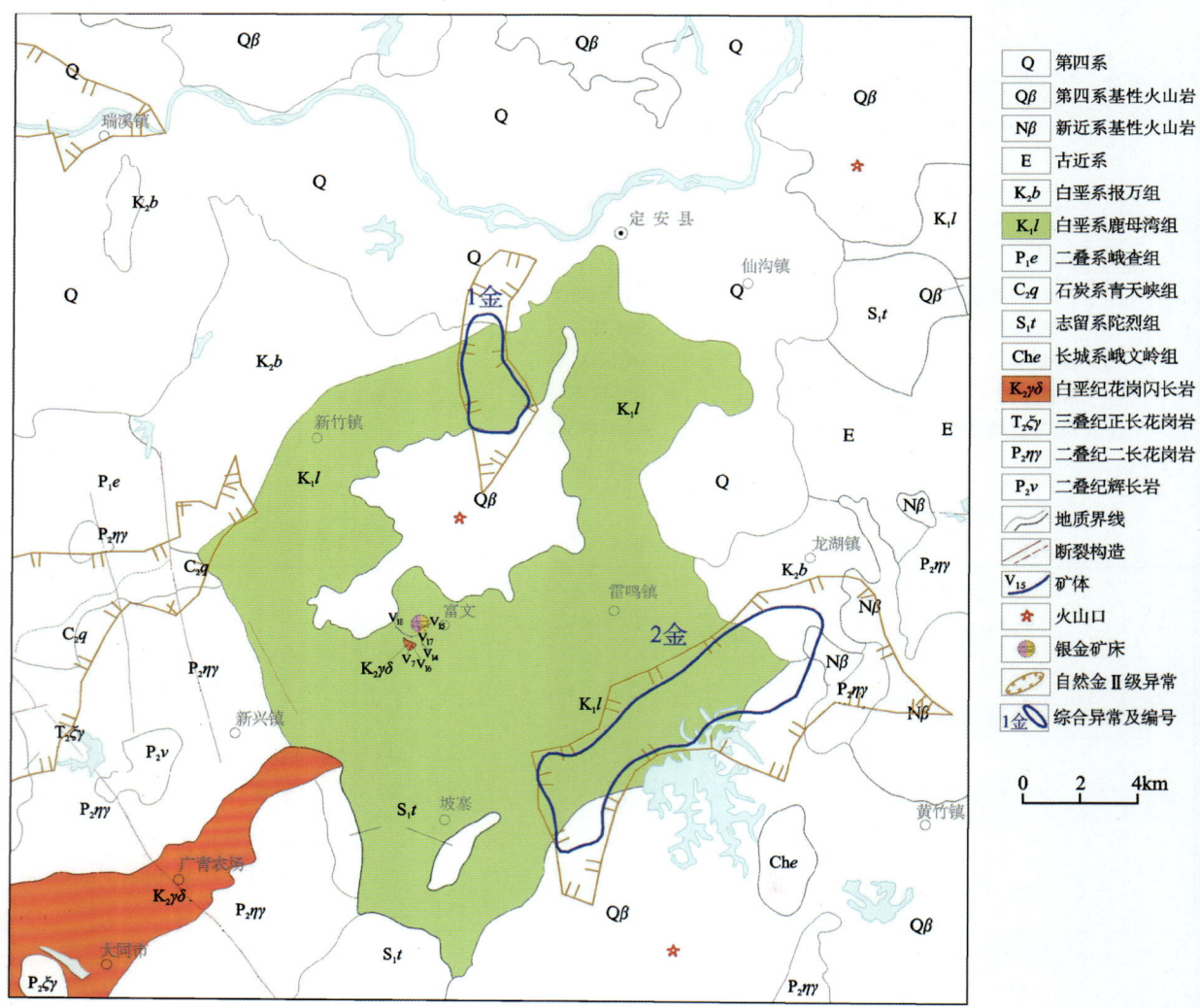

图4-25 富文银金矿预测工作区自然重砂矿物综合异常图

表 4-39 富文银金矿预测工作区自然重砂矿物综合异常基本特征

编号	面积	所辖异常矿物	矿物异常下限	矿物异常面积	矿物最高含量	矿物异常分级	矿产与化探异常特征
1	11	金	1	4	5	Ⅲ	无已知矿产地,无元素异常
2	7	金	1	4	5	Ⅱ	无已知矿产地,有 As、Ag、Au、Pb、Bi 元素异常

注:表中"矿物异常下限""矿物最高含量"单位为颗/30kg,"面积""矿物异常面积"单位为 km²。

七、钼矿自然重砂异常组合特征

钼矿种预测工作区是基于典型矿床屯昌高通岭钼矿、陵水龙门岭钼矿、乐东石门山钼矿、乐东报告村钼矿、乐东尖峰红门岭钼矿、琼海梅岭铜钼矿、保亭罗葵洞钼矿而提出的。其中基于高通岭钼矿、龙门岭钼矿提出海南岛预测工作区,基于石门山、报告村、红门岭钼矿提出乐东尖峰-千家预测工作区,基于梅岭铜钼矿、罗葵洞钼矿分别提出琼海烟塘-塔洋预测工作区和同安岭-牛腊岭火山岩盆预测工作区,共4处。

(一)海南岛预测工作区

1. 预测工作区概况

预测工作区内目标地质单元为白垩纪花岗岩类,结合典型矿床矿石矿物和区内存在的贵金属、有色金属矿物及其共生矿物的异常分布,在上述地质背景限定下,只有砷矿物、自然金、铜矿物、铅矿物、铋矿物、钼矿物、钨矿物 7 种与预测矿种成因密切相关的矿物异常存在。这些异常均取自省级区域异常并重新编号和命名,对截取的局部异常重新计算异常面积和最高含量等。

诸矿物异常大多为Ⅱ级或Ⅲ级,自然金、铅锌矿物、钨矿物异常区较多,面积较大,自然金、铅锌矿物含量较高;有多个已知矿床;异常区内存在显著的 Au、Mo 等元素异常。

预测工作区内砷矿物异常(出现即为异常)共有 27 处,其中Ⅱ级异常 9 处,Ⅲ级异常 18 处,主要分布于琼北、琼东和琼西南地区;铜矿物异常(出现即为异常)共有 8 处,其中Ⅱ级异常 6 处,Ⅲ级异常 2 处,主要分布于琼西地区;铅锌矿物异常(出现即为异常)共有 42 处,其中Ⅰ级异常 1 处,Ⅱ级异常 20 处,Ⅲ级异常 21 处,分布于琼西南广大地区;铋矿物异常(出现即为异常)共有 18 处,其中Ⅱ级异常 17 处,Ⅲ级异常 1 处,分布于琼西南地区;钼矿物异常(出现即为异常)共有 23 处,其中Ⅰ级异常 1 处,Ⅱ级异常 22 处,分布于琼西南广大地区;钨矿物异常(异常下限为 56 颗/30kg)共有 47 处,其中Ⅰ级异常 1 处,Ⅱ级异常 22 处,Ⅲ级异常 24 处,分布于琼西南广大地区。

2. 综合异常的圈定

综合异常的圈定:一是围绕典型矿床限定的成矿地质背景,对其他地质背景范围内的异常不圈定综合异常,突出综合异常对于预测矿种典型矿床的针对性;二是异常应为相应地质背景可能存在的矿化作用引起,也就是根据水系和汇水盆地分布特征,成矿地质背景必须位于异常区内或其上游;三是综合异常必须体现"综合性"和"异常性"的统一,也就是综合异常不可能完全反映每种矿物异常的全部异常范围,同时还要区别于"正常性",如果大面积地圈定综合异常,也就不能称其为"异常"。因此,综合异常的圈定基于三大素材,即单矿物异常、成矿地质背景和水系与汇水盆地,其边界以圆滑曲线圈定。对异常进行编号和异常矿物标示,并按综合异常面积、所辖异常矿物及其下限、面积、最高含量、级别等形成属性表。

据此共圈定 11 处综合异常(图 4-26,表 4-40)。异常主要分布在三亚、陵水等海南岛南部地区。

1、9、11 号综合异常有已知矿产地,矿物异常分别为砷矿物、铅锌矿物、钨矿物和自然金、铋矿物、铅锌矿物异常,共生矿物异常等级较高,有 W 元素异常及 Au、Zn、Mo 等伴生元素异常。

3、4、6 号综合异常无已知矿产地,无钼矿物异常,3 号和 4 号矿物异常为自然金、钨矿物、铅锌矿物异常,6 号综合异常为自然金和钨矿物异常,这些综合异常有 Au、Cu、Zn、Bi、W 等元素异常。

2、5、10 号综合异常无已知矿产地,均有钼矿物、钨矿物和铅锌矿物异常。2 号综合异常还有自然金、铜矿物和铋矿物异常,有 Cu、Pb、Zn、Bi、Mo、W 等元素异常。5 号综合异常有自然金矿物异常,元素异常仅有 Ag、Au 等。10 号综合异常有 Cu、Pb、Zn、Bi、Mo、W 等元素异常。

7 号和 8 号综合异常较为相似,均无已知矿产地,有自然金、钼矿物和铅锌矿物异常,有 Ag、Pb、Zn、Mo 等元素异常。

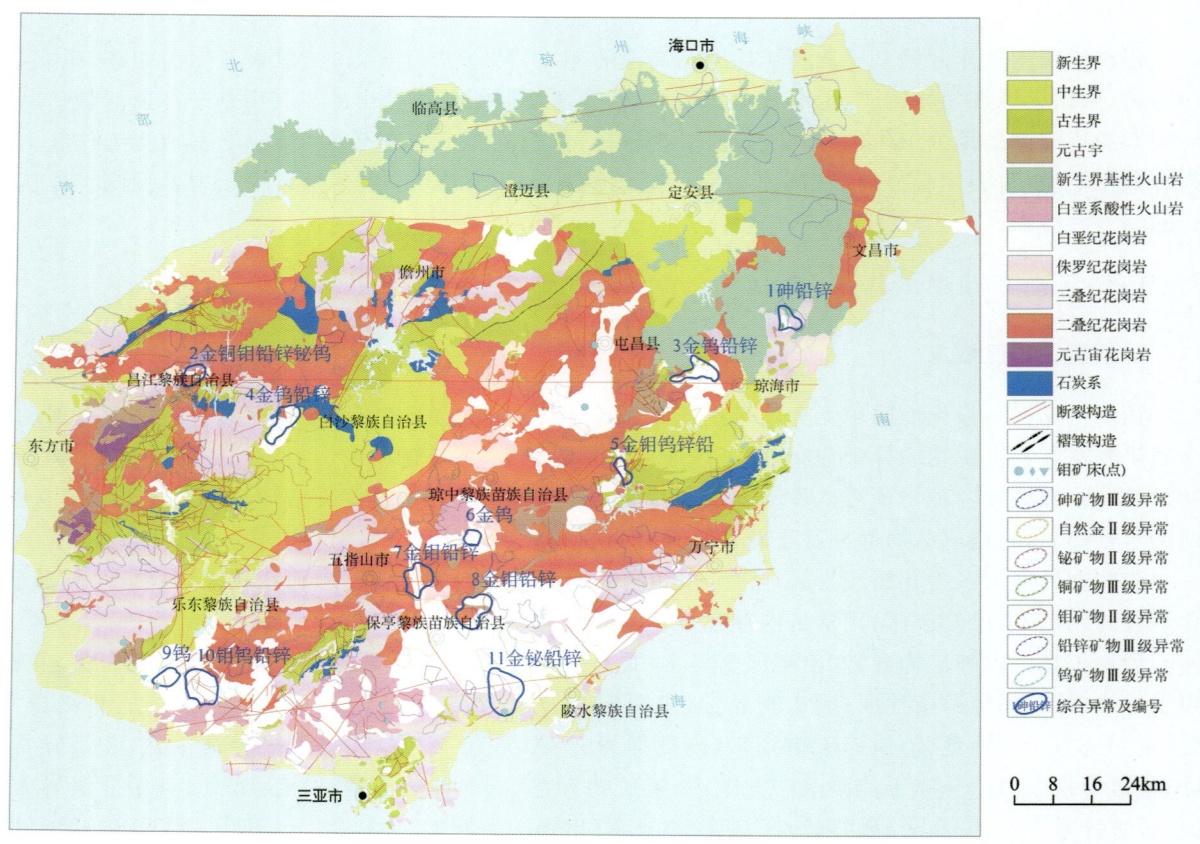

图 4-26 钼矿海南岛预测工作区自然重砂矿物综合异常图

表 4-40 钼矿海南岛预测工作区自然重砂矿物综合异常基本特征

编号	面积	所辖异常矿物	矿物异常下限	矿物异常面积	矿物最高含量	矿物异常分级	矿产与化探异常特征
1	28	砷/铅锌	1/1	24/21	25/1	Ⅲ/Ⅰ	有钼矿产地,有 As、Ag、Au、Cu、Pb、Zn、Bi、Mo、W 等元素异常
2	27	金/铜/钼/铅锌/铋/钨	3/1/1/1/1/56	34/114/33/58/51/588	8/5610/5/50/5/1550	Ⅰ/Ⅰ/Ⅱ/Ⅰ/Ⅱ/Ⅰ	无已知矿产地,有 Cu、Pb、Zn、Bi、Mo、W 等元素异常

续表 4-40

编号	面积	所辖异常矿物	矿物异常下限	矿物异常面积	矿物最高含量	矿物异常分级	矿产与化探异常特征
3	41	金/钨/铅锌	3/56/1	154/84/41	24/420/1	Ⅰ/Ⅱ/Ⅰ	无已知矿产地,有 As、Ag、Au、Cu、Pb、Zn、Bi、Mo、W 等元素异常
4	45	金/钨/铅锌	3/56/1	63/44/30	5/170/5	Ⅲ/Ⅱ/Ⅱ	无已知矿产地,有 Au、Cu、Zn、Bi、W 等元素异常
5	17	金/钼/钨/铅锌	3/1/56/1	124/11/128/11	39/25/720/25	Ⅰ/Ⅱ/Ⅱ/Ⅲ	无已知矿产地,有 Ag、Au 等元素异常
6	15	金/钨	3/56	25/20	3/266	Ⅰ/Ⅱ	无已知矿产地,有 Ag、Au、Pb、Zn、Mo、W 等元素异常
7	47	金/钼/铅锌	3/1/1	150/80/110	22/45/45	Ⅱ/Ⅱ/Ⅱ	无已知矿产地,有 Ag、Pb、Zn、Mo 等元素异常
8	57	金/钼/铅锌	3/1/1	150/12/97	22/1/7	Ⅱ/Ⅱ/Ⅱ	无已知矿产地,有 Ag、Pb、Zn、Bi、Mo、W 等元素异常
9	24	钨	56	30	225	Ⅰ	有已知矿产地,有 Au、Pb、Zn、Mo、W 等元素异常
10	66	钼/钨/铅锌	1/56/1	51/50/78	20/105/20	Ⅰ/Ⅱ/Ⅰ	无已知矿产地,有 Cu、Pb、Zn、Bi、Mo、W 等元素异常
11	89	金/铋/铅锌	3/1/1	207/13/22	86/1/2	Ⅰ/Ⅰ/Ⅲ	有已知矿产地,有 Au、Zn、Mo、W 等元素异常

注:表中"矿物异常下限""矿物最高含量"单位为颗/30kg,"面积""矿物异常面积"单位为 km²。

(二)乐东尖峰—千家预测工作区

1. 预测工作区概况

预测工作区内目标地质单元为晚白垩纪花岗岩类,结合典型矿床矿石矿物和区内存在的贵金属、有色金属矿物及其共生矿物的异常分布,在上述地质背景限定下,只有砷矿物、自然金、铅矿物、铋矿物、钼矿物、钨矿物 6 种与预测矿种成因密切相关的矿物异常存在。这些异常均取自省级区域异常并重新编号和命名,对截取的局部异常重新计算异常面积和最高含量。

诸矿物异常大多为Ⅱ级或Ⅲ级,自然金、钨矿物和铅锌矿物异常区较多、面积较大,铅矿物和钨矿物含量较高;有多个已知矿床;异常区内存在显著的 Cu、Zn 等元素异常。在预测工作区钼矿物异常共有 4 处(Ⅰ级 1 处,Ⅱ级 3 处),Ⅰ级异常位于尖峰镇;钨矿物异常在预测工作区内广泛分布,共有 11 处,其中Ⅰ级异常 4 处,Ⅱ级异常 1 处,Ⅰ级异常主要位于尖峰镇;金矿物异常共有 7 处(Ⅱ级 5 处,Ⅲ级 2 处),异常位于乐东县和抱伦等地;铋矿物异常共有 4 处(均为Ⅱ级),多分布在工作区西北部地区;铅锌矿物异常共有 7 处(Ⅰ级 1 处,Ⅱ级 4 处,Ⅲ级 2 处),Ⅰ级异常位于尖峰镇。

2. 综合异常的圈定

综合异常的圈定一是围绕典型矿床限定的成矿地质背景,对其他地质背景范围内的异常不圈定综合异常,突出综合异常对于预测矿种典型矿床的针对性;二是异常应为相应地质背景可能存在的矿化作用引起,也就是根据水系和汇水盆地分布特征,成矿地质背景必须位于异常区内或其上游;三是综合异常必须体现"综合性"和"异常性"的统一,也就是综合异常不可能完全反映每种矿物异常的全部异常范围,同时还要区别于"正常性",如果大面积地圈定综合异常,也就不能称其为"异常"。因此,综合异常的圈定基于三大素材,即单矿物异常、成矿地质背景和水系与汇水盆地,其边界以圆滑曲线圈定。对异常进行编号和异常矿物标示,并按综合异常面积、所辖异常矿物及其下限、面积、最高含量、级别等形成属性表。

据此共圈定4处综合异常(图4-27,表4-41)。其中1号综合异常有钼矿物、铅锌矿物、钨矿物和铋矿物异常;2号综合异常仅有钨矿物异常,但在其范围内有乐东红门岭钼矿(典型矿床),且有Au、Pb、Mo、W元素异常;3号综合异常有钼矿物、铅锌矿物和钨矿物异常,无已知矿产地,有Pb、Zn、Bi、Mo、W元素异常;4号综合异常仅有自然金和铅锌矿物异常。

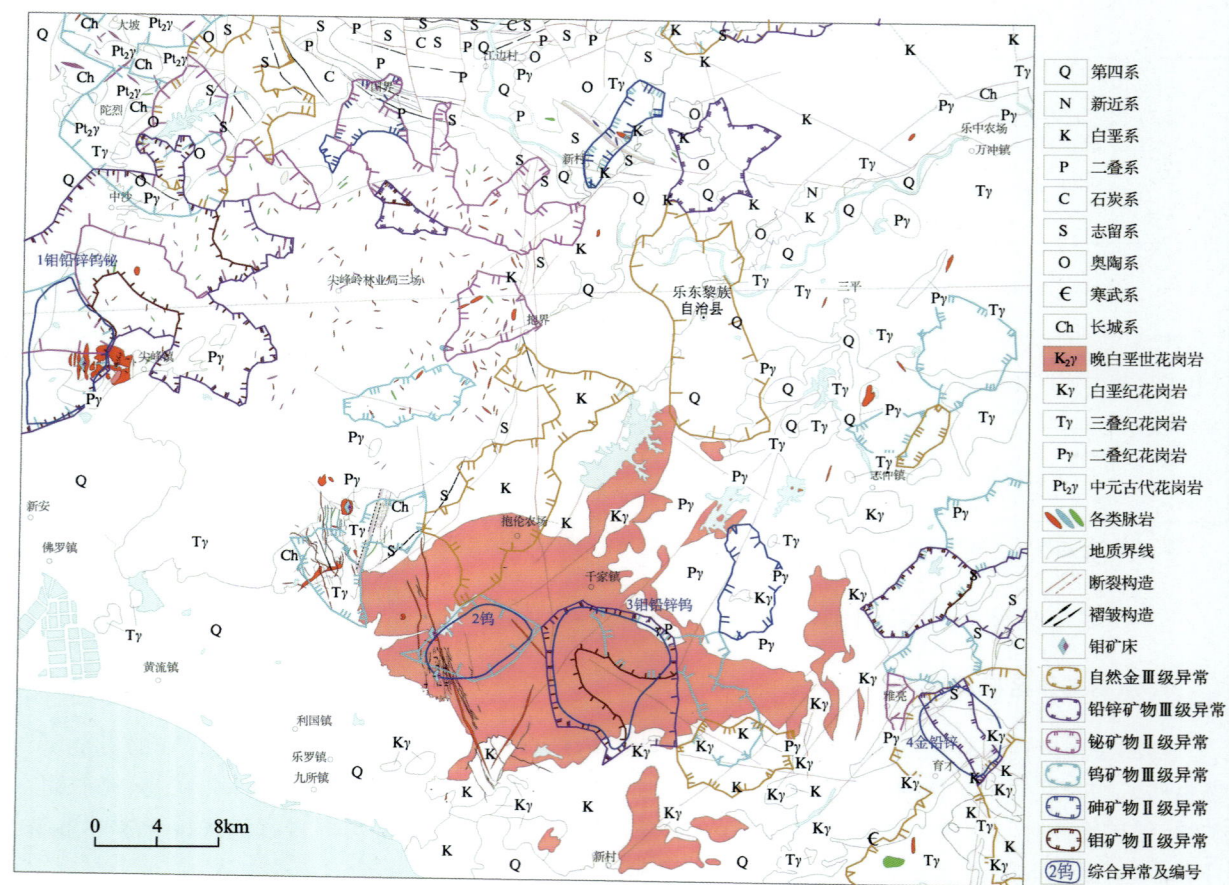

图4-27 钼矿乐东尖峰-千家预测工作区自然重砂矿物综合异常图

表4-41 钼矿乐东尖峰-千家预测工作区自然重砂矿物综合异常基本特征

编号	面积	所辖异常矿物	矿物异常下限	矿物异常面积	矿物最高含量	矿物异常分级	矿产与化探异常特征
1	10	钼/铅锌/钨/铋	1/1/56/1	190/221/50/168	55/100/1314/45	Ⅰ/Ⅰ/Ⅰ/Ⅰ	有已知钼矿矿产地,有Ag、Pb、Zn、Bi、Mo、W元素异常

续表 4-41

编号	面积	所辖异常矿物	矿物异常下限	矿物异常面积	矿物最高含量	矿物异常分级	矿产与化探异常特征
2	23	钨	56	30	225	Ⅰ	有钼矿矿产地,有 Au、Pb、Mo、W 元素异常
3	19	钼/铅锌/钨	1/1/56	51/78/50	20/20/105	Ⅰ/Ⅰ/Ⅱ	无已知矿产地,有 Pb、Zn、Bi、Mo、W 元素异常
4	15	金/铅锌	3/1	105/17	9/3	Ⅱ/Ⅱ	无已知矿产地,有 Zn、Bi、Cu、Hg、As 元素异常

注:表中"矿物异常下限""矿物最高含量"单位为颗/30kg,"面积""矿物异常面积"单位为 km^2。

(三)琼海烟塘-塔洋预测工作区

1. 预测工作区概况

琼海烟塘-塔洋预测工作区位于琼海烟塘-塔洋地区,成矿地质背景为晚白垩世花岗闪长岩。结合典型矿床矿石矿物和区内存在的贵金属、有色金属矿物及其共生矿物的异常分布,在上述地质背景限定下,只有砷矿物、自然金、铅锌矿物、钨矿物共4种与预测矿种成因密切相关的矿物异常,这些异常均取自省级区域异常并重新编号和命名,对截取的局部异常重新计算异常面积和最高含量属性。

预测工作区矿物异常较少,砷矿物、自然金和铅锌矿物仅1处异常,钨矿物有2处异常,这些矿物异常等级分别为Ⅲ级、Ⅲ级、Ⅰ级、Ⅰ级。砷矿物、钨矿物和铅锌矿物异常位于烟塘镇梅岭铜钼矿周边,自然金矿物异常位于长坡镇至塔洋镇之间。

2. 综合异常的圈定

基于单矿物异常、成矿地质背景和水系与汇水盆地三大素材圈定综合异常,其边界以圆滑曲线圈定。对异常进行编号和异常矿物标示,并按综合异常面积、所辖异常矿物及其下限、面积、最高含量、级别等形成属性表。

共圈定1处综合异常(图4-28,表4-42)。1号综合异常有砷矿物、钨矿物和铅锌矿物异常,但在其范围内有梅岭铜钼矿矿床,有 As、Ag、Au、Cu、Pb、Zn、Bi、Mo、W 等元素异常。

(四)同安岭-牛腊岭火山岩盆预测工作区

1. 预测工作区概况

预测工作区中的成矿地质背景为下白垩统六罗村组流纹质火山岩夹安山质火山岩。结合典型矿床矿石矿物和区内存在的贵金属、有色金属矿物及其共生矿物的异常分布实际情况,在典型矿床成矿地质背景限定下,全预测工作区有砷矿物、自然金、铅锌矿物、铋矿物、钼矿物、钨矿物6种与预测矿种成因密切相关的矿物异常存在。异常取自省级区域异常并重新编号和命名并完善其他相关属性。

预测工作区内诸矿物异常大多为Ⅱ级或Ⅲ级,钨矿物和铅锌矿物异常区较多,自然金和铋矿物异常面积较大;有已知矿床;有显著的 Mo、Zn 等元素异常。

在预测工作区钼矿物异常共有6处(均为Ⅱ级),分布在福报、保国农场、加油南、南改、报什、什那等地区。钨矿物异常在预测工作区内广泛分布,共有9处,其中Ⅱ级异常4处,Ⅲ级异常5处。自然金矿

图 4-28 钼矿琼海烟塘-塔洋预测工作区自然重砂矿物综合异常图

表 4-42 钼矿琼海烟塘-塔洋预测工作区自然重砂矿物综合异常基本特征

编号	面积	所辖异常矿物	矿物异常下限	矿物异常面积	矿物最高含量	矿物异常分级	矿产与化探异常特征
1	38	砷/钨/铅锌	1/15/1	24/54/20	25/55/1	Ⅲ/Ⅰ/Ⅰ	有已知矿产地,有 As、Ag、Au、Cu、Pb、Zn、Bi、Mo、W 等元素异常

注:表中"矿物异常下限""矿物最高含量"单位为颗/30kg,"面积""矿物异常面积"单位为 km²。

物异常共有 6 处,其中Ⅱ级异常 5 处,Ⅲ级异常 1 处。铋矿物异常共有 4 处,均为Ⅱ级,两处位于罗葵洞周边。铅锌矿物异常共有 5 处,其中Ⅱ级异常 4 处,Ⅲ级异常 1 处,主要位于保国农场、千家镇和岭壳地区。砷矿物异常仅有 1 处Ⅱ级异常,位于抱平。

2. 综合异常的圈定

基于单矿物异常、成矿地质背景和水系与汇水盆地三大素材圈定综合异常，其边界以圆滑曲线圈定。对异常进行编号和异常矿物标示，并按综合异常面积、所辖异常矿物及其下限、面积、最高含量、级别等形成属性表。

共圈定2处综合异常（图4-29，表4-43）。其中1号综合异常有金和钨矿物异常，有Au、Bi、Mo元素异常；2号综合异常有金和铅锌矿物异常，有Hg、Cu、Bi元素异常。

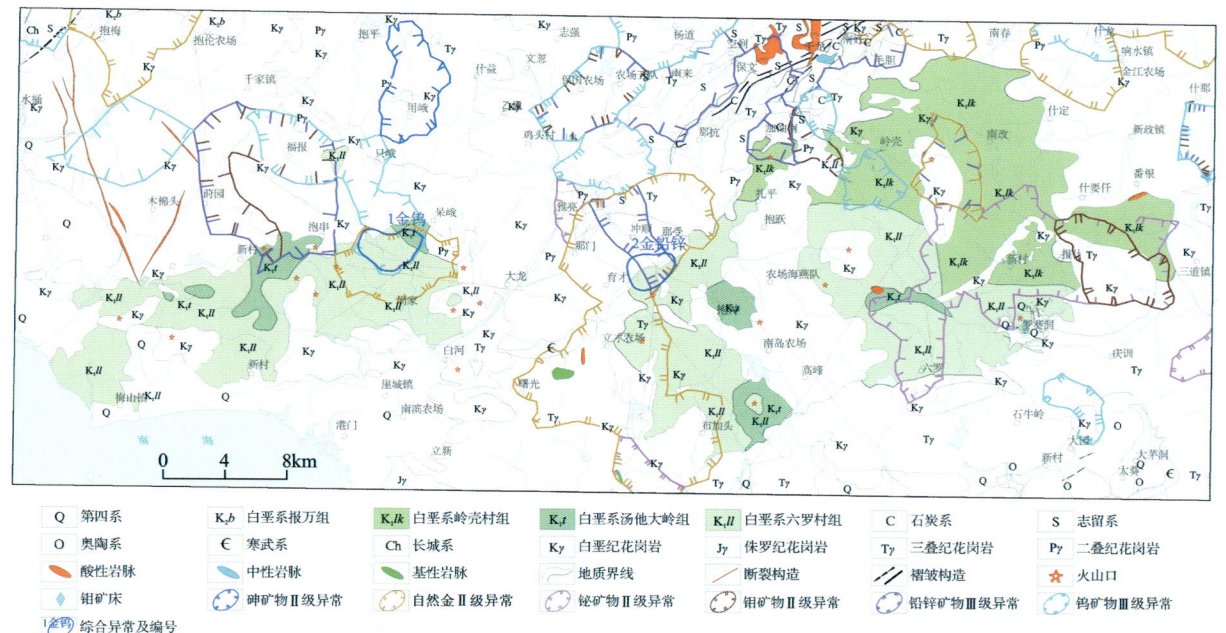

图 4-29　钼矿同安岭-牛腊岭火山岩盆预测工作区自然重砂矿物综合异常图

表 4-43　钼矿同安岭-牛腊岭火山岩盆预测工作区自然重砂矿物综合异常基本特征

编号	面积	所辖异常矿物	矿物异常下限	矿物异常面积	矿物最高含量	矿物异常分级	矿产与化探异常特征
1	5	金/钨	3/56	30/50	7/105	Ⅲ/Ⅱ	无已知矿产地，有Au、Bi、Mo元素异常
2	3	金/铅锌	3/1	159/17	9/3	Ⅱ/Ⅱ	无已知矿产地，有Hg、Cu、Bi元素异常

注：表中"矿物异常下限""矿物最高含量"单位为颗/30kg，"面积""矿物异常面积"单位为km²。

八、萤石矿自然重砂异常组合特征

萤石矿种预测工作区是基于典型矿床什统萤石矿而提出，预测工作区范围为海南岛。

1. 预测工作区概况

预测工作区中的成矿地质背景为二叠纪、三叠纪花岗岩类。结合典型矿床矿石矿物和区内存在的贵金属和有色金属矿物及其共生矿物的异常分布实际情况，在典型矿床成矿地质背景限定下，全预测工作区有砷矿物、铜矿物、铅锌矿物、萤石4种与预测矿种成因密切相关的矿物异常存在。异常取自省级区域异常并重新编号和命名并完善其他相关属性。

诸矿物异常大多为Ⅱ级或Ⅲ级，砷矿物、铅锌矿物异常区较多、面积较大，含量较高。预测区砷矿物异常（出现即为异常）共有27处，其中Ⅰ级异常1处，Ⅱ级异常8处，Ⅲ级异常18处，主要分布于琼北、琼东和琼西南地区；铜矿物异常（出现即为异常）共有8处，其中Ⅱ级异常6处，Ⅲ级异常2处，主要分布于琼西地区；铅锌矿物异常（出现即为异常）共有42处，其中Ⅰ级异常2处，Ⅱ级异常20处，Ⅲ级异常20处，分布于琼西南广大地区。

2. 综合异常的圈定

基于单矿物异常、成矿地质背景和水系与汇水盆地三大素材圈定综合异常，其边界以圆滑曲线圈定。对异常进行编号和异常矿物标示，并按综合异常面积、所辖异常矿物及其下限、面积、最高含量、级别等形成属性表。

共圈定3处综合异常（图4-30，表4-44）。其中1号综合异常仅见萤石矿物异常，无已知矿床；2号综合异常有萤石和铅矿物异常，无已知矿床；3号综合异常有铜矿物、铅矿物和砷矿物异常，无已知矿床。2号综合异常区内存在显著的As、Sb、Hg、Cu、F等元素异常。1号和3号综合异常区内的化探异常较少。

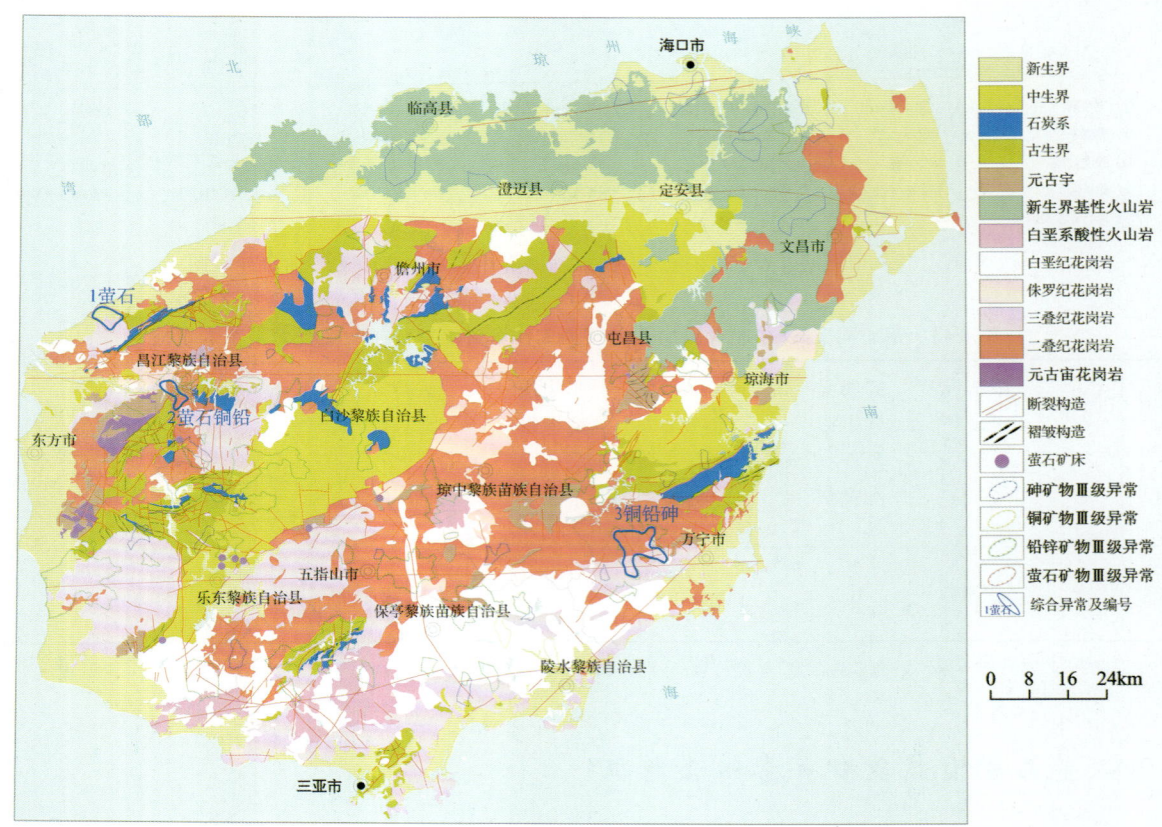

图4-30　什统萤石矿海南岛预测工作区自然重砂矿物综合异常图

表 4-44 什统萤石矿海南岛预测工作区自然重砂矿物综合异常基本特征

编号	面积	所辖异常矿物	矿物异常下限	矿物异常面积	矿物最高含量	矿物异常分级	矿产与化探异常特征
1	30	萤石	1	44	1	Ⅲ	无已知矿产地,有 Cu 元素异常
2	24	萤石/铜/铅锌	1/1/1	4/14/14	5/56 10/50	Ⅱ/Ⅰ/Ⅰ	无已知矿产地,有 As、Sb、Hg、Cu、F 等元素异常
3	86	铜/铅锌/砷	1/1//1	5/19/4	1/7/1	Ⅱ/Ⅱ/Ⅲ	无已知矿产地,有 Hg、Cu 等元素异常

注:表中"矿物异常下限""矿物最高含量"单位为颗/30kg,"面积""矿物异常面积"单位为 km²。

九、重晶石矿自然重砂异常组合特征

重晶石矿种预测工作区共有 3 处,一是基于典型矿床石碌重晶石矿而提出,位于昌江石碌地区,一是基于典型矿床冰岭重晶石矿而提出,位于儋州冰岭地区,一是基于典型矿床保由重晶石矿而提出,位于昌江保由地区。

(一)昌江石碌预测工作区

1. 预测工作区概况

预测工作区中的成矿地质背景为青白口系石碌群。结合典型矿床矿石矿物和区内存在的贵金属、有色金属矿物及其共生矿物的异常分布实际情况,在上述地质背景限定下,全预测工作区有铜矿物、铅锌矿物、铋矿物、重晶石 4 种与预测矿种成因密切相关的矿物异常存在。这些异常大多取自省级区域异常并重新编号和命名,对截取的局部异常重新计算异常面积和最高含量。

诸矿物异常大多为Ⅱ级或Ⅲ级,铅矿物、铋矿物异常区较多、面积较大,含量较高;无已知矿床。预测工作区铋矿物异常 4 处,均为Ⅱ级,主要分布在昌江县附近、石碌群周围;铅锌矿物异常区 2 处,均为Ⅱ级,异常面积较大,预测区东西部各一处;铜矿物和重晶石异常区仅有 1 处,分布在昌江县西部。

2. 综合异常的圈定

基于单矿物异常、成矿地质背景和水系与汇水盆地三大素材圈定综合异常,其边界以圆滑曲线圈定。对异常进行编号和异常矿物标示,并按综合异常面积、所辖异常矿物及其下限、面积、最高含量、级别等形成属性表。

据此共圈定 2 处综合异常(图 4-31,表 4-45)。其中 1 号综合异常有铅锌矿物、铜矿物、铋矿物、自然金和重晶石矿物异常,异常区内存在显著的 Cu、Co、Ba、Ag、Bi 等元素异常;2 号综合异常只有铅锌矿物和铜矿物异常,在其范围内未发现已知矿床。

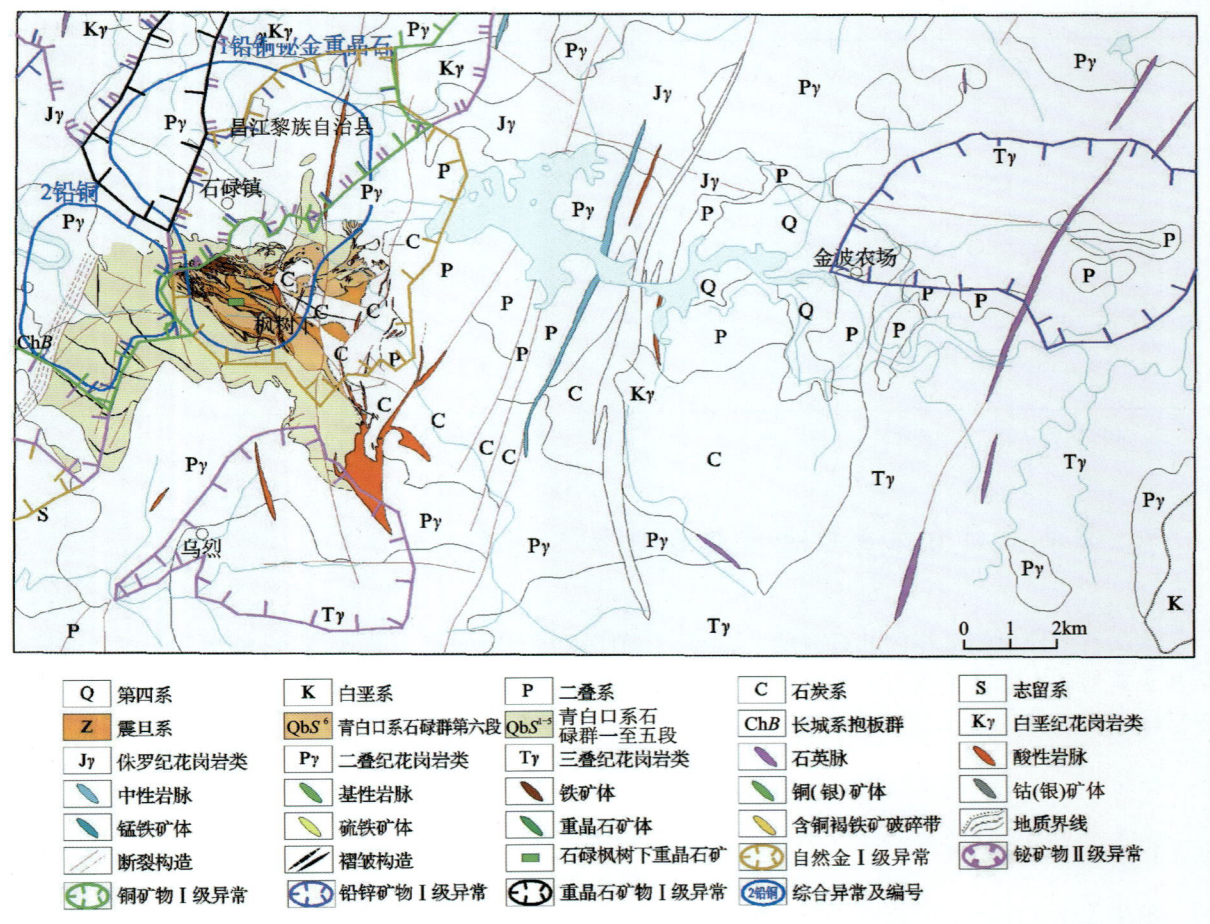

图 4-31 重晶石矿昌江石碌预测工作区自然重砂矿物综合异常图

表 4-45 重晶石矿昌江石碌预测工作区自然重砂矿物综合异常基本特征

编号	面积	所辖异常矿物	矿物异常下限	矿物异常面积	矿物最高含量	矿物异常分级	矿产与化探异常特征
1	5	铅锌/铜/铋/金/重晶石	1/1/1/3/1	35/50/24/34/8	50/5610/5/8/33 320	Ⅰ/Ⅰ/Ⅱ/Ⅰ/Ⅰ	有重晶石矿产地,有As、Sb、Hg、Ag、Au、Cu、Pb、Zn、Bi、W、Ba元素异常
2	9	铅锌/铜	1/1	26/50	4/5610	Ⅰ/Ⅰ	无已知矿产地,有As、Sb、Hg、Ag、Cu、Pb、Bi、W、Ba元素异常

注:表中"矿物异常下限""矿物最高含量"单位为颗/30kg,"面积""矿物异常面积"单位为km²。

(二)儋州冰岭预测工作区

1. 预测工作区概况

预测工作区中的成矿地质背景为下二叠统峨查组。结合典型矿床矿石矿物和区内存在的贵金属、有色金属矿物及其共生矿物的异常分布实际情况,在典型矿床成矿地质背景的限定区域内,有重晶石和铅锌矿物2种与预测矿种成因密切相关的矿物异常存在。这些异常均取自省级区域异常并重新编号和命名,对截取的局部异常重新计算异常面积和最高含量。

铅锌矿物和重晶石矿物异常大多为Ⅱ级,铅锌矿物异常区较多、面积较大;无已知矿床。其中铅锌矿物异常区5处,Ⅰ级异常1处,Ⅱ级异常2处,Ⅲ级异常2处,均分布在预测区西部。重晶石矿物异常区1处,分布在白沙县以北地区。

2. 综合异常的圈定

基于单矿物异常、成矿地质背景和水系与汇水盆地三大素材圈定综合异常,其边界以圆滑曲线圈定。对异常进行编号和异常矿物标示,并按综合异常面积、所辖异常矿物及其下限、面积、最高含量、级别等形成属性表。

据此共圈定1处综合异常(图4-32,表4-46)。其中综合异常仅有重晶石矿物异常。异常区内仅存在显著的Ba元素异常,未见其他元素异常。

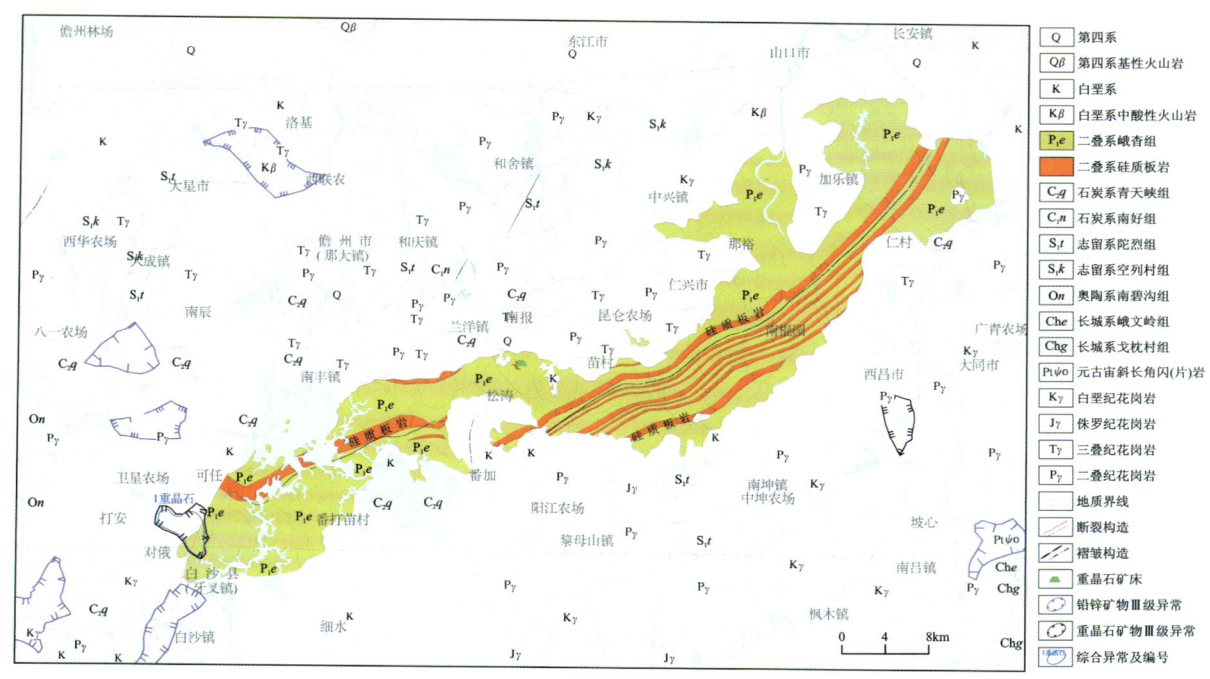

图4-32 重晶石矿儋州冰岭预测工作区自然重砂矿物综合异常图

表4-46 重晶石矿儋州冰岭预测工作区自然重砂矿物综合异常基本特征

编号	面积	所辖异常矿物	矿物异常下限	矿物异常面积	矿物最高含量	矿物异常分级	矿产与化探异常特征
1	10	重晶石	1	14	45	Ⅱ	无已知矿产地,有Ba元素异常

注:表中"矿物异常下限""矿物最高含量"单位为颗/30kg,"面积""矿物异常面积"单位为km²。

(三)昌江保由预测工作区

1. 预测工作区概况

预测工作区中的成矿地质背景为晚古生界下二叠统峨查组和鹅顶组。结合典型矿床矿石矿物和区内存在的贵金属、有色金属矿物及其共生矿物的异常分布实际情况,在上述地质背景限定下,全预测工作区有砷矿物、铜矿物、铅锌矿物、铋矿物、钼矿物5种与预测矿种成因密切相关的矿物异常存在。这些异常大多取自省级区域异常并重新编号和命名,对截取的局部异常重新计算异常面积和最高含量。

诸矿物异常大多为Ⅱ级或Ⅲ级,铋矿物、铅矿物异常区较多、面积较大,矿物含量较高;有铅锌矿、金矿等多个已知矿床。预测工作区内铅锌矿物异常共有6处,其中Ⅱ级3处、Ⅲ级3处,多分布在雅加大岭周边地区。铋矿物异常有5处,分布在工作区的北部、中部、东部及南部。钼矿物异常区有4处,均为Ⅱ级。砷矿物异常区有4处,多分布在工作区南部。铜矿物异常区有3处,其中Ⅱ级2处、Ⅲ级1处。

2. 综合异常的圈定

基于单矿物异常、成矿地质背景和水系与汇水盆地三大素材圈定综合异常,其边界以圆滑曲线圈定。对异常进行编号和异常矿物标示,并按综合异常面积、所辖异常矿物及其下限、面积、最高含量、级别等形成属性表。

据此共圈定4处综合异常(图4-33,表4-47)。其中1号综合异常有砷矿物、铅锌矿物和铋矿物异常,有一处铅锌矿;2号综合异常为铋矿物、钼矿物、铜矿物和铅锌矿物异常,其范围内有两处已知矿床(金矿和铅锌矿);3号综合异常有铅锌矿物和钼矿物异常,有铅矿、铜矿等已知矿床;4号综合异常有砷矿物和铋矿物异常,未见已知矿床。异常区内存在显著的Pb、Ba和Zn等元素异常。

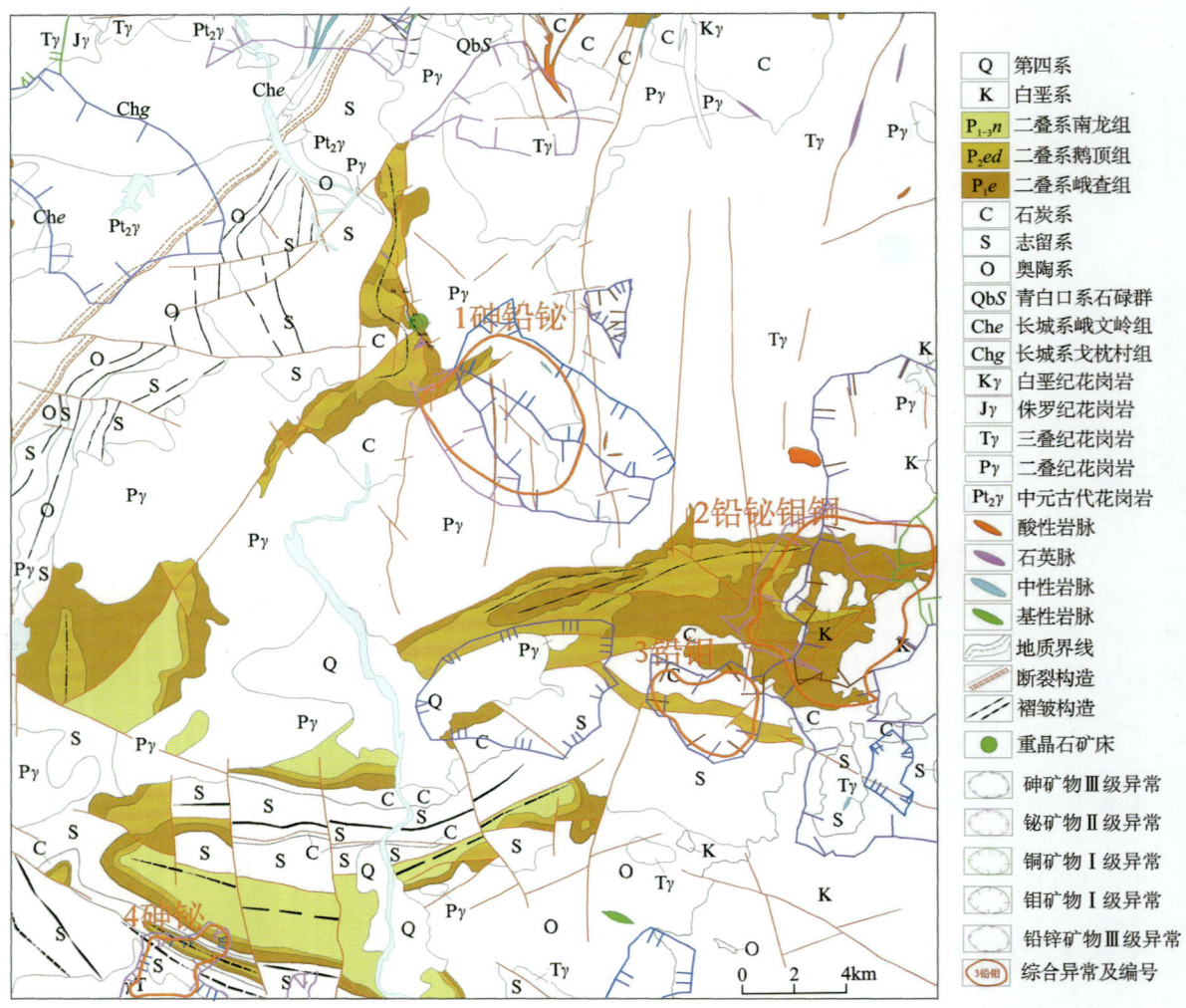

图4-33 重晶石矿昌江保由预测工作区自然重砂矿物综合异常图

表 4-47 重晶石矿昌江保由预测工作区自然重砂矿物综合异常基本特征

编号	面积	所辖异常矿物	矿物异常下限	矿物异常面积	矿物最高含量	矿物异常分级	矿产与化探异常特征
1	27	砷/铅锌/铋	1/1/1	21/18/9	1/5/45	Ⅱ/Ⅰ/Ⅰ	有铅锌矿矿产地，有 Pb、Zn、Ba 元素异常
2	35	铅锌/铋/钼/铜	1/1/1/1	100/16/57/5	100/5/100/5	Ⅰ/Ⅰ/Ⅰ/Ⅰ	有金矿、铅锌矿等已知矿产地，有 Pb、Zn、W、Cu 元素异常
3	10	铅锌/钼	1/1	100/13	100/5	Ⅰ/Ⅰ	有已知矿产地，仅有 Cu 元素异常
4	6	砷/铋	1/1	8/8	1/45	Ⅲ/Ⅱ	无已知矿产地，未见化探元素异常

注：表中"矿物异常下限""矿物最高含量"单位为颗/30kg，"面积""矿物异常面积"单位为 km^2。

十、硫铁矿自然重砂异常组合特征

硫铁矿种预测工作区共有 2 处，一是基于典型矿床情安岭硫铁矿而提出的振海山-三亚红石预测工作区，一是基于典型矿床石碌硫铁矿而提出的昌江石碌预测工作区。

（一）振海山-三亚红石预测工作区

1. 预测工作区概况

预测工作区中的成矿地质背景为上志留统足赛岭组和石炭系南好组。结合典型矿床矿石矿物和区内存在的贵金属、有色金属矿物及其共生矿物的异常分布实际情况，在上述地质背景限定下，有自然金、铅锌矿物、铋矿物、钼矿物、钨矿物 5 种与预测矿种成因密切相关的矿物异常存在。这些异常大多取自省级区域异常并重新编号和命名，对截取的局部异常重新计算异常面积和最高含量。

诸矿物异常大多为Ⅱ级或Ⅲ级，自然金、铅锌矿物、钨矿物异常区较多、面积较大，自然金、铅锌矿物含量较高；有多个已知矿床。预测工作区内金矿物异常 4 处（Ⅱ级 3 处，Ⅲ级 1 处），最大异常分布在工作区东北部毛感乡。铅锌矿物异常共有 3 处（Ⅰ级 1 处，Ⅱ级 2 处），最大异常分布在毛感以西，面积达 320km^2。钨矿物异常共有 5 处（Ⅱ级 2 处，Ⅲ级 3 处），在区内分布广泛。钼矿物异常共有 4 处，均为Ⅱ级。铋矿物异常仅有 2 处，均为Ⅱ级，出露在非成矿地质背景区。

2. 综合异常的圈定

基于单矿物异常、成矿地质背景和水系与汇水盆地三大素材圈定综合异常，其边界以圆滑曲线圈定。对异常进行编号和异常矿物标示，并按综合异常面积、所辖异常矿物及其下限、面积、最高含量、级别等形成属性表。

据此共圈定 3 处综合异常（图 4-34，表 4-48）。其中 1 号综合异常有自然金、铅锌矿物和钼矿物异常；2 号综合异常只有铅矿物异常，但在其范围内有 3 处已知矿床（包括典型矿床）；3 号综合异常有铅锌矿物、钨矿物和钼矿物异常，有铁矿等已知矿床。综合异常区内存在显著的 Au、Mo 等元素异常。

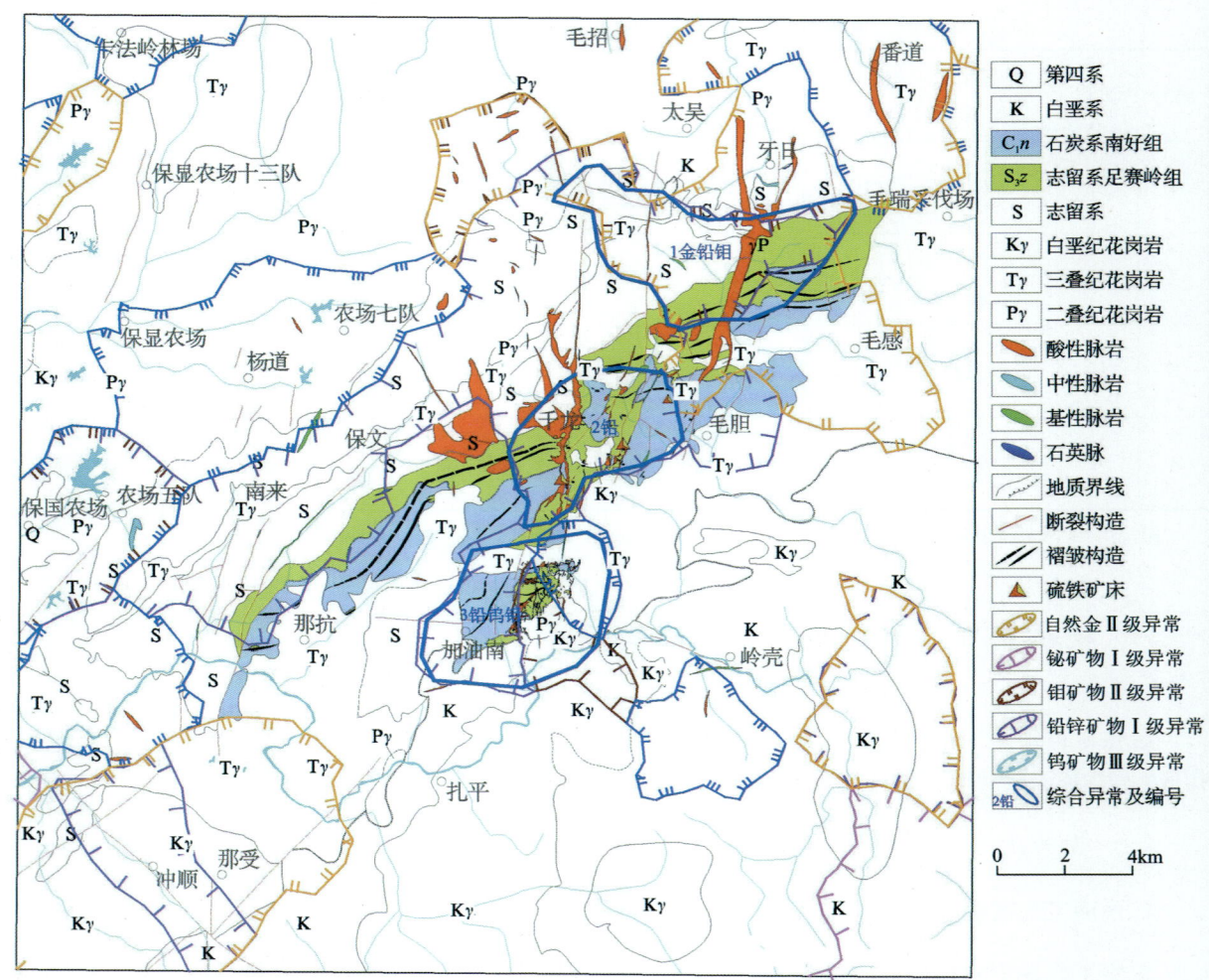

图 4-34　硫铁矿振海山-三亚红石预测工作区自然重砂矿物综合异常图

表 4-48　硫铁矿振海山-三亚红石预测工作区自然重砂矿物综合异常基本特征

编号	面积	所辖异常矿物	矿物异常下限	矿物异常面积	矿物最高含量	矿物异常分级	矿产与化探异常特征
1	20	金/铅锌/钼	3/1/1	95/134/31	3/320/1	Ⅱ/Ⅰ/Ⅱ	无已知矿产地,有 Ag、Au、Bi、Fe 元素异常
2	14	铅锌	1	134	320	Ⅰ	有硫铁矿等多处矿产地,有 Ag、Au、Cu、Mo、Bi、Fe 元素异常
3	18	铅锌/钨/钼	1/56/1	134/6/7	320/100/5	Ⅰ/Ⅲ/Ⅰ	有铁矿等已知矿产地,有 Ag、Au、Mo、Cu、Bi 元素异常

注:表中"矿物异常下限""矿物最高含量"单位为颗/30kg,"面积""矿物异常面积"单位为 km²。

(二)昌江石碌预测工作区

1. 预测工作区概况

预测工作区中的成矿地质背景为青白口系石碌群。结合典型矿床矿石矿物和区内存在的贵金属、有色金属矿物及其共生矿物的异常分布实际情况,在上述地质背景限定下,全预测工作区有自然金、铜矿物、铅锌矿物、铋矿物4种与预测矿种成因密切相关的矿物异常存在。这些异常大多取自省级区域异常并重新编号和命名,对截取的局部异常重新计算异常面积和最高含量。

诸矿物异常大多为Ⅱ级或Ⅲ级,铋矿物异常区较多、面积较大,自然金、铅矿物含量较高;有多个已知矿床。预测工作区铋矿物异常4处(均为Ⅱ级),主要分布在昌江县附近、石碌群地层周围;铅锌矿物异常区2处(Ⅰ级1处,Ⅱ级1处),异常面积较大,预测区东西部各一处;金矿物异常有2处(Ⅰ级1处,Ⅱ级1处),主要分布在典型矿床周围;铜矿物异常区仅有1处,主要分布在昌江县西部。

2. 综合异常的圈定

基于单矿物异常、成矿地质背景和水系与汇水盆地三大素材圈定综合异常,其边界以圆滑曲线圈定。对异常进行编号和异常矿物标示,并按综合异常面积、所辖异常矿物及其下限、面积、最高含量、级别等形成属性表。

据此共圈定3处综合异常(图4-35,表4-49)。其中1号综合异常有自然金、铅锌矿物、铜矿物和铋矿物异常;2号综合异常为铜矿物和铅锌矿物异常;3号综合异常只有金矿物异常,但有铁矿、铜钴矿等已知矿床。综合异常区内存在显著的Cu、Co等元素异常。

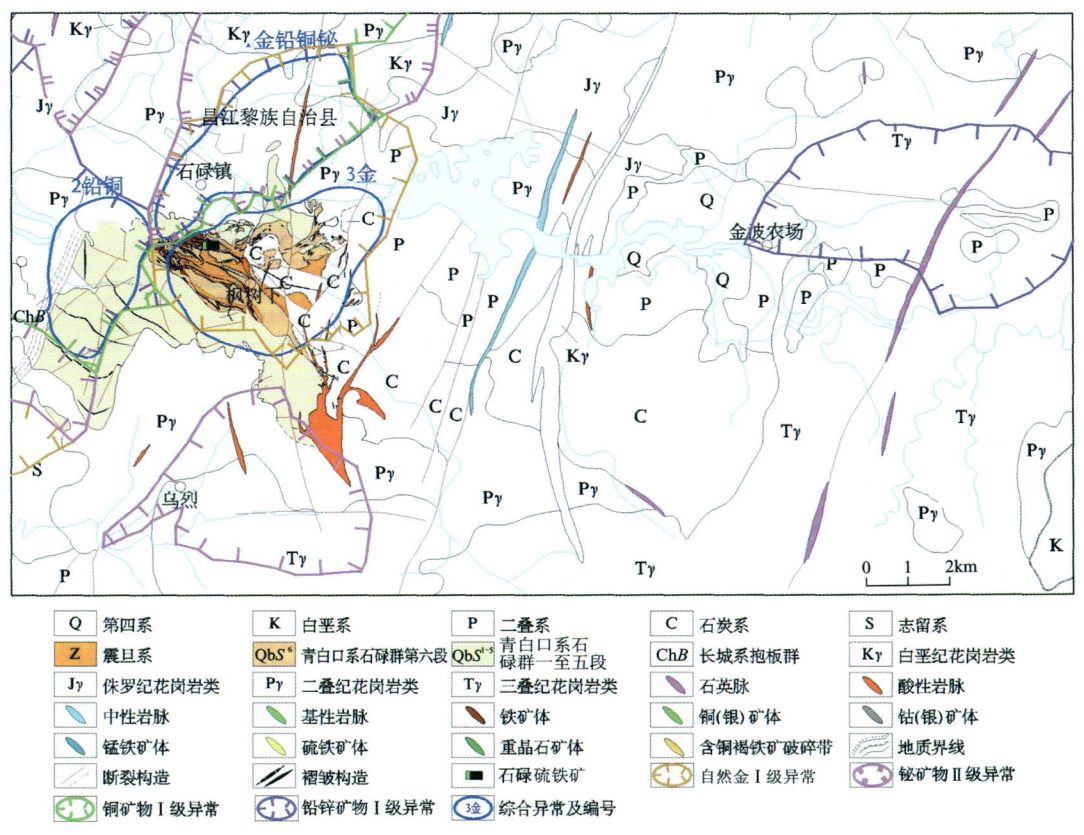

图4-35 硫铁矿昌江石碌预测工作区自然重砂矿物综合异常图

表 4-49　硫铁矿昌江石碌预测工作区自然重砂矿物综合异常基本特征

编号	面积	所辖异常矿物	矿物异常下限	矿物异常面积	矿物最高含量	矿物异常分级	矿产与化探异常特征
1	11	金/铅锌/铜/铋	3/1/1/1	34/35/50/24	8/50/5610/5	Ⅰ/Ⅰ/Ⅰ/Ⅱ	无已知矿产地，有 Ag、Cu、Bi、Co 元素异常
2	7	铅锌/铜	1/1	35/50	50/5610	Ⅰ/Ⅰ	无已知矿产地，有 As、Ag、Cu、Bi、Co 元素异常
3	16	金	3	34	8	Ⅰ	有铜钴矿、铁矿等多处矿产地，有 As、Ag、Cu、Bi、Co 元素异常

十一、独居石砂矿自然重砂异常特征

自然重砂针对独居石不再制作组合、综合异常，也不再圈定独居石找矿预测区，直接提交独居石矿物异常图给规律组与预测组参考使用。独居石只有 1 个预测工作区，1 个典型矿床。

典型矿床为万宁保定锆钛砂矿，矿产预测类型为保定式滨海沉积型独居石砂矿。典型矿床附近有独居石含量点分布，但级别只有二级。

环岛第四系有大量独居石矿物检出（图 4-36），极有可能找到保定式滨海沉积型独居石砂矿。

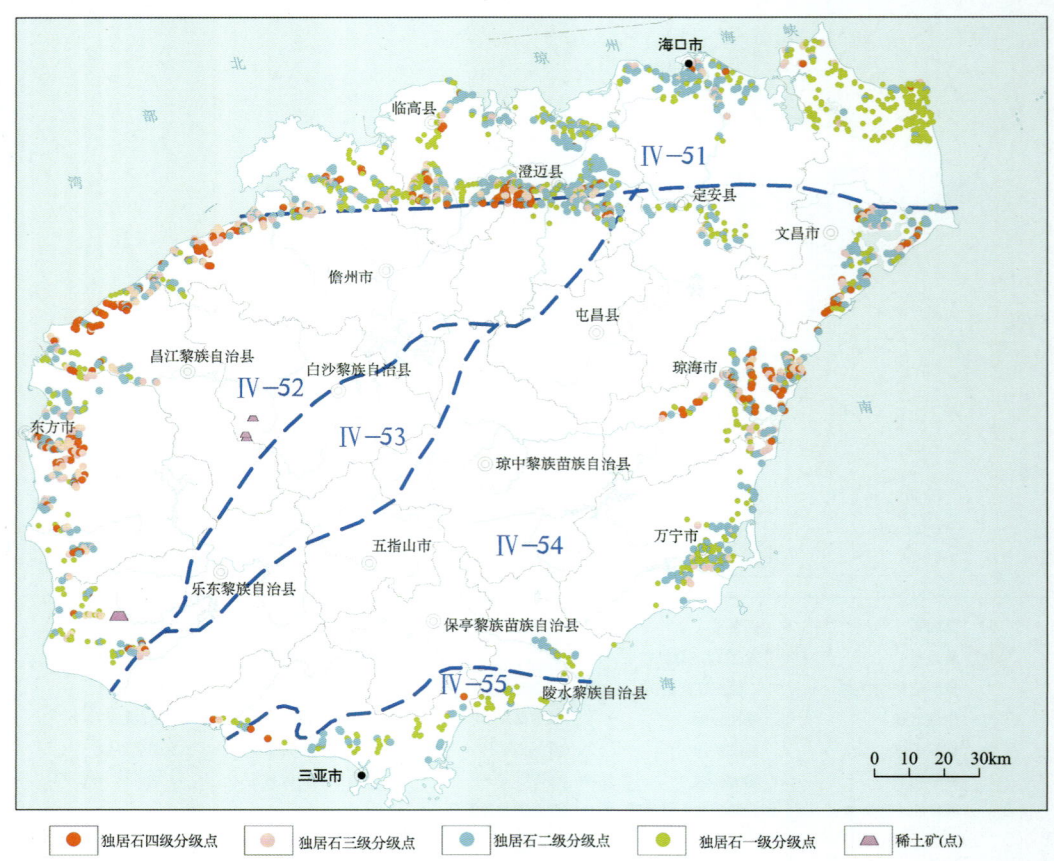

图 4-36　海南岛第四系独居石含量分级图

利用累计频率90%对应标准化值4900颗/30kg,结合汇水盆地,编制独居石异常图(图4-37),共圈出23处独居石矿物异常(表4-50)。

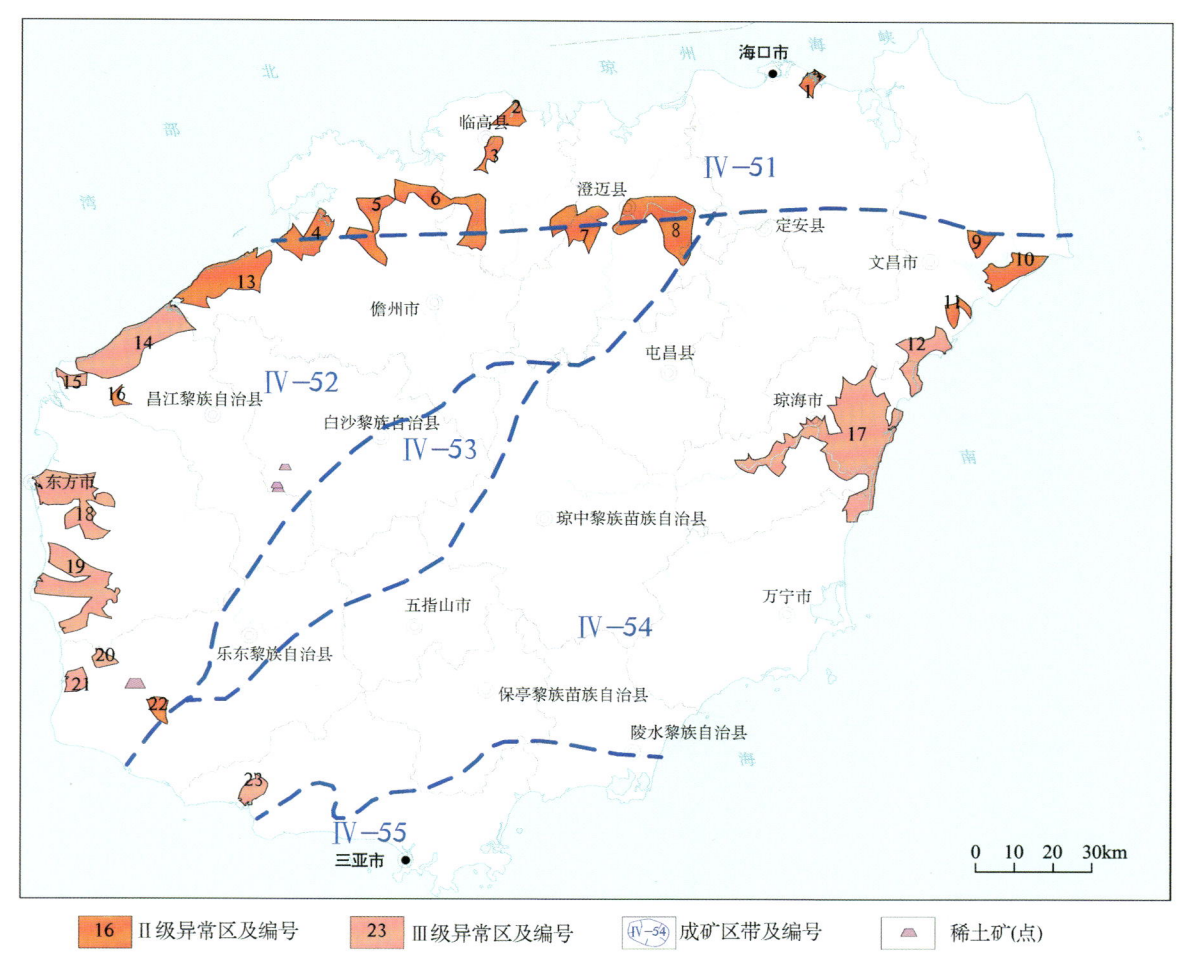

图4-37 独居石矿第四系自然重砂异常图

表4-50 独居石矿第四系自然重砂异常特征表

异常编号	异常名称	矿物最高含量	异常分级	汇水盆地	异常面积	推断矿种	地质背景与化探异常
1	灵山镇北	5190	Ⅲ级	六级	19.66	独居石	第四系
2	临高县	5460	Ⅲ级	六级	28.28	独居石	第四系
3	波莲镇	9047	Ⅲ级	六级	24.03	独居石	第四系
4	排浦镇	9880	Ⅲ级	六级	83.06	独居石	第四系
5	王五镇东	18 320	Ⅲ级	六级	80.71	独居石	第四系
6	加来镇西	24 070	Ⅲ级	六级	121.88	独居石	第四系
7	澄迈县西	88 079	Ⅲ级	六级	92.95	独居石	第四系
8	澄迈县	27 819	Ⅲ级	六级	178.4	独居石	第四系
9	东阁镇	7630	Ⅲ级	六级	27.19	独居石	第四系
10	清澜镇	17 135	Ⅲ级	六级	70.28	独居石	第四系

续表 4-50

异常编号	异常名称	矿物最高含量	异常分级	汇水盆地	异常面积	推断矿种	地质背景与化探异常
11	会文镇	6170	Ⅲ级	六级	23.26	独居石	第四系
12	长坡镇	130 960	Ⅱ级	六级	82.04	独居石	第四系,有 La 化探异常
13	海头镇	36 560	Ⅲ级	六级	165.51	独居石	第四系
14	海尾镇	132 000	Ⅱ级	六级	207.19	独居石	第四系,有 La 化探异常
15	昌化镇	7650	Ⅱ级	六级	19.46	独居石	第四系,有 La 化探异常
16	四更镇东北	8220	Ⅲ级	六级	9.64	独居石	第四系
17	中原镇	55 860	Ⅱ级	六级	450.73	独居石	第四系,有 La 化探异常
18	东方市	35 550	Ⅱ级	六级	170.71	独居石	第四系,有 La 化探异常
19	感城镇	22 245	Ⅱ级	六级	193.5	独居石	第四系,有 La 化探异常
20	尖峰镇西南	4900	Ⅱ级	六级	17.95	独居石	第四系,有 La 化探异常
21	莺歌海镇西北	6996	Ⅱ级	六级	26.28	独居石	第四系,有 La 化探异常
22	黄流镇东北	6780	Ⅲ级	六级	22.2	独居石	第四系
23	崖城镇	32 745	Ⅱ级	六级	32.37	独居石	第四系,有 La 化探异常

注:表中"矿物最高含量"单位为颗/30kg,"异常面积"单位为 km²。

23 处异常均为Ⅱ级或Ⅲ级异常;Ⅱ级异常 9 个,有区域水系沉积物地球化学 La 元素异常;Ⅲ级异常 14 处。没有已知稀土矿或者独居石砂矿落在本次圈定异常区内。

十二、锆钛砂矿自然重砂异常特征

自然重砂针对锆钛砂矿不再制作组合、综合异常,也不再圈定独居石找矿预测区,直接提交独居石矿物异常图给规律组与预测组参考使用。锆钛砂矿有 2 个预测工作区:一为环岛第四系,一为全岛花岗岩类。

(一)环岛第四系预测工作区

典型矿床为文昌铺前锆钛砂矿、万宁保定锆钛砂矿,矿产预测类型为铺前式滨海沉积型锆钛砂矿。预测地质背景为环岛第四系。

利用累计频率 90% 对应标准化值 30 000 颗/30kg,结合汇水盆地,编制锆钛砂异常图,共圈出 6 处锆钛砂矿物异常(图 4-38,表 4-51)。

典型矿床未在异常区内,已知锆钛砂矿矿点均没有落在本次圈定异常范围内。

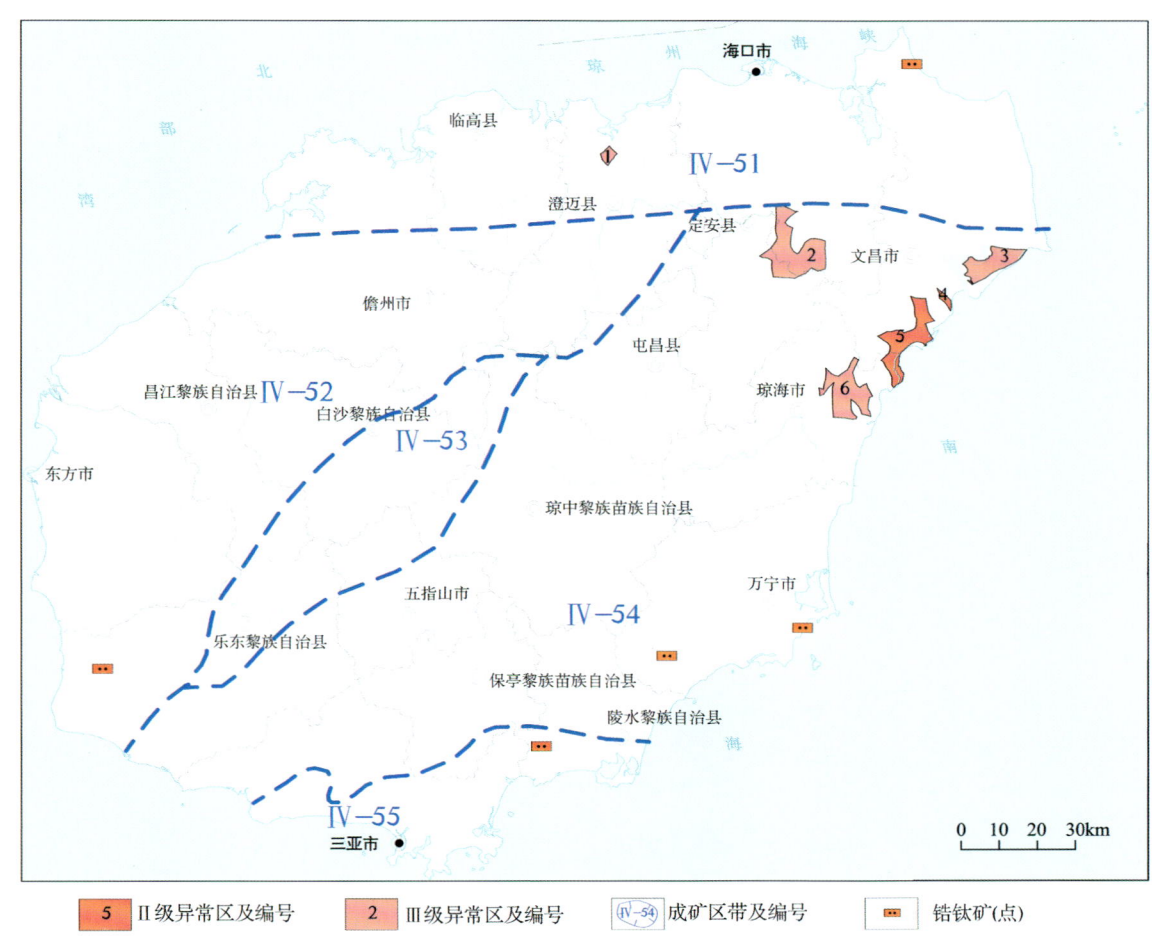

图 4-38 锆钛砂矿第四系自然重砂异常图

表 4-51 锆钛砂矿第四系自然重砂异常特征表

异常编号	异常名称	矿物含量	异常分级	汇水盆地	异常面积	推断矿种	地质背景与化探异常
1	福山镇	25 887	Ⅲ级	六级	10.98		第四系
2	雷鸣镇	348 264	Ⅲ级	六级	36.92		第四系
3	清澜镇	421 480	Ⅲ级	六级	70.28		第四系
4	会文镇北	110 250	Ⅱ级	六级	7.47	锆矿、钛矿	第四系,有 Zr、Ti 化探异常
5	会文镇西	7 865 600	Ⅱ级	六级	37.13	锆矿、钛矿	第四系,有 Zr、Ti 化探异常
6	塔洋镇	1 079 648	Ⅲ级	六级	36.35		第四系

注:表中"矿物含量"单位为颗/30kg,"异常面积"单位为 km²。

(二)全岛花岗岩预测工作区

典型矿床为万宁南桥锆钛砂矿、乐东佛罗锆钛砂矿、陵水万州坡锆钛砂矿,矿产预测类型为南桥式残坡积型锆钛砂矿、佛罗式冲洪积型锆钛砂矿和万州坡式洪冲积型锆钛砂矿。预测地质背景为全岛花岗岩类。

利用累计频率90%对应标准化值150 000颗/30kg,结合汇水盆地,编制锆钛砂异常图,共圈出74

处锆钛砂矿物异常(图4-39,表4-52)。74处异常均为Ⅱ级或Ⅲ级异常;Ⅱ级异常23个,均有Zr、Ti化探异常;Ⅲ级异常51个。

典型矿床未在异常区内,已知锆钛砂矿矿点均没有落在本次圈定异常范围内。

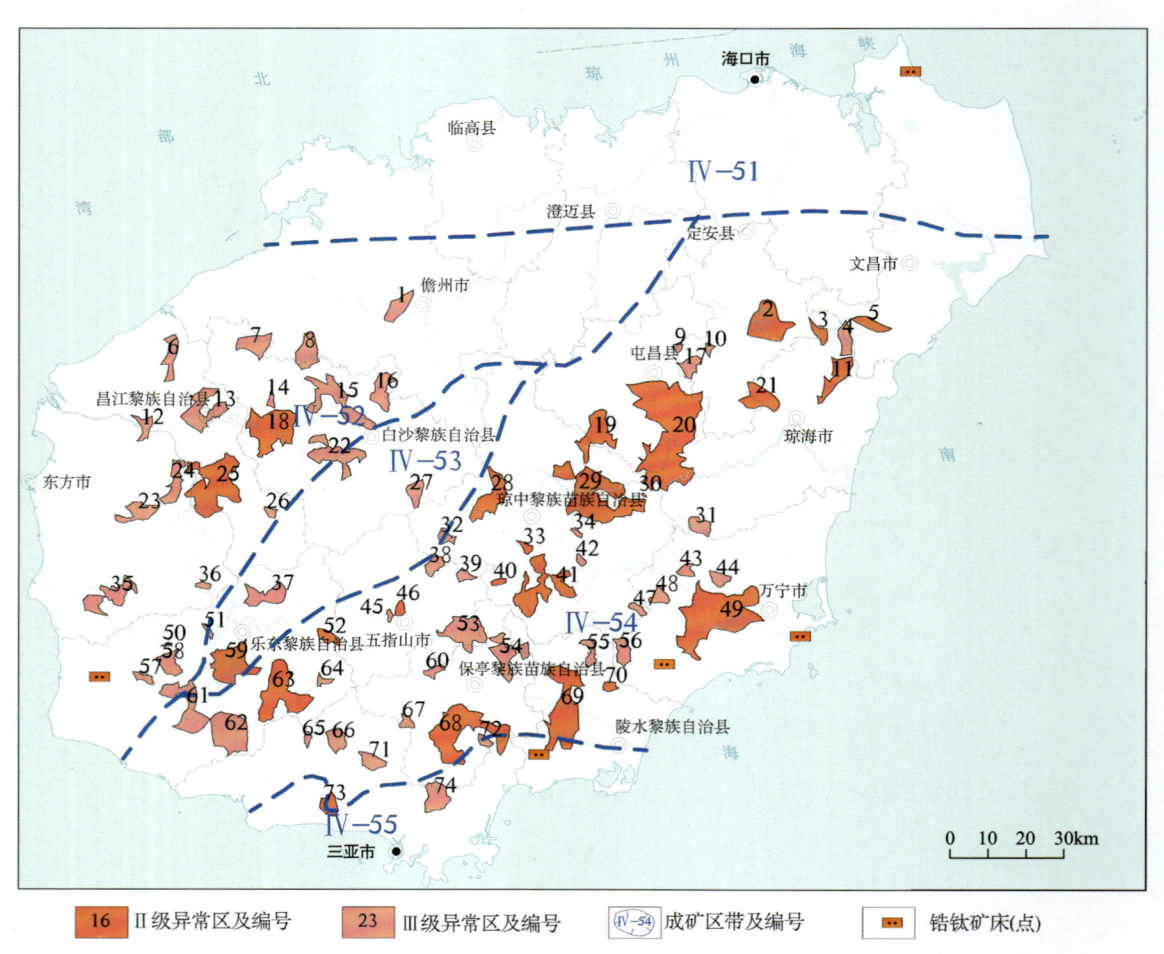

图4-39 锆钛砂矿花岗岩类自然重砂异常图

表4-52 锆钛砂矿花岗岩区自然重砂异常特征表

异常编号	异常名称	最高含量	异常分级	汇水盆地	异常面积	推断矿种	地质背景与化探异常
1	儋州市异常	260 060	Ⅲ级	六级	27.2		花岗岩类背景
2	定安龙门异常	457 357	Ⅱ级	六级	72.2	锆矿、钛矿	花岗岩类背景,有Zr、Ti化探异常
3	定安黄竹异常	172 830	Ⅱ级	六级	12.91	锆矿、钛矿	花岗岩类背景,有Zr、Ti化探异常
4	琼海长坡异常	201 915	Ⅲ级	六级	21.14		花岗岩类背景
5	文昌蓬莱异常	527 910	Ⅱ级	六级	18.81	锆矿、钛矿	花岗岩类背景,有Zr、Ti化探异常
6	昌江十月田异常	380 100	Ⅲ级	六级	25.52		花岗岩类背景
7	白沙邦溪异常	1 336 320	Ⅲ级	六级	33.75		花岗岩类背景
8	儋州雅星异常	1 116 824	Ⅲ级	六级	37.11		花岗岩类背景
9	屯昌县异常	154 670	Ⅲ级	六级	3.83		花岗岩类背景
10	定安龙河异常	185 125	Ⅲ级	六级	4.52		花岗岩类背景

续表 4-52

异常编号	异常名称	最高含量	异常分级	汇水盆地	异常面积	推断矿种	地质背景与化探异常
11	琼海塔洋异常	2 504 784	Ⅱ级	六级	37.62	锆矿、钛矿	花岗岩类背景,有 Zr、Ti 化探异常
12	东方抱桥异常	204 634	Ⅲ级	六级	14.67		花岗岩类背景
13	昌江县异常	765 704	Ⅲ级	六级	57.61		花岗岩类背景
14	白沙七坊镇异常	341 160	Ⅲ级	六级	5.05		花岗岩类背景
15	白沙打安镇异常	1 019 680	Ⅲ级	六级	70.42		花岗岩类背景
16	白沙县异常	900 720	Ⅲ级	六级	32.25		花岗岩类背景
17	定安龙河西异常	171 642	Ⅲ级	六级	18.05		花岗岩类背景
18	白沙七坊南异常	476 832	Ⅱ级	六级	95.34	锆矿、钛矿	花岗岩类背景,有 Zr、Ti 化探异常
19	屯昌枫木异常	457 870	Ⅱ级	六级	55.77	锆矿、钛矿	花岗岩类背景,有 Zr、Ti 化探异常
20	屯昌乌坡异常	3 061 934	Ⅱ级	六级	294.45	锆矿、钛矿	花岗岩类背景,有 Zr、Ti 化探异常
21	定安中瑞农场异常	419 240	Ⅱ级	六级	41.07	锆矿、钛矿	花岗岩类背景,有 Zr、Ti 化探异常
22	白沙青松异常	508 856	Ⅲ级	六级	58.67		花岗岩类背景
23	东方市东方镇南异常	207 696	Ⅲ级	六级	30.88		花岗岩类背景
24	东方市东方镇异常	338 892	Ⅲ级	六级	30.18		花岗岩类背景
25	昌江七叉异常	509 880	Ⅱ级	六级	125.67	锆矿、钛矿	花岗岩类背景,有 Zr、Ti 化探异常
26	昌江雅加大异常	222 625	Ⅲ级	六级	5.71		花岗岩类背景
27	琼中鹦哥岭异常	167 332	Ⅲ级	六级	18.78		花岗岩类背景
28	琼中红毛异常	395 260	Ⅱ级	六级	53.21	锆矿、钛矿	花岗岩类背景,有 Zr、Ti 化探异常
29	琼中县异常	3 573 696	Ⅱ级	六级	160.33	锆矿、钛矿	花岗岩类背景,有 Zr、Ti 化探异常
30	琼中县东异常	487 287	Ⅲ级	六级	0.59		花岗岩类背景
31	琼海阳江镇南异常	685 200	Ⅲ级	六级	18.91		花岗岩类背景
32	琼中什运异常	1 115 264	Ⅲ级	六级	10.45		花岗岩类背景
33	琼中上安乡北异常	158 885	Ⅱ级	六级	6.28	锆矿、钛矿	花岗岩类背景,有 Zr、Ti 化探异常
34	琼中长征异常	246 225.6	Ⅲ级	六级	3.27		花岗岩类背景
35	东方板桥异常	196 548	Ⅲ级	六级	49.51		花岗岩类背景
36	东方江边乡异常	194 698	Ⅲ级	六级	5.48		花岗岩类背景
37	乐东县北异常	196 075	Ⅲ级	六级	38.19		花岗岩类背景
38	五指山毛阳异常	347 200	Ⅲ级	六级	15.76		花岗岩类背景
39	五指山水满异常	176 640	Ⅲ级	六级	9.43		花岗岩类背景
40	琼中上安乡西异常	163 215	Ⅱ级	六级	5.21	锆矿、钛矿	花岗岩类背景,有 Zr、Ti 化探异常
41	琼中上安乡异常	895 904	Ⅱ级	六级	88.97	锆矿、钛矿	花岗岩类背景,有 Zr、Ti 化探异常
42	琼中上安乡东异常	180 585	Ⅲ级	六级	4.8		花岗岩类背景
43	万宁三更罗北异常	182 853	Ⅲ级	六级	9.81		花岗岩类背景
44	万宁三更罗东异常	291 286	Ⅲ级	六级	13.59		花岗岩类背景
45	五指山西异常	169 995	Ⅲ级	六级	3.43		花岗岩类背景

续表 4-52

异常编号	异常名称	最高含量	异常分级	汇水盆地	异常面积	推断矿种	地质背景与化探异常
46	五指山西北异常	170 955	Ⅱ级	六级	7.58	锆矿、钛矿	花岗岩类背景,有 Zr、Ti 化探异常
47	万宁三更罗西南 10km 异常	185 480	Ⅲ级	六级	7.33		花岗岩类背景
48	万宁三更罗西南 5km 异常	163 650	Ⅲ级	六级	13.7		花岗岩类背景
49	万宁市西异常	2 674 432	Ⅱ级	六级	199.83	锆矿、钛矿	花岗岩类背景,有 Zr、Ti 化探异常
50	乐东尖峰岭异常	153 890	Ⅲ级	六级	1.44		花岗岩类背景
51	乐东县西异常	154 545	Ⅲ级	六级	4.84		花岗岩类背景
52	乐东县东异常	408 685	Ⅱ级	六级	13.91	锆矿、钛矿	花岗岩类背景,有 Zr、Ti 化探异常
53	五指山南圣异常	1 149 227	Ⅲ级	六级	62.15		花岗岩类背景
54	保亭什玲异常	642 065	Ⅲ级	六级	47.8		花岗岩类背景
55	陵水小妹水库异常	179 017	Ⅲ级	六级	13.94		花岗岩类背景
56	万宁南桥西异常	330 910	Ⅲ级	六级	21.44		花岗岩类背景
57	乐东尖峰岭南异常	685 575	Ⅲ级	六级	8.42		花岗岩类背景
58	乐东尖峰岭东南异常	443 015	Ⅲ级	六级	24.7		花岗岩类背景
59	乐东县南异常	342 135	Ⅱ级	六级	74.57	锆矿、钛矿	花岗岩类背景,有 Zr、Ti 化探异常
60	保亭毛感异常	203 460	Ⅲ级	六级	9.33		花岗岩类背景
61	乐东千家镇西异常	235 270	Ⅲ级	六级	67.09		花岗岩类背景
62	乐东千家镇南异常	511 111	Ⅲ级	六级	78.39		花岗岩类背景
63	乐东大安镇北异常	231 330	Ⅱ级	六级	97.31	锆矿、钛矿	花岗岩类背景,有 Zr、Ti 化探异常
64	乐东志仲异常	152 295	Ⅲ级	六级	6.18		花岗岩类背景
65	三亚天涯镇西北 20km 异常	153 352	Ⅲ级	六级	5.07		花岗岩类背景
66	三亚天涯镇北 20km 异常	339 085	Ⅲ级	六级	21.63		花岗岩类背景
67	保亭同安岭西南异常	176 550	Ⅲ级	六级	8.65		花岗岩类背景
68	保亭同安岭东南异常	639 790	Ⅱ级	六级	131.57	锆矿、钛矿	花岗岩类背景,有 Zr、Ti 化探异常
69	陵水英州北异常	1 200 010	Ⅱ级	六级	120.14	锆矿、钛矿	花岗岩类背景,有 Zr、Ti 化探异常
70	陵水本号异常	411 200	Ⅱ级	六级	7.27	锆矿、钛矿	花岗岩类背景,有 Zr、Ti 化探异常
71	三亚天涯镇东北 15km 异常	271 762	Ⅲ级	六级	19.5		花岗岩类背景
72	保亭三道镇异常	179 604	Ⅲ级	六级	7.72		花岗岩类背景
73	三亚天涯镇异常	353 235	Ⅱ级	六级	18.25	锆矿、钛矿	花岗岩类背景,有 Zr、Ti 化探异常
74	三亚田独镇异常	319 432	Ⅲ级	六级	35.77		花岗岩类背景

注:表中"矿物含量"单位为颗/30kg,"异常面积"单位为 km^2。

第五章 自然重砂找矿预测区圈定与分级

自然重砂找矿预测区是自然重砂预测工作的重要成果，也是矿产预测组的预测要素之一。自然重砂找矿预测区的圈定应以预测工作区内自然重砂综合异常为先导，以地质背景和已知矿产分布为基础，以化探信息为补充。因此，在不同成因类型预测矿种的预测工作区自然重砂综合异常的基础上，结合成矿地质背景、已知矿产地和化探元素异常信息，所圈定的找矿远景区即为自然重砂找矿预测区。

第一节 铜矿自然重砂找矿预测区圈定与分级

一、同安岭-牛腊岭预测工作区

铜矿种的同安岭-牛腊岭预测工作区内共圈出10处自然重砂预测区，1～10号综合异常（见前文图4-12）分别对应1～10号预测区。每处预测区的自然重砂单矿物含量和化探元素异常级别赋值得分如表5-1所示。其中，A级预测区5处，B级预测区2处，C级预测区3处，预测矿种有铅锌、金、钨等。

表5-1 同安岭-牛腊岭预测工作区自然重砂找矿预测区级别定量划分表

预测区编号	1	2	3	4	5	6	7	8	9	10
自然金			2		3	1	2	2	1	
铋矿物									3	3
钼矿物	3	3		3	3					3
钨矿物	2	2	2	2	1	2	2	1		1
锡矿物			1	2	3	2	2	2	2	
铁矿物	1	1	3	3	4	2	2	3	3	3
接触交代矿物	1	4	1	4	1		3	3	4	4
As					1	1	1			
Sb				1	1					
Hg				1			2	2	1	
Ag				1					1	
Au			1	2	1			1	1	
Cu				1						

续表 5-1

预测区编号	1	2	3	4	5	6	7	8	9	10
Pb		1						1		
Zn		1			1		1			
Bi		1	1	3	1	1	2	2	1	1
Mo		1	1	1	1	1		1	2	2
W		1	1						1	1
Sn				1		1	1			
评分	10	18	13	28	21	12	21	18	20	18
已知矿产		铅锌		铅锌	金			金	金银	
预测区级别	C	A	C	A	A	C	B	A	A	B
预测矿种	多金属	铅锌	金	铅锌	金	钨锡	金	金	金银	钼

二、昌江石碌预测工作区

铜矿种的昌江石碌预测工作区内对应共圈出 2 处自然重砂预测区,1～2 号综合异常(见前文图 4-13)分别对应 1～2 号预测区。

1 号预测区:自然重砂铜矿物、铅锌矿物Ⅲ级异常,钨矿物、锡矿物Ⅱ级异常,铁矿物Ⅰ级异常;化探 As、Sb、Hg、Cu、Bi、Co 元素三级异常,Ag 元素二级异常,Pb、W、Sn、Ni 元素一级异常;综合评分 35 分,无已知矿床点,预测区级别为 B 级,预测矿种为铜钴矿。

2 号预测区:自然重砂金矿物Ⅰ级异常,钨矿物、锡矿物、铁矿物Ⅱ级异常;化探 As、Sb、Hg、Cu、Co 元素三级异常,Ag、Bi 元素二级异常,Au、Pb、W、Sn、Ni 元素一级异常;综合评分 31 分,有已知铜钴矿床点,预测区级别为 A 级,预测矿种为铜钴矿。

第二节　铅锌矿自然重砂找矿预测区圈定与分级

铅锌矿种的全岛岩浆弧预测工作区内共圈出 81 处自然重砂找矿预测区(图 5-1),1～81 号综合异常(见前文图 4-14)分别对应 1～81 号预测区。其中,A 级预测区 24 处,B 级预测区 25 处,C 级预测区 32 处,预测矿种有铅锌、金、钨及多金属矿等(表 5-2)。

第三节　钨矿自然重砂找矿预测区圈定与分级

一、儋州兰洋预测工作区

兰洋钨锡矿预测工作区内共圈出 6 处自然重砂找矿预测区,1～6 号综合异常(见前文图 4-15)分别

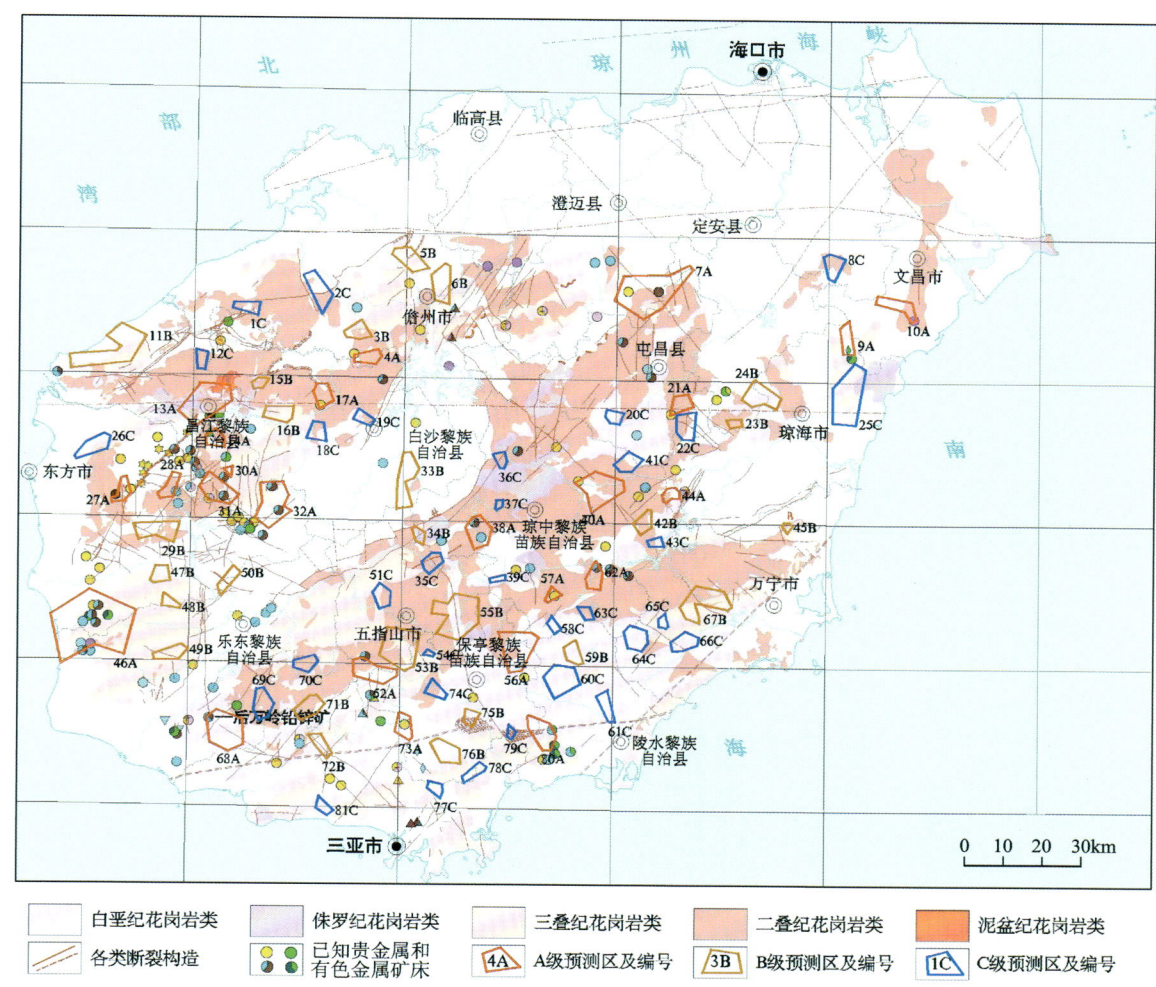

图 5-1 后万岭铅锌矿自然重砂找矿预测区分布图

表 5-2 后万岭铅锌矿自然重砂找矿预测区预测矿种一览表

预测区编号	评分	已知矿产	预测区级别	预测矿种	预测区编号	评分	已知矿产	预测区级别	预测矿种
1	12		C	多金属	11	19		B	多金属
2	9		C	多金属	12	9		C	多金属
3	16		B	铅锌	13	50	铜钴	A	铜钴
4	15	金	A	金	14	32	铜	A	铜
5	15		B	多金属	15	17		B	钨、锡
6	20		B	钨、锡	16	23		B	铅锌
7	23	金、铅	A	金、铅	17	15	金	A	金
8	13		C	金	18	14		C	金
9	25	铜钼	A	铜、钼	19	11		C	金
10	14	钨	A	钨	20	6		C	多金属

续表 5-2

预测区编号	评分	已知矿产	预测区级别	预测矿种	预测区编号	评分	已知矿产	预测区级别	预测矿种
21	15	金	A	金	52	36	铅锌	A	铅锌
22	10		C	金	53	21		B	多金属
23	18		B	铅锌	54	12		C	铅锌
24	23		B	金	55	23		B	钼
25	10		C	金	56	30	金	A	金
26	12		C	金	57	11	金	A	金
27	15	锡	A	锡	58	9		C	金
28	15	铅	A	铅	59	20		B	金
29	19		B	钨、锡	60	13		C	多金属
30	21	铅锌	A	铅锌	61	8		C	金
31	24	银、铅	A	银、铅	62	8	铅锌	A	铅锌
32	26	铅锌	A	铅锌	63	9		C	金
33	25		B	金	64	10		C	钨
34	19		B	金	65	8		C	多金属
35	8		C	多金属	66	11		C	多金属
36	12		C	钨、锡	67	25		B	铅锌
37	8		C	多金属	68	16	铅锌	A	铅锌
38	11	铅锌	A	铅锌	69	13		C	金
39	11		C	金	70	6		C	多金属
40	13	金	A	金	71	26		B	金
41	12		C	多金属	72	17		B	铅锌
42	23		B	钼	73	27	金	A	金
43	12		C	铅锌	74	10		C	多金属
44	17	银、金	A	银、金	75	21		B	钼
45	17		B	锌	76	18		B	钼
46	44	金、铅、钨	A	金、铅、钨	77	10		C	钨
47	20		B	多金属	78	9		C	金
48	21		B	铅锌	79	7		C	铅锌
49	23		B	钨锡	80	19	铅锌	A	铅锌
50	23		B	铜	81	13		C	多金属
51	14		C	铅锌					

对应1~6号预测区。每处预测区的自然重砂单矿物含量和化探元素异常级别赋值得分如表5-3所示。其中,A级预测区1处,B级预测区2处,C级预测区3处,预测矿种有铅锌、金、钨等。

表5-3 儋州兰洋预测工作区自然重砂找矿预测区级别定量划分表

预测区编号	1	2	3	4	5	6
砷矿物						
辰砂						
自然金	2	2	3	2		3
铜矿物						
铅锌矿物					3	3
铋矿物						
钼矿物			3			
钨矿物	2	2	2	4	3	3
锡石	1	3		1		3
铁矿物	2	2		1	2	2
接触交代矿物	2	1	2	3	2	3
As						
Sb			1			2
Hg						
Ag						
Au					1	1
Cu			1	1		
Pb						
Zn		3				
Bi		2	1	2	1	
Mo		1				1
W		1		1		
Sn						
评分	9	18	13	15	11	21
已知矿产		铅锌				
预测区级别	C	A	C	B	C	B
预测矿种	钨	铅锌	金	钨	钨	钨

二、乐东尖峰预测工作区

尖峰红门岭钨钼矿预测工作区内共圈出 12 处自然重砂找矿预测区,1～12 号综合异常(见前文图 4-16)分别对应 1～12 号预测区。每处预测区的自然重砂单矿物含量和化探元素异常级别赋值得分如表 5-4 所示。其中,A 级预测区 3 处,B 级预测区 6 处,C 级预测区 3 处,预测矿种有铅锌、金、钨等。

表 5-4 乐东尖峰预测工作区自然重砂找矿预测区级别定量划分表

预测区编号	1	2	3	4	5	6	7	8	9	10	11	12
砷矿物		3	3									
辰砂												
自然金	1								1	1		
铜矿物												
铅锌矿物				3	3		3	3				
铋矿物		3		3		3			3			
钼矿物				3	3		3	3				
钨矿物	3	3	3	3	1		2	2	2	3	2	3
锡石	3	3		3	3	3			4	4	2	
铁矿物	2	2	3	3	2	3	2	2	1	2	1	
接触交代矿物	1	1	3	4		1	4	4	1	1	2	3
As	2	1	3	2								1
Sb	2	2	2			1						
Hg												
Ag			1	2			1	2	1			
Au				1					3	1		
Cu	2	1	3	2		1					1	2
Pb	2		3	1		1		3	1	3	3	
Zn	1		1	3				3		1		
Bi		1	1		1	3	1	2	1	2	2	
Mo	2		1	1			3			1	2	1
W	1	1	3		3	1	3	1	3	2	2	1
Sn	1	1			2	1	1	1	3	3	2	1
评分	23	21	28	37	18	15	26	27	26	22	19	14
已知矿产				铅锌			钨钼铅	铅锌				
预测区级别	B	B	B	A	C	C	A	A	B	B	B	C
预测矿种	钨锡	钨锡	钨	铅锌	多金属	锡	钨钼铅	铅锌	金	钨锡	铅	钨

第四节 金矿自然重砂找矿预测区圈定与分级

一、琼西戈枕预测工作区

二甲金矿预测工作区内共圈出6处自然重砂找矿预测区,1~6号综合异常(见前文图4-17)分别对应1~6号预测区。每处预测区的自然重砂单矿物含量和化探元素异常级别赋值得分如表5-5所示。其中,A级预测区3处,B级预测区1处,C级预测区2处,预测矿种均为金。

表5-5 琼西戈枕预测工作区自然重砂预测区级别定量划分表

预测区编号	1	2	3	4	5	6
砷矿物						
辰砂			3			
自然金		2	3	1	1	
铜矿物			3			
铅锌矿物			3			
铋矿物	3					
钼矿物				4		
钨矿物	3	3	3	2	3	3
锡石	3	2	3		2	3
铁矿物	1	1	1	1	2	2
接触交代矿物	2	3	3	2	3	3
As	2	3	3			1
Sb	2	2	2			1
Hg	2	2	3			
Ag	1	1	1			
Au	1	2	3			
Cu	3	3	2			2
Pb	1	1	1	1		
Zn						
Bi	2	2	1			
Mo						
W	1	1	1			1
Sn	2	2	1	2		1
评分	29	30	44	9	11	17
已知矿产		金	金			金
预测区级别	B	A	A	C	C	A
预测矿种	金	金	金	金	金	金

二、雷鸣盆地预测工作区

富文金矿预测工作区内共圈出 6 处自然重砂预测区,1～6 号综合异常(见前文图 4-19)分别对应 1～6 号预测区。每处预测区的自然重砂单矿物含量和化探元素异常级别赋值得分如表 5-6 所示。其中,A 级预测区 1 处,B 级预测区 1 处,C 级预测区 4 处,预测矿种均为金。

表 5-6　雷鸣盆地预测工作区自然重砂找矿预测区级别定量划分表

预测区编号	1	2	3	4	5	6
砷矿物						
辰砂						
自然金	1	2	2	1	1	2
铜矿物						
铅锌矿物						
铋矿物						
钼矿物						
钨矿物					1	1
锡石	1	2	3	1		2
铁矿物	1	2	1	2	2	2
接触交代矿物	1	1	1		1	1
As	1		1	2	1	3
Sb				1	1	3
Hg			1	3	1	3
Ag	1			2	1	3
Au	1	1	1	3	1	3
Cu						3
Pb				1	1	3
Zn						
Bi					2	3
Mo						2
W						
Sn						
评分	7	8	10	18	12	34
已知矿产				金		
预测区级别	C	C	C	A	C	B
预测矿种	金	金	金	金	金	金

三、红岭-尖峰预测工作区

预测工作区内共圈出 11 处自然重砂找矿预测区,1~11 号综合异常(见前文图 4-18)分别对应 1~11 号预测区。每处预测区的自然重砂单矿物含量和化探元素异常级别赋值得分如表 5-7 所示。其中,A 级预测区 5 处,B 级预测区 4 处,C 级预测区 2 处,预测矿种有金、铅锌、钼、钨等。

表 5-7 红岭-尖峰预测工作区自然重砂找矿预测区级别定量划分表

预测区编号	1	2	3	4	5	6	7	8	9	10	11
砷矿物	3								3		
辰砂											
自然金		1	2	2		3	2	1			1
铜矿物			3								
铅锌矿物						3		3		3	
铋矿物			3			3		3			
钼矿物						3		3			
钨矿物	2	3	3	3	3	3	2	3	2	2	1
锡石	1	1	2	3	2	3	2	3		1	2
铁矿物	1	1	2	3	3	3	2	3	3	3	3
接触交代矿物	3	3	3	2	3	1	2	2	1	1	2
As		3	1	3	2	3	3		3	1	
Sb		3	3	2	2	3	3		2	2	
Hg			1								
Ag	1		1	1		2		1	2		
Au		2	1	3		3			1		3
Cu		3	3	1	2	2	2			3	1	1
Pb	1		1	3				3	1		
Zn				3	1	1	1	1	2		
Bi		1	2			1		1	2		
Mo			1		1	1	3		1		
W	1	2	1	1		1		1	3		1
Sn			1	1		1					
评分	13	23	34	31	19	40	22	28	29	14	14
已知矿产		金	铜钴	金铅锌		金铅锌					金
预测区级别	C	A	A	A	B	A	B	B	B	C	A
预测矿种	铅	金	铜钴	金铅锌	钨	金铅锌	钼	铅锌	钨	铅锌	金

第五节 稀土矿自然重砂找矿预测区圈定与分级

霸王岭稀土矿预测工作区内共圈出 A 级找矿预测区 2 处,其中 27 号预测区已知矿床为砂矿型独居石矿,严格地讲与典型矿床成因不同,但其更具有直接找矿指示意义,另 1 处 A 级预测区已知矿床为乐东抱文稀土矿。B 级找矿预测区共 24 处,C 级找矿预测区共 15 处(图 5-2,表 5-8)。

如前所述,这些找矿预测区只是指示可能的成矿母岩的有利地段,没有也不能指示类似于典型矿床的次生环境条件和次生富集情况。

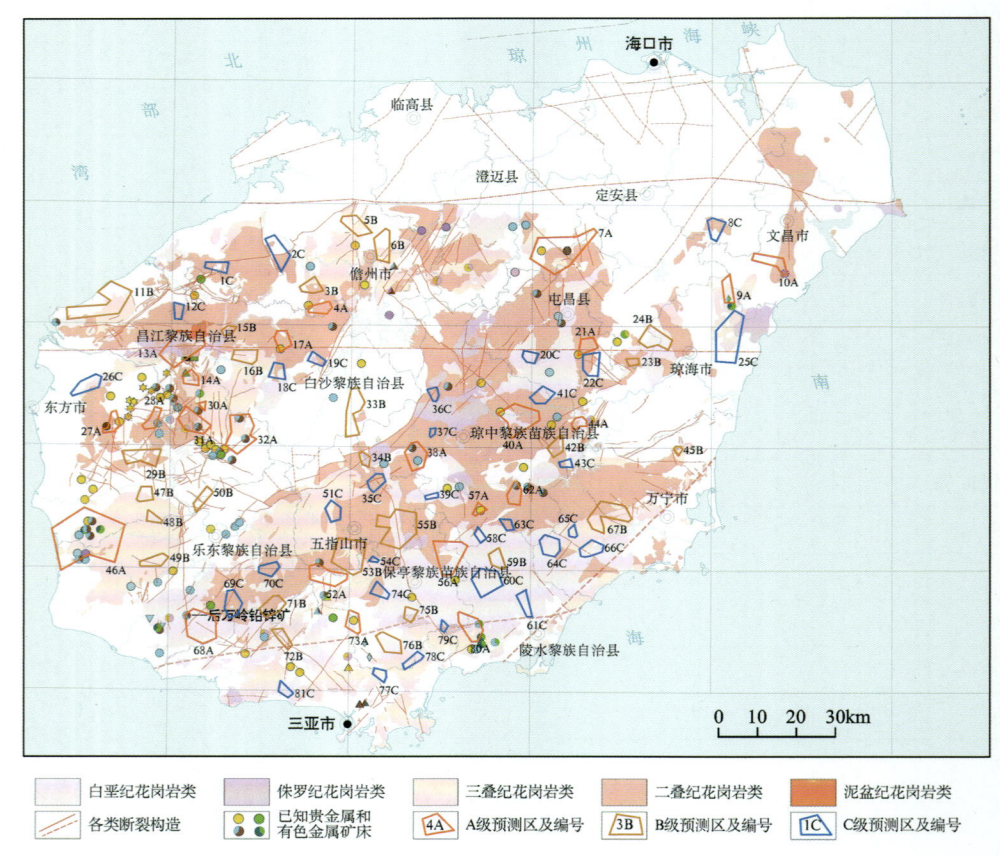

图 5-2 霸王岭稀土矿预测工作区自然重砂找矿预测区分布图

表 5-8 霸王岭稀土矿预测工作区自然重砂找矿预测区级别定量划分表

预测区编号	稀土矿物	La	Y	Ce	评分	已知矿产	预测区级别	预测矿种
1	1				1		C	稀土
2	2		1	1	4		B	稀土
3	2				2		C	稀土
4	1				1		C	稀土
5	3	2	1	1	7		B	稀土
6	1				1		C	稀土

续表 5-8

预测区编号	稀土矿物	La	Y	Ce	评分	已知矿产	预测区级别	预测矿种
7	2				2		C	稀土
8	3	3	3	3	12	稀土	A	稀土
9	1				1		C	稀土
10	1	1			2		B	稀土
11	2	1		1	4		B	稀土
12	1			1	2		B	稀土
13	2	3		1	6		B	稀土
14	2	3			5		B	稀土
15	1				1		C	稀土
16	2			1	3		B	稀土
17	1				1		C	稀土
18	1				1		C	稀土
19	1				1		C	稀土
20	2				2		C	稀土
21	2				2		C	稀土
22	1		1		2		B	稀土
23	1				1		C	稀土
24	1				1		C	稀土
25	3	1	1	1	6		B	稀土
26	3			1	4		B	稀土
27	2	1		1	4	独居石	A	稀土
28	3	1			4		B	稀土
29	1	1		1	3		B	稀土
30	3	2	1		6		B	稀土
31	3				3		C	稀土
32	3	1		1	5		B	稀土
33	3	1		3	7		B	稀土
34	2	1		1	4		B	稀土
35	3	1		1	5		B	稀土
36	3	1		1	5		B	稀土
37	3	3		1	7		B	稀土
38	1	1		1	3		B	稀土
39	2			1	3		B	稀土
40	2	1	1	1	5		B	稀土
41	2			1	3		B	稀土

第六节 银矿自然重砂找矿预测区圈定与分级

一、海南岛预测工作区

本预测工作区内共圈出 18 处自然重砂预测区,1~18 号综合异常(见前文图 4-23)分别对应 1~18 号预测区。每处预测区的自然重砂单矿物含量和化探元素异常级别赋值得分如表 5-9 所示。其中,A 级预测区 4 处,B 级预测区 2 处,C 级预测区 12 处,预测矿种为银矿和金矿。

表 5-9 海南岛预测工作区自然重砂找矿预测区级别定量划分表

预测区编号	1	2	3	4	5	6	7	8	9	10	11	12	13	14	15	16	17	18
砷矿物	0	0	0	0	0	0	0	0	0	3	0	0	0	0	0	0	0	0
金矿物	4	0	0	2	4	0	4	4	3	0	3	3	3	3	0	3	0	4
铋矿物	0	0	3	0	0	0	0	0	3	3	0	0	0	0	0	3	0	3
铅锌矿物	0	0	0	3	3	3	3	3	3	3	3	0	3	0	3	3	3	3
钼矿物	0	3	3	0	0	0	0	0	0	3	0	3	0	3	3	3	0	3
铜矿物	0	0	3	0	0	0	0	0	0	0	0	0	0	0	0	0	0	0
钨矿物	3	4	4	3	2	3	3	3	4	0	0	3	0	2	3	0	3	0
As	1	0	0	0	1	1	0	1	2	1	0	1	0	1	0	2	0	0
Sb	0	0	1	0	1	0	1	0	1	0	0	0	0	0	0	0	0	0
Hg	0	0	0	0	0	2	0	0	0	0	0	0	1	0	0	3	0	0
Ag	0	0	0	0	0	0	1	0	3	2	0	3	0	2	0	1	0	1
Au	3	1	0	1	1	2	0	2	1	0	0	1	0	0	0	1	0	2
Cu	1	0	3	1	0	0	0	0	2	1	0	0	0	0	1	1	3	0
Pb	0	1	1	0	1	3	0	0	3	0	1	2	0	1	1	0	1	0
Zn	0	0	0	1	0	0	1	0	3	1	0	3	2	0	0	2	3	0
Bi	1	1	1	0	0	2	0	0	2	1	0	0	3	1	3	0	3	0
Mo	2	0	2	0	0	0	0	0	1	0	2	0	3	1	0	3	3	1
W	3	0	2	1	1	1	0	1	2	2	0	1	3	0	0	3	2	1
Sn	3	2	0	0	0	0	0	1	2	0	1	1	0	1	0	1	0	0
评分	21	12	23	12	15	21	10	20	35	12	18	14	26	9	10	30	20	15
已知矿产	金	无	无	无	金	无	无	银金	金	无	无	无	无	无	无	银金	无	无
预测级别	A	B	C	C	B	C	C	A	A	C	C	C	C	C	C	A	C	C
预测矿种	金	银	银	银	银	银	银	银	银	银	银	银	银	银	银	银	银	银

二、昌江石碌预测工作区

银矿种的昌江石碌预测工作区内共圈出 3 处自然重砂预测区,1~3 号综合异常(见前文图 4-24)分别对应 1~3 号预测区。

1 号预测区:自然重砂金矿物、铜矿物、铅锌矿物、铋矿物异常;化探 As、Sb、Hg、Cu、Pb、Bi、Sn 元素异常;综合评分 26 分,无已知矿床点,预测区级别为 C 级,预测矿种为金矿。

2 号预测区:自然重砂铜矿物、铅锌矿物异常;化探 As、Sb、Hg、Ag、Cu、Pb、W、Sn 元素异常;综合评分 26 分,无已知矿床产地预测区级别为 A 级,预测矿种为银矿。

3 号预测区:自然重砂金矿物异常;化探 As、Sb、Hg、Ag、Au、Cu、Pb、Bi、W、Sn 元素异常;综合评分 27 分,有铜钴矿、铁矿等多处产地,预测区级别为 C 级,预测矿种为银矿。

三、雷鸣盆地预测工作区

雷鸣盆地预测工作区内共圈出 2 处自然重砂预测区,1~2 号综合异常(见前文图 4-25)分别对应 1~2 号预测区。

1 号预测区:自然重砂金矿物异常;化探 Au 元素异常;综合评分 1 分,无已知矿床点,预测区级别为 C 级,预测矿种为银矿、金矿。

2 号预测区:自然重砂金矿物异常;化探 As、Ag、Au、Pb、Bi 元素异常;综合评分 26 分,无已知矿床点,预测区级别为 C 级,预测矿种为银矿、金矿。

第七节 钼矿自然重砂找矿预测区圈定与分级

一、海南岛预测工作区

钼矿种的海南岛预测工作区内共圈出 11 处自然重砂找矿预测区,1~11 号综合异常(见前文图 4-26)分别对应 1~11 号预测区。每处预测区的自然重砂单矿物含量和化探元素异常级别赋值得分如表 5-10 所示。其中,A 级预测区 1 处,B 级预测区 7 处,C 级预测区 3 处,预测矿种均为钼。

表 5-10 海南岛预测工作区自然重砂找矿预测区级别定量划分表

预测区编号	1	2	3	4	5	6	7	8	9	10	11
砷矿物	3	0	0	0	0	0	0	0	0	0	0
金矿物	0	4	4	2	4	4	3	3	0	0	4
铋矿物	0	3	0	0	0	0	0	0	0	0	3
铜矿物	0	3	0	0	0	0	0	0	0	0	0
铅锌矿物	3	3	0	3	3	3	3	3	0	3	3

续表 5-10

预测区编号	1	2	3	4	5	6	7	8	9	10	11
钼矿物	0	3	0	0	0	0	3	3	0	3	0
钨矿物	0	4	3	3	3	3	0	0	4	3	0
As	2	0	1	0	0	0	0	0	0	0	0
Sb	0	1	1	0	1	0	0	0	0	0	0
Hg	0	0	2	0	0	0	0	1	0	0	0
Ag	1	0	1	0	3	3	3	2	0	0	3
Au	2	0	2	1	1	3	0	0	3	0	2
Cu	3	3	1	1	0	0	0	0	0	1	0
Pb	1	1	3	0	0	2	1	3	3	3	0
Zn	3	0	1	1	0	3	3	3	1	2	1
Bi	1	2	3	1	0	0	0	3	0	1	0
Mo	3	3	1	0	0	3	3	3	1	1	1
W	2	3	2	1	0	3	0	3	3	1	1
Sn	0	1	1	0	0	0	0	0	0	0	0
评分	24	34	26	13	15	27	19	27	15	18	18
已知矿产	钼	无	无	无	无	无	无	无	钼	无	钼
预测级别	A	B	C	C	B	C	B	B	B	B	B
预测矿种	钼	钼	钼	钼	钼	钼	钼	钼	钼	钼	钼

二、乐东尖峰-千家预测工作区

钼矿种的乐东尖峰-千家预测工作区内共圈出 4 处自然重砂找矿预测区,1～4 号综合异常(见前文图 4-27)分别对应 1～4 号预测区。

1 号预测区:自然重砂铅锌矿物、铋矿物、钨矿物、钼矿物异常;化探 Ag、Pb、Zn、Bi、Mo、W 元素异常;综合评分 31 分,有已知钼矿床点,预测区级别为 A 级,预测矿种为钼矿。

2 号预测区:自然重砂钨矿物异常;化探 Au、Pb、Mo、W 元素异常;综合评分 14 分,有已知钼矿床点,预测区级别为 A 级,预测矿种为钼矿。

3 号预测区:自然重砂铅锌矿物、钨矿物、钼矿物异常;化探 Pb、Zn、Bi、Mo、W 元素异常;综合评分 16 分,无已知矿床点,预测区级别为 B 级,预测矿种为钼矿。

4 号预测区:自然重砂金矿物、铅锌矿物异常;化探 As、Hg、Cu、Zn、Bi 元素异常;综合评分 15 分,无已知矿床点,预测区级别为 C 级,预测矿种为钼矿。

三、琼海烟塘-塔洋预测工作区

钼矿种的琼海烟塘-塔洋预测工作区内共圈出 1 处自然重砂找矿预测区,1 号综合异常(见前文

图4-28)对应1号预测区。

1号预测区：自然重砂砷矿物、铅锌矿物、钨矿物异常；化探As、Ag、Au、Cu、Pb、Zn、Bi、Mo、W元素异常；综合评分27分，有已知铜钼矿床点，预测区级别为A级，预测矿种为钼矿。

四、同安岭-牛腊岭火山岩盆预测工作区

钼矿种的同安岭-牛腊岭火山岩盆预测工作区内共圈出2处自然重砂找矿预测区，1～2号综合异常(见前文图4-29)分别对应1～2号预测区。

1号预测区：自然重砂金矿物、钨矿物异常；化探Au、Bi、Mo元素异常；综合评分9分，无已知矿床点，预测区级别为C级，预测矿种为钼矿。

2号预测区：自然重砂金矿物、铅锌矿物异常；化探Hg、Cu、Bi元素异常；综合评分11分，无已知矿床点，预测区级别为C级，预测矿种为钼矿。

第八节 萤石矿自然重砂找矿预测区圈定与分级

萤石矿种的海南岛预测工作区内共圈出3处自然重砂找矿预测区，1～3号综合异常(见前文图4-30)分别对应1～3号预测区。

1号预测区：自然重砂萤石矿物异常；化探Cu元素异常；综合评分6分，无已知矿床点，预测区级别为C级，预测矿种为萤石。

2号预测区：自然重砂萤石、铜矿床、铅锌矿物异常；化探As、Sb、Hg、Cu、F元素异常；综合评分17分，无已知矿床点，预测区级别为B级，预测矿种为萤石。

3号预测区：自然重砂铜矿物、铅锌矿物、砷矿物异常；化探Hg、Cu元素异常；综合评分7分，无已知矿床点，预测区级别为C级，预测矿种为萤石。

第九节 重晶石矿自然重砂找矿预测区圈定与分级

一、昌江石碌预测工作区

昌江石碌预测工作区内共圈出2处自然重砂找矿预测区，1～2号综合异常(见前文图4-31)分别对应1～2号预测区。

1号预测区：自然重砂铜矿物、铅锌矿物、铋矿物、金矿物、重晶石异常；化探As、Sb、Hg、Ag、Au、Cu、Pb、Zn、Bi、W、Ba元素异常；综合评分31分，有已知重晶石矿床点，预测区级别为A级，预测矿种为重晶石。

2号预测区：自然重砂铜矿物、铅锌矿物异常；化探As、Sb、Hg、Ag、Cu、Pb、Bi、W、Ba元素异常；综合评分28分，无已知矿床点，预测区级别为C级，预测矿种为重晶石。

二、儋州冰岭预测工作区

儋州冰岭预测工作区内共圈出 1 处自然重砂预测区,1 号综合异常(见前文图 4-32)对应 1 号预测区。

1 号预测区:自然重砂重晶石矿物异常;化探 Ba 元素异常;综合评分 4 分,无已知矿床点,预测区级别为 C 级,预测矿种为重晶石。

三、昌江保由预测工作区

本预测工作区内共圈出 4 处自然重砂找矿预测区,1~4 号综合异常(见前文图 4-33)分别对应 1~4 号预测区。

1 号预测区:自然重砂砷矿物、铅锌矿物、铋矿物异常;化探 Pb、Zn、Ba 元素异常;综合评分 17 分,有已知铅锌矿床点,预测区级别为 C 级,预测矿种为重晶石。

2 号预测区:自然重砂铜矿物、铅锌矿物、铋矿物、钼矿物异常;化探 Pb、Zn、W、Cu 异常;综合评分 25 分,有已知铅锌、金矿床点,预测区级别为 B 级,预测矿种为重晶石。

3 号预测区:自然重砂钼矿物、铅锌矿物异常;化探仅有 Cu 异常;综合评分 18 分,有已知铜矿床点,预测区级别为 C 级,预测矿种为重晶石。

4 号预测区:自然重砂砷矿物、铋矿物异常;无化探异常;综合评分 12 分,无已知矿床点,预测区级别为 C 级,预测矿种为重晶石。

第十节 硫铁矿自然重砂找矿预测区圈定与分级

一、振海山-三亚红石预测工作区

本预测工作区内共圈出 3 处自然重砂预测区,1~3 号综合异常(见前文图 4-34)分别对应 1~3 号预测区。

1 号预测区:自然重砂金矿物、铅锌矿物、钼矿物异常;化探 Ag、Au、Bi、Fe 元素异常;综合评分 30 分,无已知矿床点,预测区级别为 B 级,预测矿种为硫铁矿。

2 号预测区:自然重砂铅锌矿物异常;化探 Ag、Au、Cu、Bi、Mo、Fe 元素异常;综合评分 34 分,有已知硫铁矿床点,预测区级别为 A 级,预测矿种为硫铁矿。

3 号预测区:自然重砂铅锌矿物、钼矿物、钨矿物异常;化探 Ag、Cu、Bi、Mo 异常;综合评分 22 分,有已知铁矿床点,预测区级别为 A 级,预测矿种为硫铁矿。

二、昌江石碌预测工作区

硫铁矿种的昌江石碌预测工作区内共圈出 3 处自然重砂预测区,1~3 号综合异常(见前文图 4-35)

分别对应 1~3 号预测区。

1 号预测区：自然重砂金矿物、铜矿物、铅锌矿物、铋矿物异常；化探 Ag、Cu、Bi、Co 元素异常；综合评分 26 分，无已知矿床点，预测区级别为 C 级，预测矿种为硫铁矿。

2 号预测区：自然重砂铜矿物、铅锌矿物异常；化探 As、Ag、Cu、Bi、Co 元素异常；综合评分 26 分，无已知矿床点，预测区级别为 C 级，预测矿种为硫铁矿。

3 号预测区：自然重砂金矿物异常；化探 As、Ag、Cu、Bi、Co 元素异常；综合评分 27 分，有已知铜钴矿床点，预测区级别为 A 级，预测矿种为硫铁矿。

第十一节 自然重砂找矿预测小结

自然重砂预测矿种铜、铅锌、钨、金、稀土、银、钼、锰、萤石、重晶石、硫铁等共涉及 23 个预测工作区，这些预测工作区都是与相应的典型矿床紧密配套的，两两之间的成矿地质背景是相同或相似的（表 5-11），这就为预测工作区内圈定与典型矿床相或相似的找矿预测区指出了最基本的方向。

表 5-11 各典型矿床和预测工作区的成矿地质背景

典型矿床名称	典型矿床成矿地质背景	预测工作区目标地质背景
三亚岭曲铜矿	下白垩统中酸性火山岩，晚白垩世花岗岩	下白垩统中酸性火山岩，白垩世花岗岩
昌江石碌铜钴矿	青白口系石碌群沉积变质岩	青白口系石碌群沉积变质岩
乐东后万岭铅锌矿	晚白垩世花岗岩	泥盆纪、二叠纪、三叠纪、侏罗纪、白垩纪花岗岩
儋州兰洋钨锡矿	石炭系青天峡组沉积变质岩，二叠纪、三叠纪花岗岩	石炭系沉积变质岩，二叠纪、三叠纪花岗岩
乐东尖峰红门岭钨钼矿	二叠纪、三叠纪、晚白垩世花岗岩	二叠纪、三叠纪、白垩纪花岗岩
东方二甲金矿	长城系峨文岭组、戈枕村组，中元古界变质（花岗）岩，三叠纪、白垩纪花岗岩	长城系峨文岭组、戈枕村组，中元古界变质（花岗）岩，三叠纪、白垩纪花岗岩
乐东抱伦金矿	下志留统沉积变质岩，晚三叠世、晚白垩世花岗岩	奥陶系、志留系、石炭系、二叠系沉积变质岩，三叠纪、白垩纪花岗岩
安定富文金矿	下白垩统沉积岩，晚白垩世花岗岩	下白垩统沉积岩，白垩纪花岗岩
昌江霸王岭稀土矿	三叠纪花岗岩	花岗岩
儋州南报银矿	早三叠世二长花岗岩、中二叠世二长花岗岩	早三叠世花岗岩、中二叠世花岗岩
昌江石碌银矿	青白口系石碌群变质岩	青白口系石碌群变质岩
定安富文银金矿	下白垩统鹿母湾组砂岩，晚白垩世花岗闪长岩	下白垩统鹿母湾组砂岩
屯昌高通岭钼矿	晚白垩世正长花岗岩	白垩纪花岗岩
陵水龙门岭钼矿	晚白垩世花岗闪长岩、早白垩世二长花岗岩、晚白垩世碱性正长岩	

续表 5-11

典型矿床名称	典型矿床成矿地质背景	预测工作区目标地质背景
乐东石门山钼矿	晚白垩世二长花岗岩	晚白垩世花岗岩
乐东报告村钼矿	晚白垩世花岗石英斑岩	
乐东红门岭钼钨矿	二叠纪花岗岩,三叠纪花岗岩,晚白垩世花岗岩	
琼海梅岭铜钼矿	晚白垩世花岗闪长岩	晚白垩世花岗闪长岩
保亭罗葵洞钼矿	下白垩统六罗村组中酸性火山岩	下白垩统六罗村组中酸性火山岩
三亚大茅磷锰矿	中寒武统变质岩	中寒武统变质岩
琼中什统萤石矿	中二叠世二长花岗岩,石炭系青天峡组变质岩	三叠纪花岗岩,二叠纪花岗岩
昌江石碌重晶石矿	青白口系石碌群变质岩	青白口系石碌群变质岩
儋州冰岭重晶石矿	下二叠统变质岩	下二叠统变质岩
昌江保由重晶石矿	下二叠统峨查组,中二叠统鹅顶组变质岩	下二叠统峨查组,中二叠统鹅顶组变质岩
保亭情安岭硫铁矿	上志留统足赛岭组,石炭系南好组变质岩	上志留统足赛岭组,石炭系南好组变质岩
昌江石碌硫铁矿	青白口系石碌群变质岩	青白口系石碌群变质岩

利用自然重砂资料圈定预测工作区范围内的矿物(族)异常;根据典型矿床的矿石矿物组合确定组合异常矿物(族);根据组合矿物异常编制预测工作区综合异常图;结合典型矿床矿体产状,在综合异常图的基础上圈定找矿预测区。

根据已知矿床出露情况、找矿预测区内异常矿物的含量级别、相应化探元素异常的级别等对预测区进行综合评分和分级,并确定预测矿种(表 5-12,表 5-13)。

需要说明的是,本次以大茅锰矿为典型矿床的锰矿种潜力预测评价可利用的资料只有区域 1∶20 万自然重砂测量数据,但在成矿地质背景范围内该资料的锰矿物和磷矿物均无异常,无法对该矿种进行预测区圈定与分级。

表 5-12 各预测矿种预测工作区内自然重砂找矿预测区分布

典型矿床	预测工作区	A 级	B 级	C 级	预测矿种
三亚岭曲铜矿	同安岭-牛腊岭火山岩盆地	5	2	3	铜、铅、锌、钨
昌江石碌铜钴矿	昌江石碌	1	1		锡、金、银、钼等
乐东后万岭铅锌矿	海南岛	24	25	32	铅锌
儋州兰洋钨锡矿	儋州兰洋	1	2	3	钨、锡
乐东尖峰红门岭钨钼矿	乐东尖峰	3	6	3	钨、锡
东方二甲金矿	琼西戈枕	3	1	2	金
乐东抱伦金矿	红岭-尖峰	5	4	2	金
安定富文金矿	琼西雷鸣盆地	1	1	4	金、银
昌江霸王岭稀土矿	海南岛	1	24	15	稀土

续表 5-12

典型矿床	预测工作区	A级	B级	C级	预测矿种
儋州南报银矿	海南岛	4	2	12	银、金
昌江石碌银矿	昌江石碌	1		2	银
定安富文银金矿	雷鸣盆地			2	银、金
屯昌高通岭钼矿	海南岛	1	7	3	钼
陵水龙门岭钼矿					
乐东石门山钼矿	乐东尖峰-千家	2	1	1	钼
乐东报告村钼矿					
乐东红门岭钼钨矿					
琼海梅岭铜钼矿	琼海烟塘-塔洋	1			钼
保亭罗葵洞钼矿	同安岭-牛腊岭火山岩盆			2	钼
三亚大茅磷锰矿	三亚大茅				
琼中什统萤石矿	海南岛		1	2	萤石
昌江石碌重晶石矿	昌江石碌	1	1		重晶石
儋州冰岭重晶石矿	儋州冰岭			1	重晶石
昌江保由重晶石矿	昌江保由		1	3	重晶石
保亭情安岭硫铁矿	保亭振海山-三亚红石	2	1		硫铁矿
昌江石碌硫铁矿	昌江石碌	1		2	硫铁矿
合　计		57	79	95	231

表 5-13 各预测工作区内自然重砂找矿预测区级别及预测的矿种统计

预测的矿种	找矿预测区分级			合计
	A	B	C	
金	22	9	20	51
铅锌	13	9	6	28
铜	4	2		6
钨、锡	3	12	8	23
稀土	1	24	15	40
多金属		4	15	19
银	5	2	16	23
钼	5	14	6	25
锰				
萤石		1	2	3
重晶石	1	1	5	7
硫铁矿	3	1	2	6
合计	57	79	95	231

第六章　自然重砂找矿模型综合研究

自然重砂找矿模型研究主要针对铜、铅锌、钨、金、稀土、银、钼、锰、萤石、重晶石、硫铁矿 11 个矿种开展。搜集已知典型矿床的矿产成因类型、赋矿地层、成矿地质背景、矿石类型等基础资料，结合典型矿床所在汇水盆地内自然重砂矿物分布、典型矿床周边自然重砂异常组合等总结自然重砂找矿模型。其中，铜矿 2 个、铅锌矿 1 个、钨矿 2 个、金矿 3 个、稀土矿 1 个、银矿 3 个、钼矿 7 个、锰矿 1 个、萤石矿 1 个、重晶石矿 3 个、硫铁矿 2 个。

第一节　铜矿自然重砂找矿模型

海南省共建立铜矿自然重砂找矿模型 2 个（表 6-1）。

表 6-1　海南省铜矿自然重砂找矿模型一览表

序号	典型矿床	矿产预测类型
1	三亚岭曲铜矿	岭壳式陆相火山-岩浆热液型铜矿
2	昌江石碌铜钴矿	石碌式沉积变质型铜矿

1. 岭壳式陆相火山-岩浆热液型铜矿

典型矿床为岭曲铜矿。
矿床成因类型：陆相火山-岩浆热液型铜矿床。
赋矿地层和成矿地质背景：下白垩统岭壳村组火山岩和后期侵入的花岗闪长岩。
矿石类型：弱蚀变英安流纹岩、弱蚀变流纹质（英安质）角砾凝灰熔岩、弱蚀变英安岩、弱蚀变花岗闪长岩和石英脉型矿石，铜矿石主要矿石矿物为黄铜矿、铜蓝、黄铁矿、辉铋矿和自然银，脉石矿物主要为斜长石、钾长石和石英，次要脉石矿物为角闪石、黑云母、绿泥石、绢云母等，含少量方解石等。
典型矿床所在汇水盆地自然重砂矿物只有钨矿物、锡矿物和铁矿物出现（图 6-1），钨矿物含量只有二至三级，锡矿物只有一级含量，铁矿物含量达三至四级；下游水系上述 3 种矿物也有出现，含量级别不变或降低；主要矿石矿物铜矿物未检出。

2. 石碌式沉积变质型铜矿

典型矿床为石碌铜钴矿。
矿床成因类型：沉积变质型铜矿床。
赋矿地层和成矿地质背景：石碌群第六层下段，为凝灰岩-二透岩（透闪石、透辉石）化白云岩含矿建造。

第六章 自然重砂找矿模型综合研究

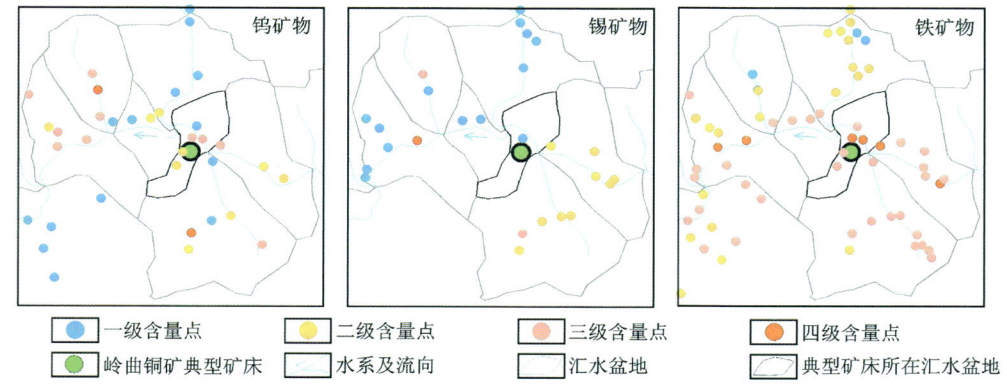

图 6-1 岭曲铜矿所在汇水盆地自然重砂矿物分布图

矿石类型：铜矿石主要矿石矿物为黄铜矿、(含钴)黄铁矿、(含钴)磁黄铁矿，少量辉铜矿和斑铜矿；脉石矿物主要为石英、方解石、白云石、透闪石、透辉石等，少量钾长石、绿泥石、绢云母、重晶石等。

典型矿床所在汇水盆地自然重砂矿物只有钨矿物、锡矿物和铁矿物出现（图6-2），钨矿物含量达三至四级，锡矿物为三级含量，铁矿物含量达三至四级。在下游水系，上述3种矿物也有出现，并有大量铜矿物检出。

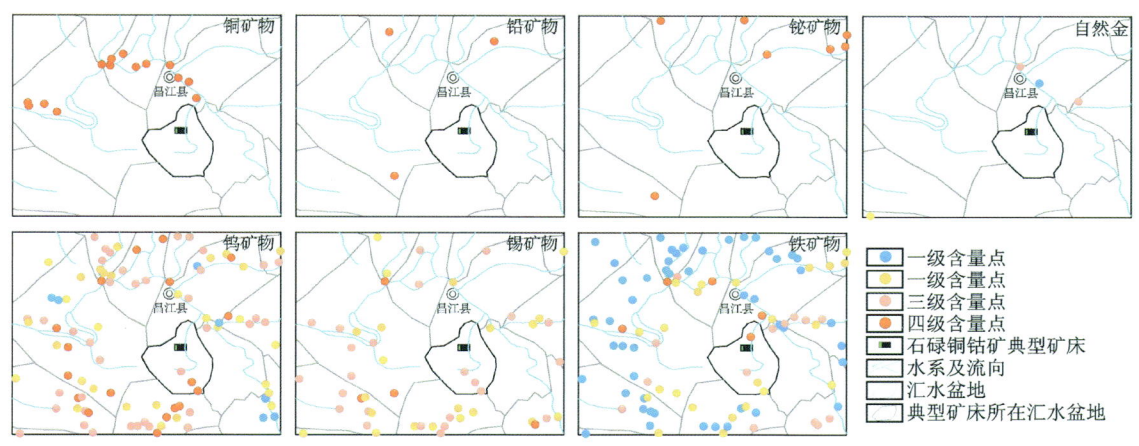

图 6-2 石碌铜钴矿所在汇水盆地自然重砂矿物分布图

第二节 铅锌矿自然重砂找矿模型

全省共建立铅锌矿自然重砂找矿模型1个。典型矿床为乐东后万岭铅锌矿。

矿床成因类型：中温热液石英脉型铅锌矿床。赋矿地层和成矿地质背景：晚白垩世角闪石黑云母二长花岗岩和(辉石)黑云母正长花岗岩。

矿石类型：矿石矿物主要有方铅矿、闪锌矿，次为黄铁矿及少量黄铜矿、微量辉银矿和钼铅矿等。蚀变类型主要包括硅化、绢云母化，次为绿泥石化、高岭土化、黄铁矿化和碳酸盐化，空间分布表现为以矿化石英脉为中心，往两侧依次出现有绢英岩，绢云母化碎裂岩，硅化、绢云母化二长花岗岩和绢云母化花岗岩。

典型矿床所在汇水盆地自然重砂矿物除钨矿物和铁矿物外有铅矿物、钼矿物、自然金、锡矿物检出

(图 6-3),钨矿物含量在二级左右,与典型矿床并无显著的传承关系,铁矿物含量只有一级。在下游水系,铅矿物、钼矿物和自然金矿物均未出现,钨矿物、锡矿物出现并且含量升高,铁矿物少量出现并且含量降低。

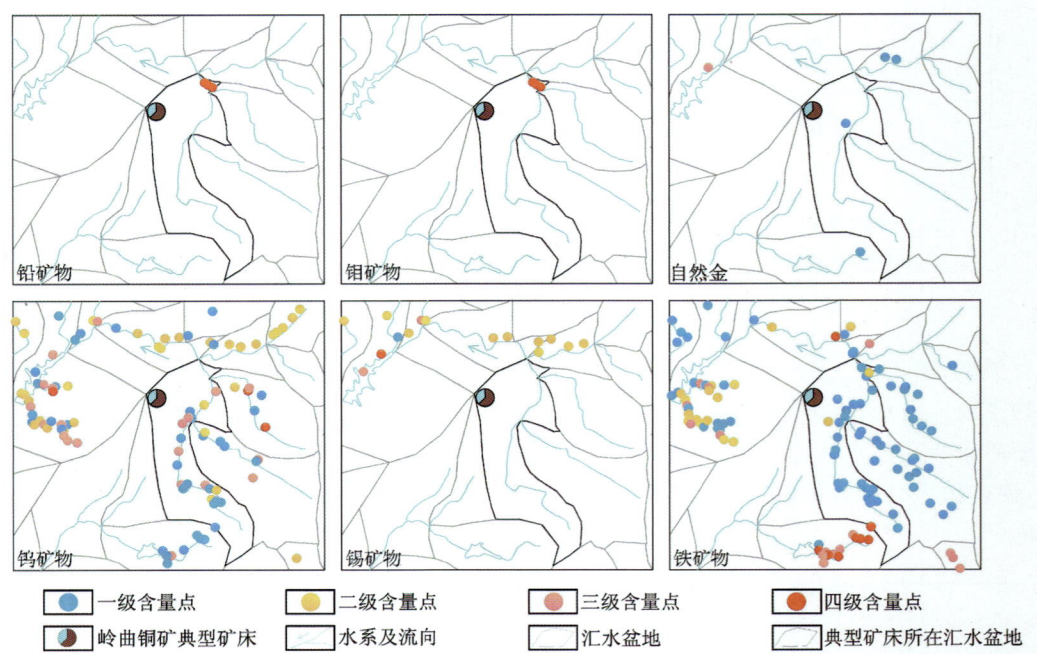

图 6-3　后万岭铅锌矿所在汇水盆地自然重砂矿物分布图

第三节　钨矿自然重砂找矿模型

全省共建立钨矿自然重砂找矿模型 2 个(见表 6-2)。

表 6-2　海南省钨矿自然重砂找矿模型一览表

序号	典型矿床	矿产预测类型
1	儋州兰洋钨锡矿	新田岭式矽卡岩-云英岩型钨锡矿
2	乐东尖峰红门岭钨钼矿	莲花山式斑岩型钨钼矿

1. 新田岭式矽卡岩-云英岩型钨锡矿

典型矿床为兰洋钨锡矿。
矿床成因类型:矽卡岩-云英岩型白钨矿床。
赋矿地层和成矿地质背景:石炭系青天峡组和海西—印支期黑云母花岗岩。
矿石类型:矿石矿物为矽卡岩-云英岩型白钨矿石,矿石矿物主要为白钨矿,呈细粒浸染状散布于矽卡岩中,局部见少量黄铁矿等,脉石矿物主要有石榴石、透辉石、符山石、石英、金云母、绿帘石、硅灰石等。偶见锡矿化。蚀变类型包括矽卡岩化、绢云母化、绿泥石化、云英岩化等。钨矿石平均品位 0.291%,伴生 Cu 平均品位 0.034%。

兰洋钨锡矿典型矿床因原始自然重砂资料遗失,对典型矿床不能进行矿物及含量剖析。区域上典型矿床周边存在自然金、铅锌矿物、钼矿物、锡石和钨矿物 5 种与预测矿种成因密切相关的矿物异常。

2. 莲花山式斑岩型钼钨矿

典型矿床为红门岭钨钼矿。

矿床成因类型：斑岩型矿床。

赋矿地层和成矿地质背景：海西—印支期中酸性岩浆岩岩基及燕山期花岗斑岩小岩株。

矿石类型：矿石矿物为多金属花岗闪长岩、花岗斑岩、石英脉、硅化破碎带及绢英岩化蚀变岩型矿石，矿石矿物主要为黑钨矿、白钨矿、辉钼矿、闪锌矿、辉铋矿、方铅矿。脉石矿物主要为钾长石、斜长石、石英、白云母、萤石，次要脉石矿物为绢云母、角闪石、黑云母、电气石、绿泥石、绿帘石、黄玉、方解石等。围岩蚀变类型有钾长石化、黄玉云英岩化、硅化、高岭土化等，蚀变作用普遍较弱。其中，钾长石化、高岭土化蚀变范围广，为典型的面型蚀变，绢云母化虽也为面型蚀变，但范围小，分布不均匀；硅化基本属于线型蚀变。以上 4 种蚀变均与钼矿化有关，其中以钾长石化、硅化与矿化关系最为密切。

典型矿床所在汇水盆地自然重砂矿物只有钨矿物、铁矿物和自然金出现（图 6-4），钨矿物含量只有二级，铁矿物含量为二至三级，金矿物含量为一级；下游水系只有铁矿物出现（二级）；西侧水系有钨、铅、钼、铁矿物出现，与典型矿床可能有传承关系或有新矿床存在。

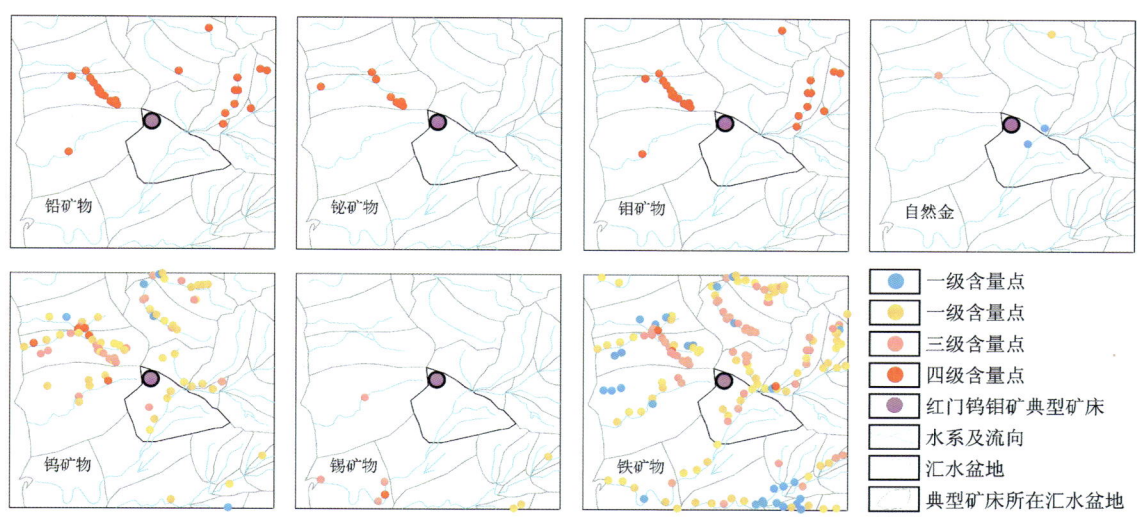

图 6-4 红门岭钨钼矿所在汇水盆地自然重砂矿物分布图

第四节 金矿自然重砂找矿模型

全省共建立金矿自然重砂找矿模型 3 个（表 6-3）。

表 6-3 海南省金矿自然重砂找矿模型一览表

序号	典型矿床	矿产预测类型
1	东方二甲金矿	戈枕式剪切带破碎-蚀变岩型金矿
2	乐东抱伦金矿	抱伦式岩浆热液脉型金矿
3	安定富文金矿	富文式脉型金矿

1. 戈枕式剪切带破碎-蚀变岩型金矿

典型矿床为二甲金矿。

矿床成因类型：剪切带破碎-蚀变岩型金矿床。

赋矿地层和成矿地质背景：戈枕剪切带北西侧的抱板群地层和中元古代片麻状花岗岩。

矿石类型：二甲金矿的矿石矿物主要有自然金、银金矿及自然银、黄铁矿、毒砂、方铅矿、闪锌矿、黄铜矿等，脉石矿物有石英、微斜长石、斜长石、正长石、绢云母、绿泥石等，表生矿物有褐铁矿、白钛矿等。围岩蚀变包括硅化、黄铁矿化，次为绿泥石化、碳酸盐化、绿帘石化及绢云母化等，其中硅化是重要的找矿标志，一般硅化愈强，金矿化愈好。

典型矿床所在汇水盆地自然重砂矿物有金矿物、钨矿物、锡矿物和铁矿物出现（图6-5），金矿物含量二至三级，钨矿物含量只有二级，锡矿物有二至三级含量，铁矿物含量为二至三级；下游水系上述4种矿物也有出现，含量级别除铁矿物外均为升高。自然重砂矿物对该典型矿床的反映较好。

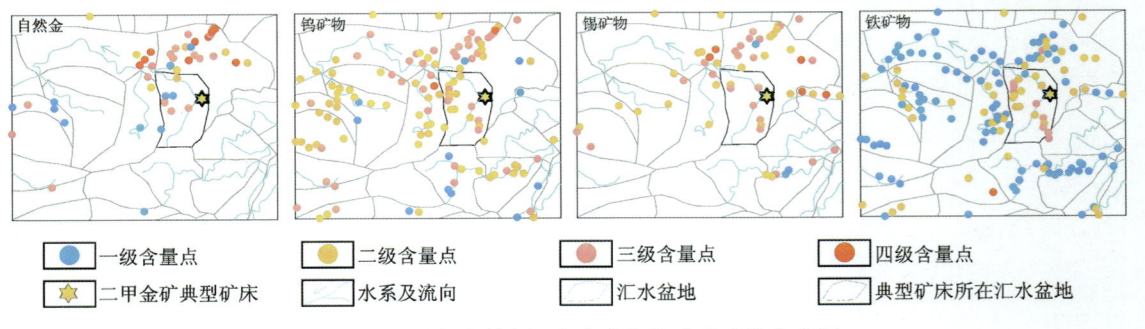

图 6-5 二甲金矿所在汇水盆地自然重砂矿物分布图

2. 抱伦式岩浆热液脉型金矿

典型矿床为抱伦金矿。

矿床成因类型：与构造、地层、岩体有关的岩浆热液脉型金矿床。

赋矿地层和成矿地质背景：古生界志留系和三叠纪钾长花岗岩。

矿石类型：抱伦金矿的矿石类型包括两种，一是石英脉型富金银多金属硫化物矿石，金属矿物含量一般为1%~5%，主要是硫化物（以黄铁矿和磁黄铁矿为主，少量黄铜矿、闪锌矿、方铅矿、毒砂）、铋化物和碲化物（自然铋、黑铋金矿、硫金铋矿、辉铋矿、硫铋铅矿、斜方硫铋铅矿、柱硫铋铅矿、卡辉铋铅矿、柱辉铋铅矿、赫碲铋矿、硫碲铋矿、碲铋矿、辉碲铋矿等）；二是含金蚀变岩型，矿物以绢云母为主，次为石英，金属矿物有黄铁矿、磁黄铁矿、自然金、毒砂等。与矿化密切相关的蚀变主要有硅化、绢云母化、绿泥石化、碳酸盐化、黄铁矿化及白云母化等，偶见钠长石化。此类蚀变分布上比较严格地受北北西向含矿构造带的制约，呈狭窄带状产出。

抱伦金矿床属于高含铋金矿类型，铋矿物种类在金矿床中有十几种之多，包括自然金属、合金矿物（金属互化物）、硫化物、硫盐、碲化物以及铋化物类。类似抱伦这样集中出现如此种类繁多的铋矿物的金矿床，目前尚不多见。

典型矿床所在汇水盆地自然重砂矿物只有自然金、钨矿物、锡矿物和铁矿物出现（图6-6），钨矿物含量只有二级，锡矿物有二至三级含量，铁矿物含量为一至二级；下游水系上述3矿物也有出现，含量级别降低。自然重砂矿物对该典型矿床的反映较差，但典型矿床南部水系均有自然金矿物检出。

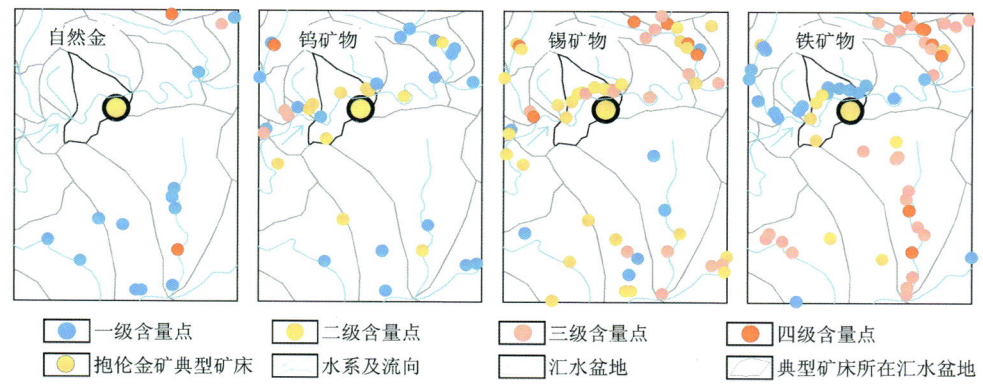

图 6-6 抱伦金矿所在汇水盆地自然重砂矿物分布图

3. 富文式脉型金矿

典型矿床为富文金矿床。

矿床成因类型：与构造和岩浆有关的沿层间裂隙充填的多阶段中低温热液脉型矿床。

赋矿地层和成矿地质背景：上白垩统鹿母湾组和燕山晚期花岗闪长岩。

矿石类型：富文金矿的矿石类型为石英脉型富金银多金属硫化物矿石，金属矿物含量小于10%，以石英为主的脉石矿物占90%以上。矿石矿物主要有方铅矿、黄铁矿、黄铜矿、闪锌矿、自然金等，蚀变类型以黄铁矿化、硅化、绢云母化等为主，还有绿泥石化。矿床伴生银、铅、锌，还有微量的锑、铜和砷等。

典型矿床所在汇水盆地自然重砂矿物只有自然金、钨矿物、锡矿物和铁矿物出现（图6-7），自然金含量只有单点一级，锡矿物也只有点一级含量，铁矿物含量为二至三级；下游水系有自然金、钨矿物、铁矿物出现，含量级别不变或降低。自然重砂矿物对该典型矿床的反映一般。

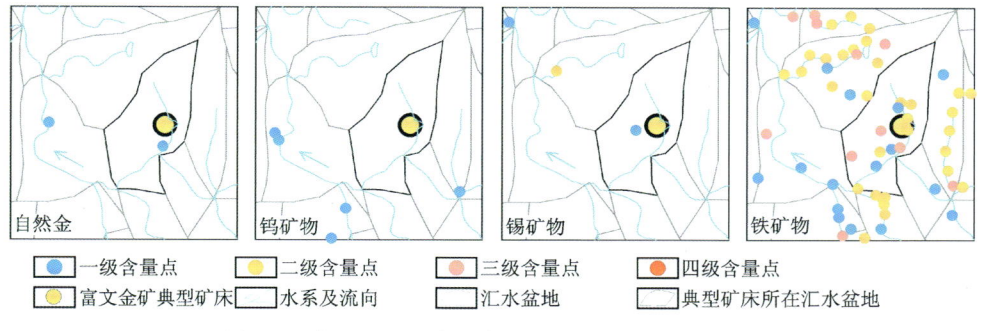

图 6-7 富文金矿所在汇水盆地自然重砂矿物分布图

第五节 稀土矿自然重砂找矿模型

全省共建立稀土矿自然重砂找矿模型1个。典型矿床为霸王岭稀土矿。

矿床成因类型：由风化花岗岩形成的离子吸附型稀土矿床。

赋矿地层和成矿地质背景：第四系松散沉积物，原岩为印支中晚期的黑云母二长花岗岩和黑云母钾长花岗岩。

矿石类型：矿石矿物为离子型吸附相的稀土氧化物（TR_2O_3），以镧系为主，脉石矿物主要以高岭土、石英为主,还有少量的长石、锆石、磷灰石。

霸王岭稀土矿所在汇水盆地有稀土矿物出现(图6-8),但含量水平只有一至二级,北部高于南部,至下游水系基本没有变化,表明原生的稀土矿物对离子吸附型稀土矿的指示意义比较有限。

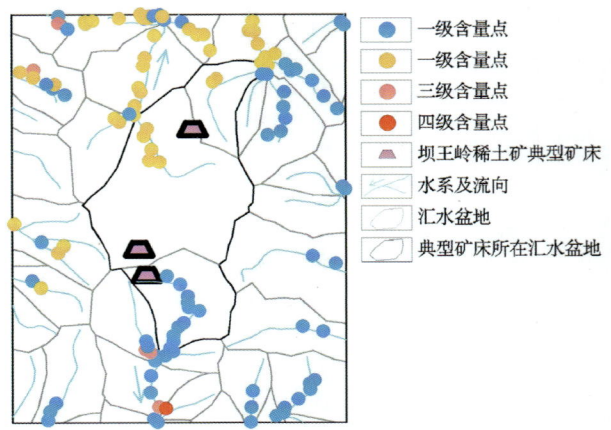

图6-8 霸王岭稀土矿所在汇水盆地自然重砂矿物分布图

第六节 银矿自然重砂找矿模型

全省共建立银矿自然重砂找矿模型3个(表6-4)。

表6-4 海南省银矿自然重砂找矿模型一览表

序号	典型矿床	矿产预测类型
1	儋州南报银矿	南报式热液石英脉型银矿
2	昌江石碌银矿	石碌式沉积变质型银矿
3	富文银金矿	富文式中低温热液金银矿

1. 南报式热液石英脉型银矿

典型矿床为南报银矿。

矿床成因类型:南报式热液石英脉型银矿床。

赋矿地层和成矿地质背景:上石炭统青天峡组、下二叠统鹅查组中细粒斑状黑云母二长花岗岩。

矿石类型:主要为褐铁矿化,少量黄铁矿化,褐铁矿化呈细脉状和蜂窝状,黄铁矿化呈团块状和稀疏星点状分布,为半自形—自形结构,中细粒状。矿化主要集中于石英脉、石英-煌斑岩复合脉和构造破碎带中。脉体围岩主要为中细(粗)粒黑云母二长花岗岩、细粒黑云母正长花岗岩。

典型矿床所在汇水盆地自然重砂资料缺失。区域上周边分布有自然金、铅矿物、钼矿物、钨矿物等异常。

2. 石碌式沉积变质型银矿

典型矿床为昌江石碌银矿。

矿床成因类型:沉积变质型银矿床。

赋矿地层和成矿地质背景：新元古界青白口系石碌群，为一套海相碎屑岩建造夹碳酸盐岩建造、中酸性火山建造、铁质建造沉积。

矿石类型：银不能独立圈定矿体，仅作为钴铜矿的伴生元素，矿石主要矿石矿物为黄铜矿、（含钴）黄铁矿、（含钴）磁黄铁矿，少量辉铜矿和斑铜矿；脉石矿物主要为石英、方解石、白云石、透闪石、透辉石等，少量钾长石、绿泥石、绢云母、重晶石等。

典型矿床所在汇水盆地自然重砂矿物只有钨矿物、锡矿物和铁矿物出现（图6-9），钨矿物含量达三至四级，锡矿物为三级含量，铁矿物含量达三至四级。在下游水系，上述3种矿物也有出现，并有大量铜矿物及少量铋矿物、铅矿物、钼矿物、自然金等矿物检出。

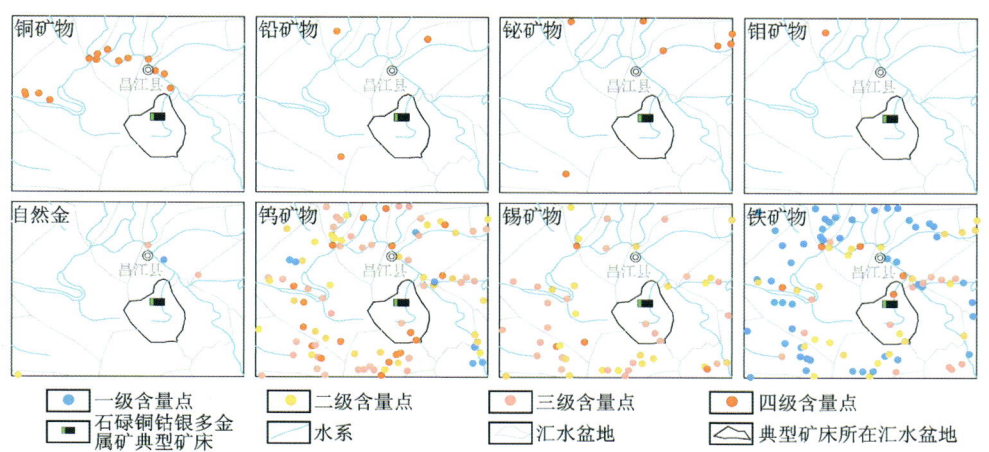

图6-9 昌江石碌银矿所在汇水盆地自然重砂矿物分布图

3. 富文式中低温热液脉型银金矿

典型矿床为富文银金矿。

矿床成因类型：与构造和岩浆有关的沿层间裂隙充填的多阶段中低温热液脉型矿床。

赋矿地层和成矿地质背景：下白垩统鹿母湾组和燕山晚期花岗闪长岩。

矿石类型：富文金银矿的矿石类型为石英脉型富金银多金属硫化物矿石，金属矿物含量小于10%，以石英为主的脉石矿物占90%以上。矿石矿物主要有方铅矿、黄铁矿、黄铜矿、闪锌矿、自然金等，蚀变类型以黄铁矿化、硅化、绢云母化等为主，还有绿泥石化。矿床伴生银、铅、锌，还有微量的锑、铜和砷等。

典型矿床所在汇水盆地自然重砂矿物只有自然金、锡矿物和铁矿物出现（图6-10），金矿物含量只有单点一级，锡矿物也只有点一级含量，铁矿物含量为二至三级；下游水系有自然金、钨矿物、锡矿物、铁矿物出现，含量级别不变或降低。自然重砂矿物对该典型矿床的反映一般。

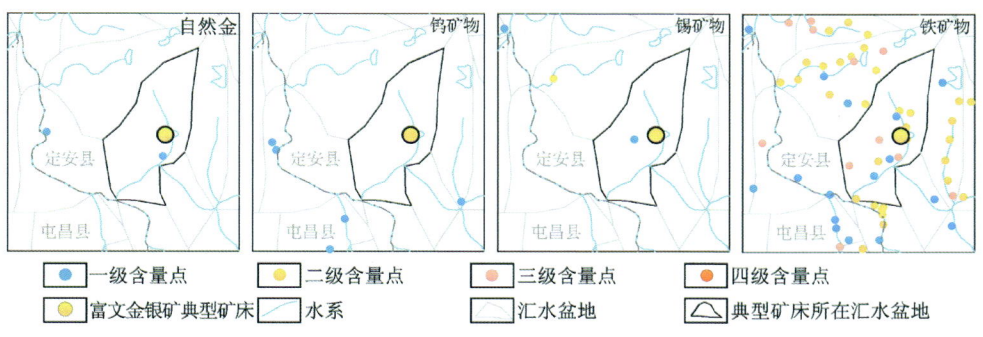

图6-10 富文银金矿所在汇水盆地自然重砂矿物分布图

第七节 钼矿自然重砂找矿模型

全省共建立钼矿自然重砂找矿模型7个(见表6-5)。

表6-5 海南省银矿自然重砂找矿模型一览表

序号	典型矿床	矿产预测类型
1	屯昌高通岭钼矿	白石嶂式脉型钼矿
2	陵水龙门岭钼矿	白石嶂式脉型钼矿
3	乐东石门山钼矿	园珠顶式斑岩型钼矿
4	乐东报告村钼矿	园珠顶式斑岩型钼矿
5	乐东尖峰红门岭钼钨矿	园珠顶式斑岩型钼矿
6	琼海梅岭铜钼矿	爆破岩筒式斑岩型铜钼矿
7	保亭罗葵洞钼矿	罗葵洞式火山岩型钼矿

1. 白石嶂式高通岭脉型钼矿

典型矿床为高通岭钼矿。

矿床成因类型：白石嶂式热液脉型钼矿床。

赋矿地层和成矿地质背景：晚白垩世黑云母正长花岗岩(容矿岩体)、角闪黑云花岗闪长岩。

矿石类型：矿石类型为含钼石英脉型和含钼钾长花岗岩型，矿石矿物主要为辉钼矿，其次为黄铜矿、黄铁矿、闪锌矿、方铅矿等；脉石矿物主要有石英等。

高通岭钼矿所在汇水盆地自然重砂矿物只有钨矿物和铁矿物出现(图6-11)，含量均为一至三级；下游水系出现的自然金、锡矿物含量仅为一级，出现的钨矿物、铁矿物含量级别不变。自然重砂矿物对该典型矿床的反映一般。

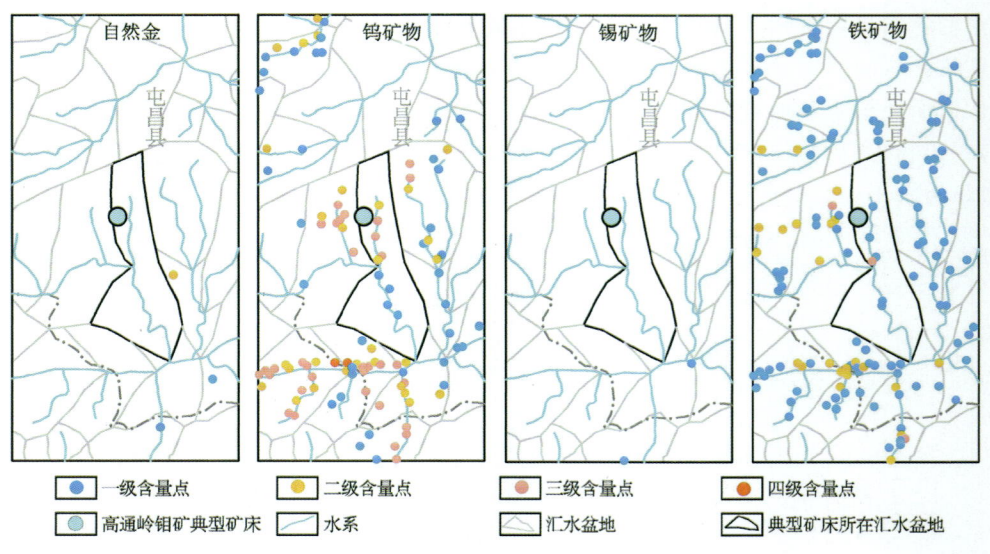

图6-11 高通岭钼矿所在汇水盆地自然重砂矿物分布图

2. 白石嶂式龙门岭脉型钼矿

典型矿床为龙门岭钼矿。

矿床成因类型：与岩浆作用、断裂作用有关的热液脉型钼矿床。

赋矿地层和成矿地质背景：早白垩世二长花岗岩，晚白垩世花岗闪长岩、绢英岩。

矿石类型：矿石类型为含钼花岗闪长岩（绢英岩）、含钼二长花岗岩，矿石矿物主要有辉钼矿、黄铁矿、磁铁矿、黄铜矿等；脉石矿物主要为钾长石、斜长石、石英、绢云母、白云母等。

龙门岭钼矿所在汇水盆地自然重砂矿物只有自然金、钨矿物和铁矿物出现（图 6-12），含量均为一至三级；下游水系出现的铅矿物、铋矿物、锡矿物点位数量很少，含量达四级，出现的自然金、钨矿物、铁矿物含量级别不变。自然重砂矿物对该典型矿床的反映一般。

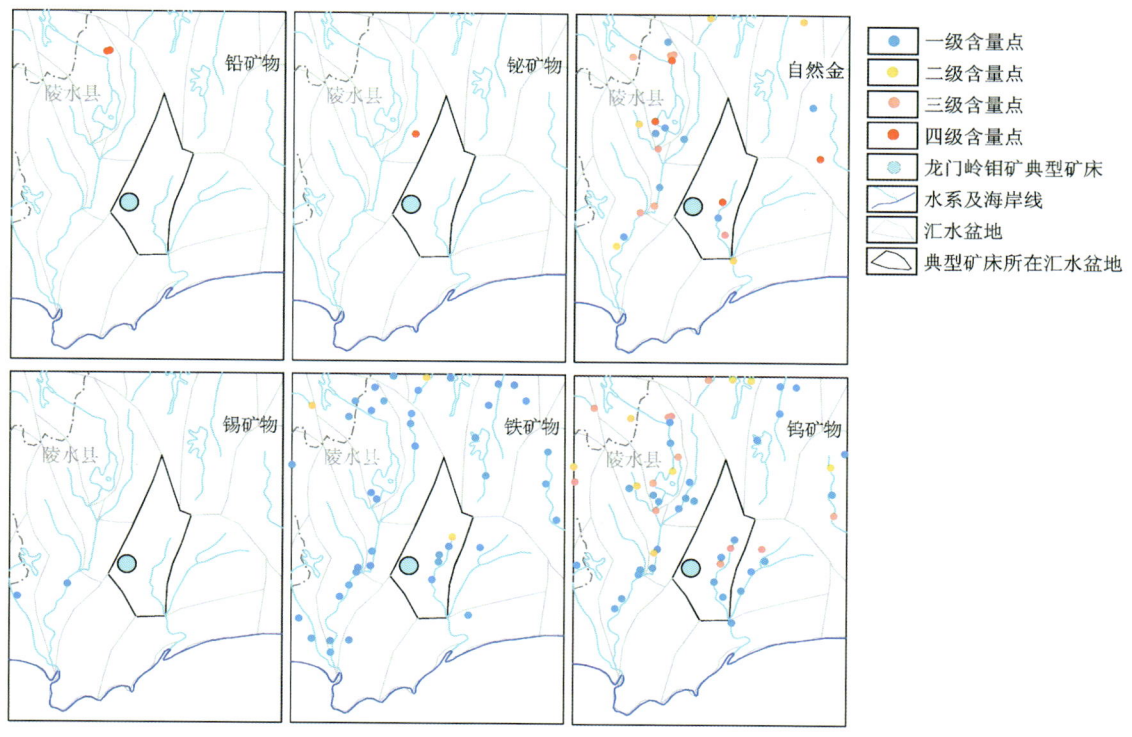

图 6-12　龙门岭钼矿所在汇水盆地自然重砂矿物分布图

3. 园珠顶式石门山斑岩型钼矿

典型矿床为石门山钼矿。

矿床成因类型：斑岩型钼矿床。

赋矿地层和成矿地质背景：赋矿岩石主要为晚白垩世角闪黑云二长花岗岩；控矿岩体为隐伏的斜长花岗斑岩脉。

矿石类型：矿石类型为含辉钼矿云英岩型、含辉钼矿二长花岗岩型，矿石矿物主要是辉钼矿，次为黄铁矿、闪锌矿；脉石矿物主要是石英、白云母。

石门山钼矿所在汇水盆地自然重砂矿物只有钨矿物和铁矿物出现（图 6-13），含量均为一至三级；下游水系出现的自然金、锡矿物含量仅为一级，出现的钨矿物、铁矿物含量级别不变。自然重砂矿物对该典型矿床的反映一般。

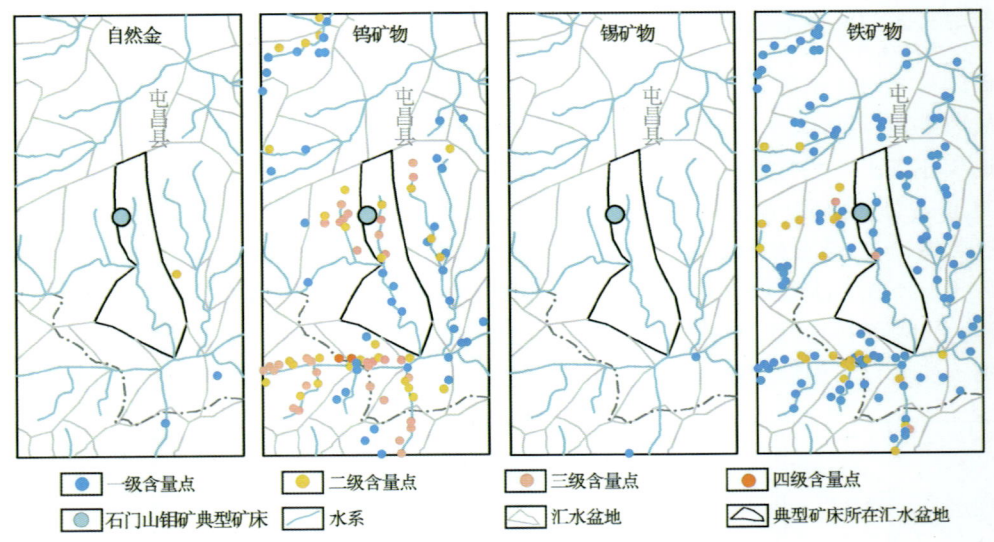

图 6-13 石门山钼矿所在汇水盆地自然重砂矿物分布图

4. 园珠顶式报告村斑岩型钼矿

典型矿床为报告村钼矿。

矿床成因类型：与斜长花岗斑岩体有关的斑岩型钼矿。

赋矿地层和成矿地质背景：晚白垩世斜长花岗斑岩体。

矿石类型：矿石类型为细脉-浸染型，矿石矿物主要是辉钼矿，次为黄铁矿、黄铜矿；脉石矿物以石英和斜长石居多，其次是钾长石、黑云母、绿泥石和绢云母等。

报告村钼矿所在汇水盆地自然重砂矿物只有自然金、钨矿物和铁矿物出现（图 6-14），含量一般为一至三级；西侧支流水系出现的铅矿物、铋矿物、锡矿物点在数量很少，含量达四级，出现的自然金、钨矿物、铁矿物含量级别不变。自然重砂矿物对该典型矿床的反映一般。

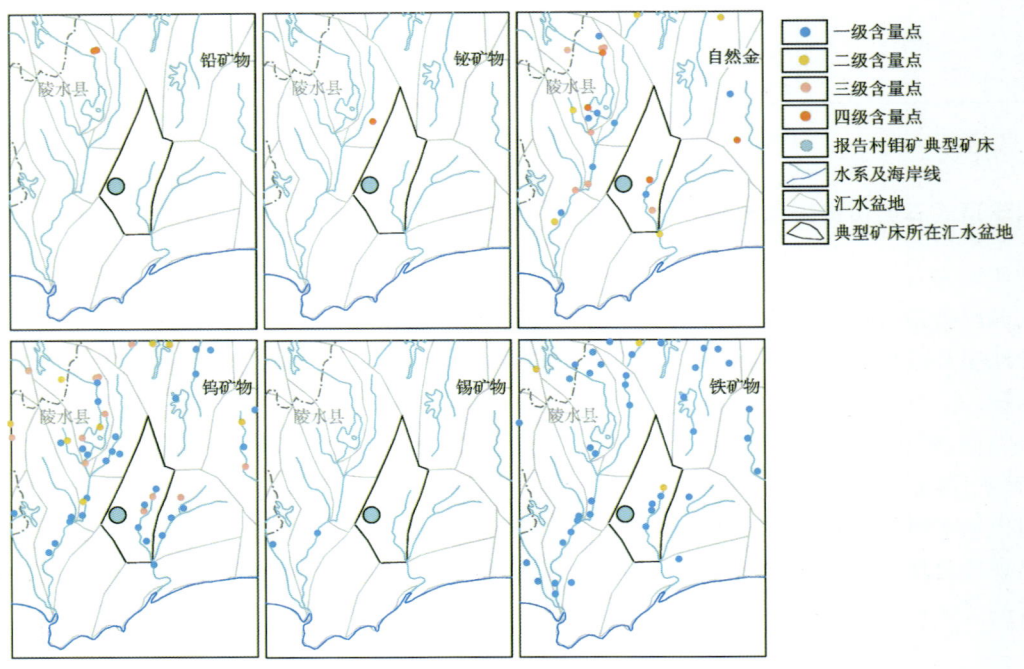

图 6-14 报告村钼矿所在汇水盆地自然重砂矿物分布图

5. 园珠顶式红门岭斑岩型钼矿

典型矿床为红门岭钼钨矿。

矿床成因类型：晚白垩世斑岩型钼矿。

赋矿地层和成矿地质背景：印支—燕山期中酸性岩浆岩岩基还有与成矿关系极为密切的印支期花岗斑岩、燕山期斑状花岗岩及少量岩株和岩脉。

矿石类型：矿石类型为含钨钼多金属二长花岗岩、正长花岗岩、花岗斑岩、石英脉，矿石矿物主要为黑钨矿、白钨矿、辉钼矿、辉铋矿、方铅矿、闪锌矿，次要矿物为黄铁矿、黄铜矿、毒砂、锡石。

红门岭钼矿所在汇水盆地自然重砂矿物有铅矿物、钼矿物、钨矿物、锡矿物和铁矿物出现（图6-15），含量一般为二至三级，汇水盆地内唯一的钼矿物点位于典型矿床下游；北侧及东侧支流水系除出现上述矿物外，还出现铋矿物、自然金。自然重砂矿物对该典型矿床的反映较好。

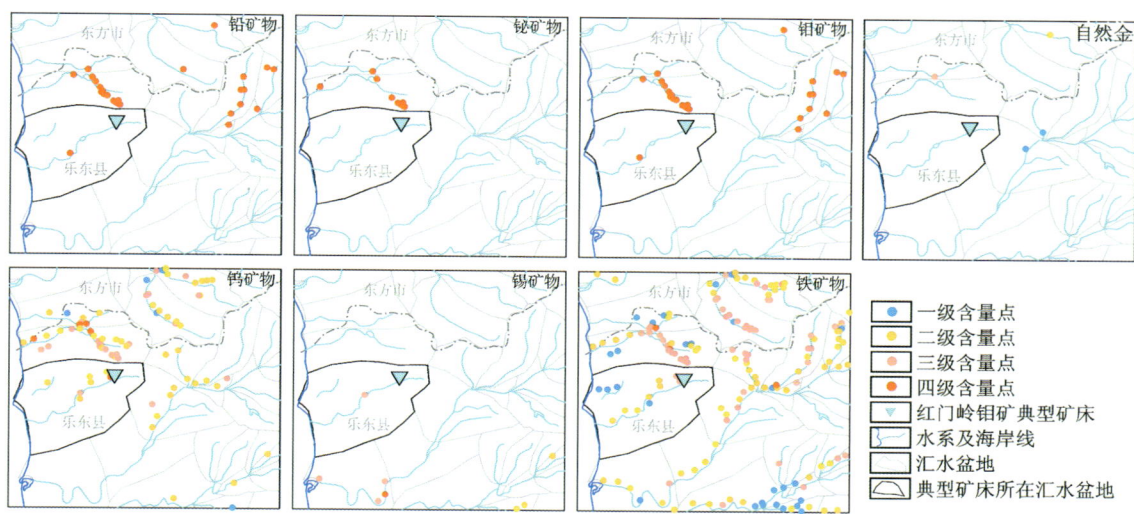

图6-15　红门岭钼钨矿所在汇水盆地自然重砂矿物分布图

6. 爆破岩筒式斑岩型铜钼矿

典型矿床为梅岭铜钼矿。

矿床成因类型：爆破岩筒式斑岩型铜钼矿床。

赋矿地层和成矿地质背景：晚白垩世花岗闪长岩体及爆破角砾岩筒。

矿石类型：矿石类型以细脉浸染状为主，少数细粒—微粒浸染状；矿石矿物主要为黄铁矿、辉钼矿和黄铜矿；脉石矿物主要为石英、长石、绢云母、绿泥石等。

典型矿床所在汇水盆地自然重砂矿物有铅锌矿物、自然金、钨矿物、锡矿物和铁矿物出现（图6-16），矿物含量一般为一至二级。东侧支流水系，还有砷矿物、汞矿物出现。典型矿床所在汇水盆地内部及其周缘均无钼矿物出现，自然重砂矿物对该典型矿床反映一般。

7. 罗葵洞式火山岩型钼矿

典型矿床为罗葵洞钼矿。

矿床成因类型：陆相火山岩型钼矿床。

赋矿地层和成矿地质背景：下白垩统六罗村组流纹质火山岩夹安山质火山岩及同源岩浆的中浅成斑状花岗岩。

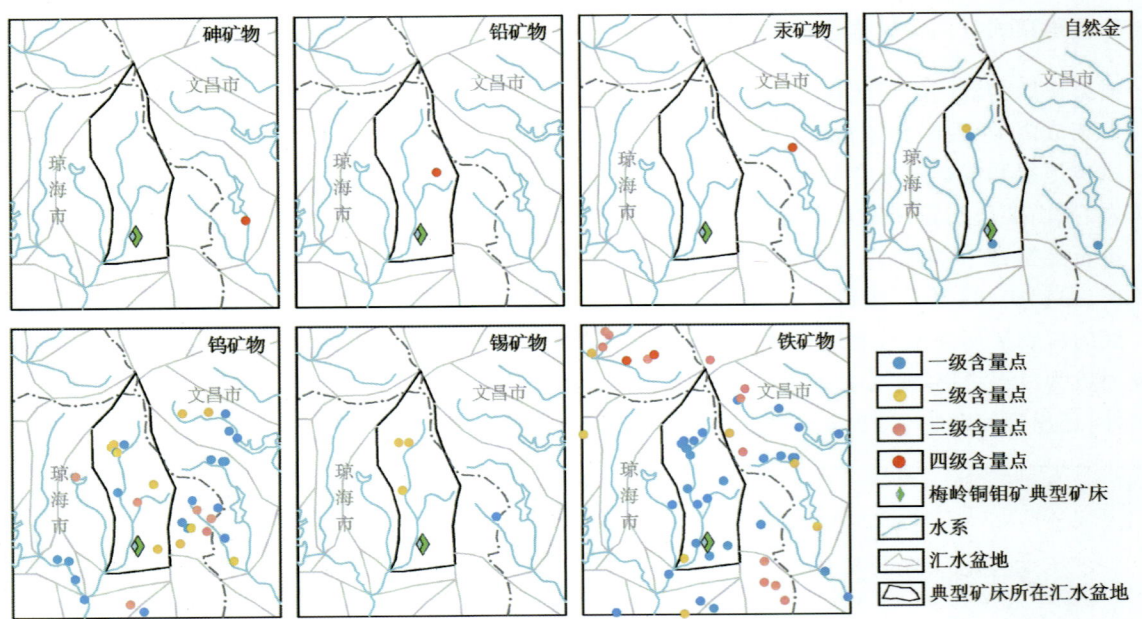

图 6-16 梅岭铜钼矿所在汇水盆地自然重砂矿物分布图

矿石类型:外带矿体赋矿岩石为流纹质碎斑熔岩、流纹质角砾熔岩、安山岩、安山质角砾岩、英安质碎斑熔岩、英安质角砾熔岩等;内带赋矿岩石为似斑状花岗岩及细粒钾长花岗岩。矿石矿物主要为辉钼矿和黄铁矿,次为黄铜矿及少量闪锌矿、白钨矿、磁铁矿、赤铁矿。

典型矿床所在汇水盆地自然重砂矿物只有钨矿物和铁矿物出现(图6-17),钨矿物含量达一至二级,铁矿物含量为三至四级;上游水系有铋矿物、自然金出现,下游水系有锡矿物出现,含量均仅为一至二级。自然重砂矿物对该典型矿床的反映一般。

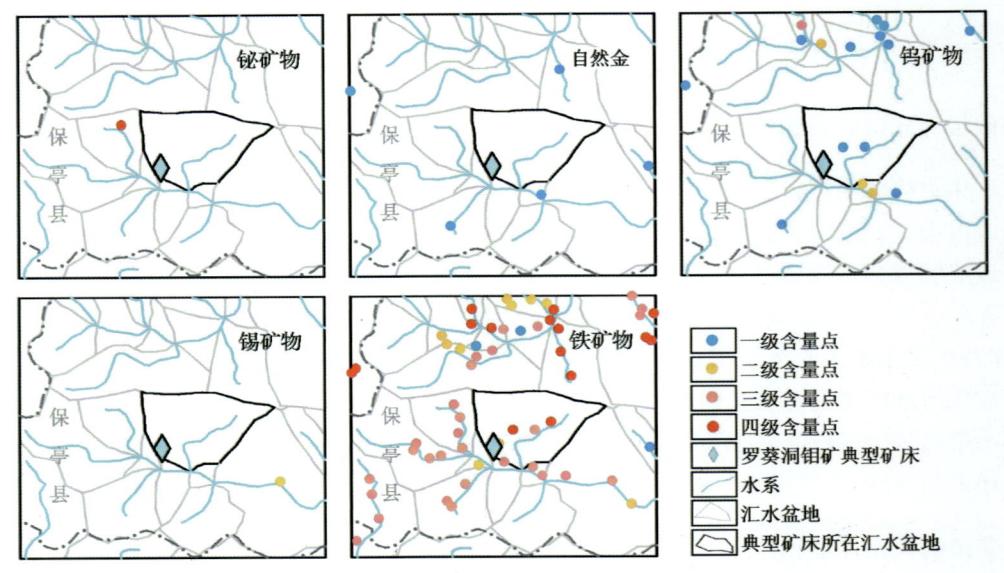

图 6-17 罗葵洞钼矿所在汇水盆地自然重砂矿物分布图

第八节　锰矿自然重砂找矿模型

全省共建立锰矿自然重砂找矿模型1个。典型矿床为三亚大茅式沉积型磷锰矿。

矿床成因类型：中寒武世海相沉积型锰矿。

赋矿地层和成矿地质背景：中寒武统大茅组变质岩。

矿石类型：原生碳酸锰呈黑色，隐晶至细粒结构、微粒镶嵌结构、带肉红色细脉及块粒结构，块状构造；次生氧化锰呈暗棕色、黑色土块状；坡残积锰矿呈粒状、肾状。矿石矿物为硅质磷块岩软锰矿、硅质磷块岩、菱锰矿、硅质页岩-白云石菱锰矿。

典型矿床所在汇水盆地自然重砂矿物只有自然金、钨矿物、锡矿物和铁矿物出现（图6-18），自然金矿物含量仅为一级，钨矿物、铁矿物含量达二级，锡矿物含量达三级；北侧支流水系有铋矿物出现。自然重砂矿物对该典型矿床的反映一般。

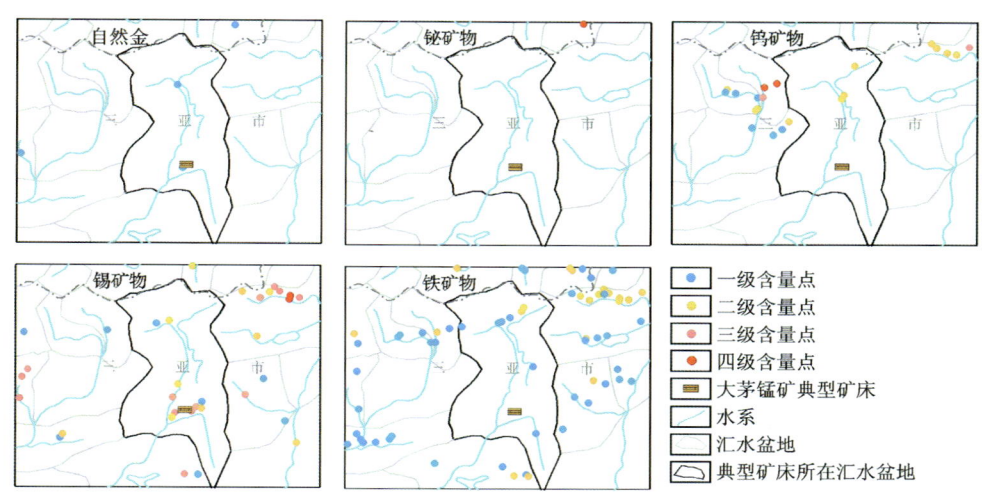

图6-18　大茅磷锰矿所在汇水盆地自然重砂矿物分布图

第九节　萤石矿自然重砂找矿模型

全省共建立萤石矿自然重砂找矿模型1个。典型矿床为琼中什统式热液充填型萤石矿。

矿床成因类型：与岩浆期后作用有关的热液充填型萤石矿床。

赋矿地层和成矿地质背景：本区萤石矿体赋存于中二叠世中粒黑云母二长花岗岩和上石炭统青天峡组结晶灰岩中。

矿石类型：矿石的矿物成分较简单，矿石矿物为萤石，脉石矿物以石英为主，次为少量的绢云母及碳酸盐矿物。金属矿物含量甚微，其成分为黄铁矿及铁锰氧化物。

什统萤石矿所在汇水盆地有自然金、钨矿物、铁矿物出现（图6-19），但含量水平只有一至三级，北部高于南部，至下游水系基本没有变化，典型矿床所在汇水盆地外围还有锡矿物出现。自然重砂矿物对该萤石矿床反映一般。

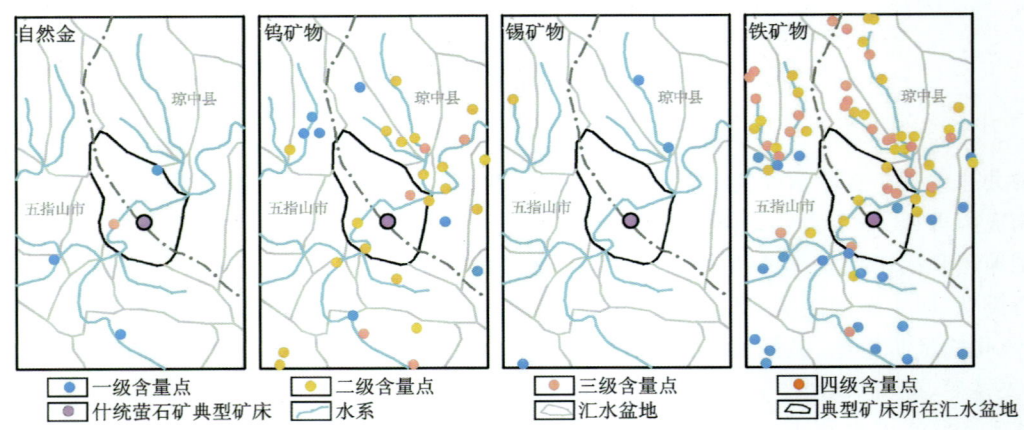

图 6-19　什统萤石矿所在汇水盆地自然重砂矿物分布图

第十节　重晶石矿自然重砂找矿模型

全省共建立重晶石矿自然重砂找矿模型 3 个（见表 6-6）。

表 6-6　海南省重晶石矿自然重砂找矿模型一览表

序号	典型矿床	矿产预测类型
1	昌江石碌重晶石矿	石碌式沉积变质型重晶石矿
2	儋州冰岭重晶石矿	冰岭式风化壳型重晶石矿
3	昌江保由重晶石矿	谭子山式热液脉型重晶石矿

1. 石碌式沉积变质型重晶石矿

典型矿床为石碌重晶石矿。

矿床成因类型：沉积变质型重晶石矿。

赋矿地层和成矿地质背景：新元古界青白口系石碌群，岩性主要为白云岩、透辉石透闪石化白云岩、钾长石透闪石透辉石岩、石英岩及重晶石矿层。

矿石类型：矿石主要组成矿物为重晶石，次为石英，其量甚微，仅局部可见，多分布于矿体下部边缘。

石碌重晶石矿所在江水盆地有自然金、锡矿物、铁矿物出现（图 6-20）。自然金、锡矿物含量水平只有一级，铁矿物含量水平达 3 级。典型矿床所在江水盆地外围还有钨矿物出现。自然重砂矿物对该重晶石矿床反映一般。

2. 冰岭式风化壳型重晶石矿

典型矿床为冰岭重晶石矿。

矿床成因类型：风化壳型重晶石矿。

赋矿地层和成矿地质背景：含矿地层主要为下二叠统峨查组第四岩性段地层，岩性以黑、白相间的条带状含重晶石硅质岩、灰白色硅质岩、浅灰色硅质绢云母千枚岩夹浅灰褐黄色薄层变质石英粉砂岩为主，向上渐变为结晶灰岩。与之相关的岩浆岩主要是二叠系中细粒似斑状黑云母花岗岩及一些脉岩，如

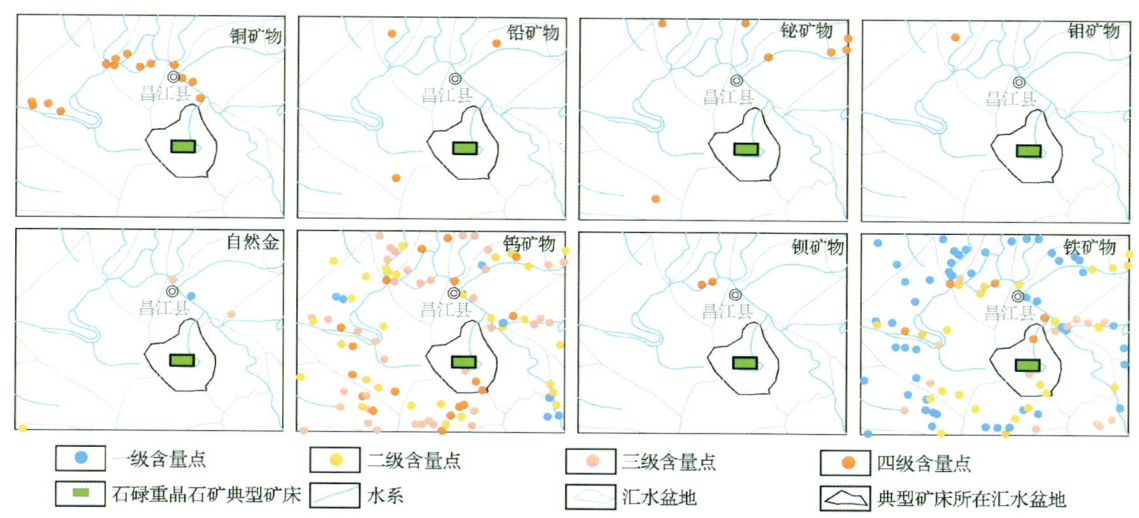

图 6-20 石碌重晶石矿所在汇水盆地自然重砂矿物分布图

石英岩脉、煌斑岩脉、细粒花岗岩脉等。

矿石类型：矿石结构主要有显微鳞片变晶结构、显微鳞片变晶花岗变晶结构、它形粒状结构、细粒、中细粒似斑状花岗结构、糖粒状结构、细粒花岗结构、煌斑结构等。矿石类型比较单一，主要是石英、重晶石矿石，重晶石含量高达70%～98%，石英含量2%～30%。

典型矿床所在汇水盆地自然重砂资料缺失。区域上周边分布有自然金、铅矿物、钼矿物、钨矿物等异常。

3. 谭子山式热液脉型重晶石矿

典型矿床为昌江保由重晶石矿。

矿床成因类型：与构造、地层、岩体有关的热液脉型重晶石矿床。

赋矿地层和成矿地质背景：含矿地层主要为晚古生界二叠系峨查组和鹅顶组，峨查组岩性以含碳粉砂质千枚岩、变质石英砂岩、硅化岩为主；鹅顶组按岩性组合分为上、下两个亚组，下亚组岩性由含碳粉砂质千枚岩与深灰色—浅灰色中薄层条带—条纹状结晶灰岩组成，上亚组岩性比较简单，主要为浅灰色—灰白色中—厚层含燧石或泥质结核的条带—条纹状结晶灰岩。与之有关的岩体主要为印支期中细粒似斑状黑云母混合花岗岩，其次为燕山期中粒斑状黑云母花岗岩及少量脉岩如闪长玢岩、石英闪长玢岩、煌斑岩和石英脉等。

矿石类型：矿石结构主要有板柱状中细粒结构、具碎裂状的板状粗粒—巨粒结构、碎裂结构等。矿石构造有块状构造、条带状构造、网脉状构造、角砾状构造等；矿石类型比较单一，主要是重晶石-石英-方铅矿矿石，重晶石含量高达80%～90%，石英含量5%～10%。

典型矿床所在汇水盆地自然重砂矿物只有自然金、钨矿物、锡矿物、铁矿物出现（图6-21），自然金、钨矿物含量达一至二级，其他矿物含量达二至三级；汇水盆地周边也有上述4种矿物出现。自然重砂矿物对该典型矿床的反映较差，没有重晶石矿物出现。

第十一节 硫铁矿自然重砂找矿模型

全省共建立硫铁矿自然重砂找矿模型2个（见表6-7）。

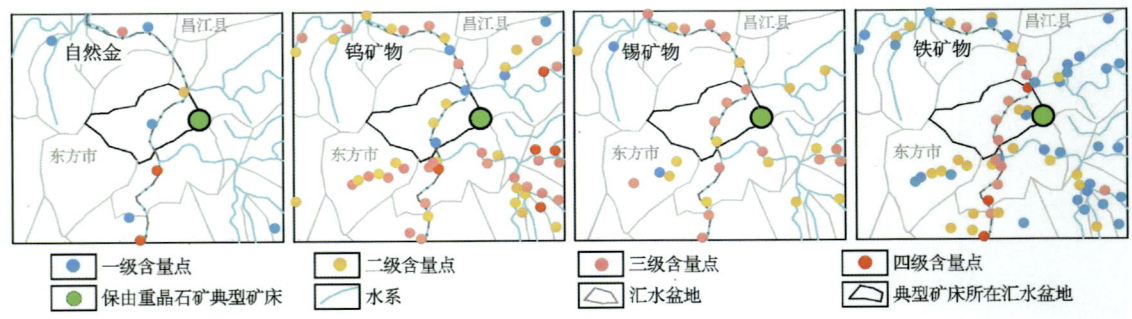

图 6-21　保由重晶石矿所在汇水盆地自然重砂矿物分布图

表 6-7　海南省硫铁矿自然重砂找矿模型一览表

序号	典型矿床	矿产预测类型
1	保亭情安岭硫铁矿	巷子口式矽卡岩型硫铁矿
2	昌江石碌硫铁矿	石碌式沉积变质型硫铁矿

1. 巷子口式矽卡岩型硫铁矿

典型矿床为情安岭硫铁矿。

矿床成因类型：矽卡岩型硫铁矿床。

赋矿地层和成矿地质背景：矿区的地层分布在南部地区，主要是上志留统足赛岭组和石炭系南好组。

矿石类型：主要金属矿物为褐铁矿、磁铁矿、少量镜铁矿，微量黄铁矿、磁黄铁矿、黄铜矿。

典型矿床所在汇水盆地自然重砂矿物有铅锌矿物、自然金、钨矿物、锡矿物和铁矿物出现（图 6-22），自然金含量为一级，钨矿物、锡矿物、铁矿物含量达二至三级，汇水盆地外围还有钼矿物出现。铁矿物在典型矿床所在汇水盆地内及周边均密集分布，含量最高达四级，自然重砂矿物对该典型矿床的反映较好。

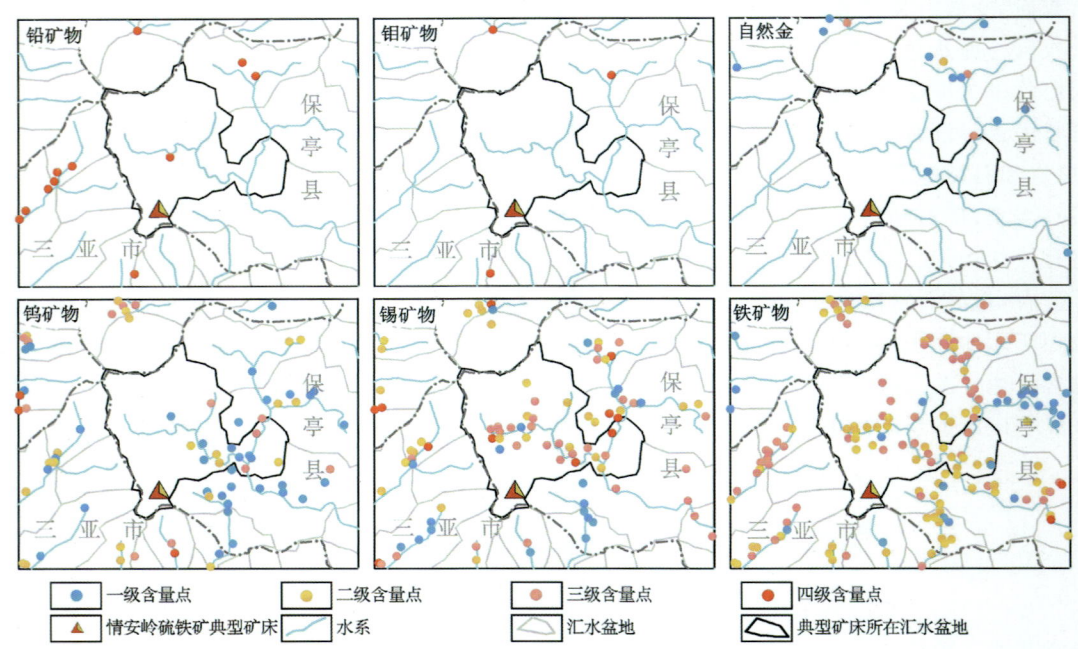

图 6-22　情安岭硫铁矿所在汇水盆地自然重砂矿物分布图

2. 石碌式沉积变质型硫铁矿

典型矿床为石碌硫铁矿。

矿床成因类型：沉积变质型硫铁矿。

赋矿地层和成矿地质背景：石碌硫铁矿体主要产在青白口系石碌群第六岩层。本层由下、中、上三段组成，下段以二透岩（透闪石、透辉石）化白云岩及白云岩为主，夹似层状石英岩、铁质碧玉岩；中段由含钾长石眼球的条带状二透岩和含石榴石的条带状二透岩、条带状二透岩化白云岩及铁质千枚岩或铁质砂岩组成，局部夹火山质凝灰岩、石膏和碧玉铁质岩；上段主要由白云岩、含泥质或碳质白云岩及二透岩组成，夹碳质板岩或千枚岩，含宏观藻类化石。与铁矿密切相关的为透辉石透闪石灰岩。

矿石类型：主要矿石矿物为黄铜矿、（含钴）黄铁矿、（含钴）磁黄铁矿，少量辉铜矿和斑铜矿；脉石矿物主要为石英、方解石、白云石、透闪石、透辉石等，少量钾长石、绿泥石、绢云母、重晶石等。

典型矿床所在汇水盆地自然重砂矿物只有钨矿物、锡矿物和铁矿物出现（图 6-23），含量均达二至四级；下游水系上述3种矿物也有出现，含量级别除铁矿物外均为升高，另出现铜矿物、铅锌矿物、铋矿物、钼矿物、自然金等矿物。自然重砂矿物对该典型矿床的反映较好。

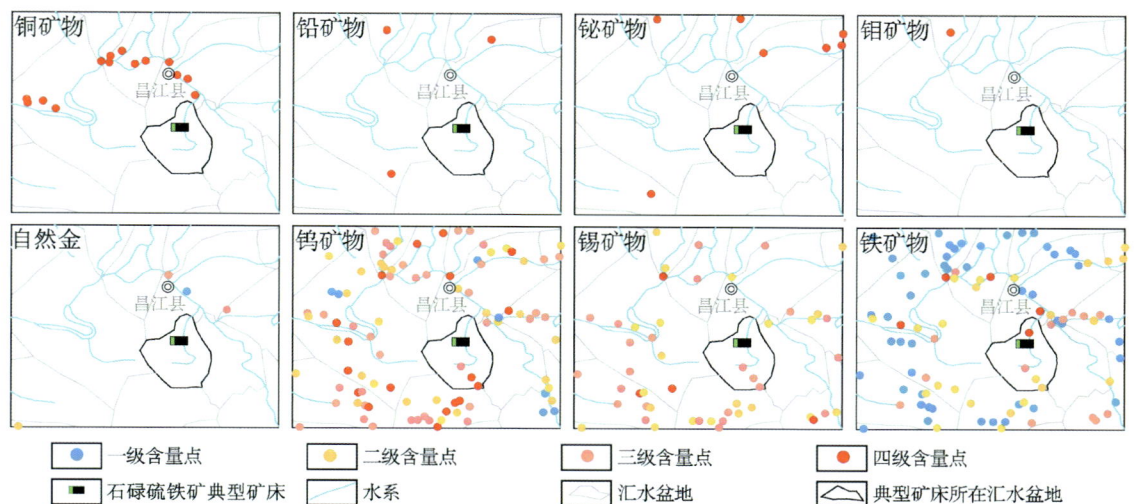

图 6-23　石碌硫铁矿所在汇水盆地自然重砂矿物分布图

第七章 结论与建议

第一节 结 论

为配合海南省矿产资源潜力评价需要,使自然重砂资料更好应用于本次矿产预测,开展了海南省自然重砂研究。通过本次自然重砂研究,获得如下主要成果:

1. 实现了海南岛自然重砂测量鉴定资料的定量化

自然重砂测量以定性描述方式记录的鉴定结果,显然不适合现代计算机数据处理的技术要求,也从根本上限制了自然重砂应用于矿产资源评价的应有贡献。本次矿产资源潜力评价工作,实现了区域和中比例尺自然重砂测量鉴定资料的定量化描述,使得自然重砂测量成果的数字化表达成为可能,也为自然重砂信息与其他找矿信息的结合提供了科学计算的基础。

2. 实现了海南岛自然重砂测量成果表达的矢量化

基于自然重砂测量成果的定量化数据,编制了海南岛自然重砂测量有用矿物的异常图。以有用矿物的主要组成元素为"纲",计算形成18种有用的矿物族指标,分别为砷矿物、辰砂、辉锑矿、自然金、铜矿物、铅锌矿物、铋矿物、钼矿物、钨矿物、锡石、铁矿物、锰矿物、铬矿物、磷灰石、萤石、重晶石、稀土矿物和锆钛矿物,编制了矿物族分布有无图、分级图和异常图,共圈定424处矿物异常,形成了异常线、面文件,建立了线、面图元属性库,为自然重砂成果在地质找矿领域的应用和共享提供了可能,开创了自然重砂测量成果应用的新方法和新平台。

3. 揭示了海南岛自然重砂矿物的成因及其影响因素

海南岛自然重砂矿物异常分布体现了自然重砂矿物的成因及其影响因素。

(1)异常分布特征表明,海南岛区域自然重砂矿物异常体现了集群分布的特点,表现为四大集群区带,即琼东北黑色金属异常区带(Ⅰ)——由辰砂、砷矿物、铬矿物和铁矿物异常组成,除铁矿物、铬矿物异常外,砷矿物、辰砂均为Ⅲ级异常,没有找矿指示意义;琼西贵金属与有色金属矿物异常区带(Ⅱ)——由钨矿物、铅锌矿物、自然金、钼矿物等异常组成,多为Ⅰ级或Ⅱ级异常,矿床指示意义突出;琼东贵金属与有色金属矿物异常区带(Ⅲ)——由钨矿物、铅锌矿物、自然金、钼矿物、砷矿物等异常组成,多为Ⅰ级或Ⅱ级异常,矿床指示意义突出;琼东沿海砂矿型矿物异常区带(Ⅳ)——大多为锆钛矿、辰砂、自然金和稀土矿物等异常,均为Ⅲ级异常,可指示次生砂矿型矿床。

(2)自然重砂矿物异常的分布体现了自然重砂矿物的成因及其影响因素。地质背景是海南岛自然重砂矿物出现频率的决定因素——区域的地质作用和局部的成矿作用决定了不同矿物的检出频率和分布,如辰砂和砷矿物、铬矿物和铁矿物异常的分布与特殊地质背景有关,琼中部变质岩区以自然金和金属硫化物矿物异常为特征;矿物的耐风化能力同样决定了其检出频率——耐风化能力越强,矿物迁移越远,检出频率越高,如自然金、锡石和稀土矿物等;表生环境是影响自然重砂矿物分布的重要外部因素,如同一矿物丘陵区的检出率一般比中低山区更高,与两者的地表水动力条件有关。

4. 以典型矿床为"纲",以典型矿床的成矿地质背景为"本",全面研究各典型矿床对应预测工作区的自然重砂信息

(1)自然重砂测量成果是区域地质作用和成矿作用的综合反映,其指示意义所涉及的矿种是多种多样的。本次矿产资源潜力评价研究只是基于全国指定的预测矿种和海南省指定的预测矿种(也是海南省的优势矿种)进行预测评价研究。因此,各预测矿种的典型矿床是本次预测研究的"纲";在典型矿床所对应的预测工作区内,只在典型矿床所限定的成矿地质背景范围内进行自然重砂异常的综合研究,因此,成矿地质背景构成本次预测评价研究的"本"。

(2)基于典型矿床及其预测工作区范围内的特定地质背景,依照典型矿床的成矿规律研究成果以及典型矿床的成矿地球化学特征,选择相应的成矿矿物和成矿共生矿物,开展自然重砂矿物异常综合研究,圈定了自然重砂矿物综合异常,构建了综合异常属性库,为相应成因类型矿种的找矿预测区圈定指明了方向。共圈定了各类综合异常187处,其中铜矿种岭壳式陆相火山-岩浆热液型岭曲铜矿自然重砂矿物综合异常6处,石碌式沉积变质型石碌铜钴多金属矿自然重砂矿物综合异常2处;铅锌矿种后万岭式脉型后万岭铅锌矿自然重砂矿物综合异常81处;钨矿种莲花山式斑岩型红门岭钨钼矿自然重砂矿物综合异常12处,矽卡岩-云英岩型兰洋钨锡矿自然重砂矿物综合异常6处;金矿种戈枕式剪切带破碎-蚀变岩型二甲金矿自然重砂矿物综合异常6处,抱伦式脉型抱伦金矿自然重砂矿物综合异常11处,富文式脉型富文金矿自然重砂矿物综合异常6处;稀土矿种因只有单矿物异常,不圈定综合异常;银矿种南报式脉型银矿自然重砂矿物综合异常18处,石碌式沉积变质型银矿自然重砂矿物综合异常3处,富文式脉型银金矿自然重砂矿物综合异常2处;钼矿种白石嶂式脉型钼矿自然重砂矿物综合异常11处,园珠顶式斑岩型钼矿自然重砂矿物综合异常4处,爆破岩筒式斑岩型钼矿自然重砂矿物综合异常1处,罗葵洞式火山岩型钼矿自然重砂矿物综合异常2处;硫铁矿种巷子口式矽卡岩型硫铁矿自然重砂矿物综合异常3处,石碌式沉积变质型硫铁矿自然重砂矿物综合异常3处;萤石矿种什统式热液充填型萤石矿自然重砂矿物综合异常3处;重晶石矿种石碌式沉积变质型重晶石矿自然重砂矿物综合异常2处,冰岭式风化壳型重晶石矿自然重砂矿物综合异常1处,谭子山式热液脉型重晶石矿自然重砂矿物综合异常4处。

5. 提出了预测矿种的自然重砂找矿预测区

根据预测工作区自然重砂综合异常图,基于典型矿床成矿地质背景、自然重砂单矿物含量分布、相应化探元素异常级别、已知矿产地分布和水系与流域分布等资料,以定性观察和定量计算相结合的方法,确定自然重砂找矿预测区的分布、边界、类别、预测矿种和矿种成因,共圈定了231处找矿预测区。其中金矿自然重砂找矿预测区51处(A级22处,B级9处,C级20处),铅锌矿自然重砂找矿预测区28处(A级13处,B级9处,C级6处),铜(钴)自然重砂找矿预测区6处(A级4处,B级2处),钨(锡)矿自然重砂找矿预测区23处(A级3处,B级12处,C级8处),稀土矿自然重砂找矿预测区40处(A级1处,B级24处,C级15处),其他多金属矿自然重砂找矿预测区19处(B级4处,C级15处),银矿自然重砂找矿预测区23处(A级5处,B级2处,C级16处),钼矿自然重砂找矿预测区25处(A级5处,B级14处,C级6处),萤石矿自然重砂找矿预测区3处(B级1处,C级2处),重晶石自然重砂找矿预测区7处(A级1处,B级1处,C级5处),硫铁矿自然重砂找矿预测区6处(A级3处,C级2处),为矿产资源潜力评价提供了自然重砂找矿信息。

6. 研究了海南省自然重砂找矿模型

自然重砂找矿模型研究共针对 11 个矿种的已知典型矿床建立了 26 个自然重砂找矿模型。其中铜矿 2 个、铅锌矿 1 个、钨矿 2 个、金矿 3 个、稀土矿 1 个、银矿 3 个、钼矿 7 个、锰矿 1 个、萤石矿 1 个、重晶石矿 3 个、硫铁矿 2 个。

第二节 存在问题与建议

一、存在的问题

1. 与其他专业资料结合问题

矿产资源潜力评价是基于地质、矿产、物探、化探、遥感、重砂等综合信息而进行的预测评价工作,单一专业信息、闭门造车式的预测评价必定影响到预测评价成果的可信度,抑或根本不能进行预测评价。反过来,各专业进行的预测评价也不可能全盘考虑其他专业的所有信息,否则都是在进行重复的工作。但是,物探、化探、遥感、重砂等专业预测评价工作必须要结合地质背景与已知矿产地分布等基础资料。

2. 自然重砂测量资料的局限性

自然重砂测量工作历经不同环节,包括样品采集、淘洗、鉴定、成果登记和保管等,各环节人为影响甚大。此外,原岩包含的矿物并不能完全等同于自然重砂矿物,矿物的耐风化能力和地表风化迁移条件等内外因综合作用,致使不存在的矿物出现在自然重砂中(如次生矿物等),而本应存在的矿物也因风化迁移、人为影响等不一定出现在自然重砂及其鉴定结果中。因此,自然重砂测量成果的客观真实性受到自然和人为的双重影响。此时,化探元素的测试结果是对自然重砂资料的有益补充。

另外,本次应用的 1∶20 万自然重砂资料缺失了部分地区数据,如果有更完整、更大比例尺的自然重砂测量和水系、汇水盆地资料,一定会圈出更精细的综合异常区,进而筛选出更准确的找矿预测区。同样由于自然重砂资料的局限性,本次开展的自然重砂找矿模型研究也不够深入。从自然金等单矿物分级图来看,1∶20 万自然重砂资料跟 1∶5 万自然重砂资料之间貌似还有"台阶",说明不同期次的重砂测量工作存在一定的认识、描述与鉴定上的差异。

3. 预测矿种与未预测矿种

矿产资源潜力评价必须基于有针对性的预测矿种,否则就无从下手,或者成为了各专业过去地质测量工作的成果报告。如此一来,没有设置为预测矿种或设置为预测矿种但未涉及的成因类型都不会有预测成果呈现。因此,本次预测成果并不能代表全部自然重砂所有的预测信息。但是,本次预测评价工作思路、方法等的创新性和可操作性,必将为自然重砂信息应用于潜力评价提供完整的技术手段。

二、建议

(1)对于水系不发育地区的自然重砂异常的圈定应参考地形、地质背景等因素,不能简单地按汇水盆地、汇水域的概念进行圈定。

(2)对于水系特别发达的地区,可以利用大比例尺的水系资料,细分汇水盆地,缩小找矿范围。

(3)具有多解性的单(组合)矿物异常,应结合其他相关矿物异常、地球化学异常、地质背景、成矿地质条件、已知矿产分布情况等进行解释评价,这样才能提供更准确的自然重砂找矿信息。

(4)利用自然重砂数据平台,研究指示构造环境、特殊岩层、特殊岩体、成矿作用等的特殊矿物组合,丰富自然重砂找矿模型研究成果。

(5)虽然自然重砂对隐伏矿的指示作用不佳,但可以根据间接指示矿物组合,缩小找矿范围。

(6)对本次自然重砂专题研究的预测区进行野外踏勘,优选可以立项的预测区开展找矿工作。

主要参考文献

陈哲培,李孙雄,云平,等,2012.海南省南好地区南好组地质特征及时代[J].中国地质,39(3):651-660.

地质部书刊编辑室,1981.重砂测量、物探、探矿工程、室内整理及报告编写[M].北京:地质出版社.

董国臣,李景朝,文辉,等,2014.中国自然重砂分布特征及其意义[J].地质通报,33(12):1861-1868.

董国臣,李景朝,张虹,等,2015.自然重砂的应用现状与前景[J].资源与产业,17(2):1-7.

董国臣,李胜荣,申俊峰,等,2020.自然重砂成因矿物学特征及找矿指示作用[J].地学前缘,27(5):171-178.

霍本淑,房炳仁,许桂玲,等,1989.河北省砂矿物图册[M].北京:地质出版社.

李波,董国臣,张虹,等,2015.滇西北普朗地区自然重砂矿物异常及其找矿意义[J].资源与产业,17(2):100-105.

李景朝,董国臣,王季顺,等,2010.自然重砂资料应用技术要求[M].北京:地质出版社.

李景朝,董国臣,文辉,等,2015.全国自然重砂资料应用实例[M].北京:地质出版社.

李元志,李满根,胡宝群,等,2013.海南保由重晶石矿床地质特征及找矿方向[J].东华理工大学学报(自然科学版),36(1):35-42.

廖香俊,王平安,覃海灿,等,2008.海南屯昌地区高通岭钼矿床的地质、地球化学特征及成矿时代[J].地质通报,27(4):560-570.

龙文国,林起玉,范庆贺,等,2003.海南琼海烟塘梅岭铜钼矿床地质特征[J].华南地质与矿产(3):30-36.

马婉仙,1990.重砂测量与分析[M].北京:地质出版社.

潘彦宁,董国臣,王鹏,2015.滇西来利山锡矿自然重砂矿物组合及其成矿响应[J].资源与产业,17(2):8-13.

隋真龙,董国臣,董亮琼,等,2015.西藏丁青一带铬铁矿自然重砂异常特征及其成矿响应[J].资源与产业,17(2):78-83.

覃海灿,傅杨荣,张小文,等,2005.海南王下牙老金矿地质特征及找矿方向[J].矿产与地质,19(2):144-149.

覃海灿,张小文,傅杨荣,等,2005.海南什统萤石矿床地质特征[J].矿产与地质,19(4):398-402.

覃慕陶,刘师先,朱淮江,1998.广东-海南成矿带成矿系列地质特征及其演化规律[J].地球化学,27(4):391-399.

王国君,刘君,曹玉莲,等,2010.海南罗葵洞斑岩型钼矿地质特征及矿床成因[J].矿产勘查,1(5):453-457.

王英杰,张想定,于立红,等,2011.海南罗葵洞钼矿赋矿围岩地质特征及控矿作用[J].有色矿冶,27(6):1-4.

王展,王智琳,许德如,等,2020.海南石碌铁多金属矿床围岩碳酸盐岩地球化学特征及其地质意义[J].东华理工大学学报(自然科学版),43(1):1-11.

王智琳,许德如,张玉泉,等,2011.海南石碌铁矿床花岗闪长斑岩的锆石LA-ICP-MS U-Pb定年及地质意义[J].大地构造与成矿学,35(2):292-299.

吴传军,张为民,许德如,等,2015.海南石碌铁矿基性岩脉地球化学特征及其地质意义[J].东华理工大学学报(自然科学版),38(1):1-11.

徐海江,孟祥本,徐增亮,1990.金矿重砂工作方法[M].北京:原子能出版社.

杨国强,毛景文,吕林素,等,2008.海南土外山金矿床流体包裹体特征及其地质意义[J].地质学报,82(11):1540-1546.

杨用彪,黄顺生,黄建平,等,2015.江苏汤山金矿自然重砂找矿标志研究[J].资源与产业,17(2):90-95.

张素荣,杨俊泉,张应德,等,2015.胶莱盆地东南部可能存在砾岩型金矿:自然重砂异常的启示[J].资源与产业,17(2):60-63.

张志,胡祥昭,郭旻,2011.海南儋州南江褐铁矿矿床地质特征及控矿因素分析[J].地质找矿论丛,26(1):34-38,45.

中国地质科学院地矿所,1977.砂矿物鉴定手册[M].北京:地质出版社.

主要内部资料

广东省地质局,1964.海南岛区域地质测量报告书(1:20万)[R].广州:广东省地质局.

广东省地质矿产局海南行政区地质矿产局区调队,1988.区域地质调查报告:尖峰岭幅(1:5万)[R].海口:广东省地质矿产局海南行政区地质矿产局.

广东省地质矿产局海南行政区地质矿产局区调队,1990.区域地质调查报告:乐东县幅(1:5万)[R].海口:广东省地质矿产局海南行政区地质矿产局.

广东省地质矿产局海南行政区地质矿产局区调队,1986.区域地质调查报告:志仲幅(1:5万)[R].海口:广东省地质矿产局海南行政区地质矿产局.

海南省地质调查院,2004.海南省1:20万自然重砂数据库成果报告[R].海口:海南省地质调查院.

中国地质调查局发展研究中心,2006.自然重砂数据库用户使用手册[R].北京:中国地质调查局发展研究中心.

中国科学院广州地球化学研究所,2009.海南省矿产资源潜力评价典型矿床成矿规律研究报告[R].广州:中国科学院广州地球化学研究所.